UNITÉ

DE

LÉGISLATION CIVILE

EN EUROPE

PAR

ERNEST MOULIN

AVOCAT A LA COUR IMPÉRIALE DE PARIS

PARIS

E. DENTU, LIBRAIRE-ÉDITEUR
GALERIE D'ORLÉANS, 17 ET 19

A. DURAND, LIBRAIRE-ÉDITEUR
7, RUE DES GRÈS

1865

UNITÉ

DE

LÉGISLATION CIVILE

EN EUROPE

PARIS. — IMP. SIMON RAÇON ET COMP., RUE D'ERFURTH, 1.

UNITÉ

DE

LÉGISLATION CIVILE

EN EUROPE

PAR

ERNEST MOULIN

AVOCAT A LA COUR IMPÉRIALE DE PARIS

PARIS

E. DENTU, LIBRAIRE-ÉDITEUR | A. DURAND, LIBRAIRE-ÉDITEUR

GALERIE D'ORLÉANS, 17 ET 19 | 7, RUE DES GRÈS

1865

AVANT-PROPOS

L'idée d'établir en Europe l'unité de législation n'est pas nouvelle... Elle a été rêvée par les plus grands génies[1]. Mais ces grands hommes n'avaient songé à établir l'unité de législation qu'au moyen de la guerre, en

[1] Charlemagne : Ses Capitulaires datés de Paris, d'Aix-la-Chapelle et de Verberie, faisaient loi dans toute l'Europe *civilisée*.

Napoléon Ier : « Une de mes grandes pensées avait été l'agglomération, la concentration des mêmes peuples géographiques qu'ont dissous, morcelés les révolutions et la politique. Ainsi l'on compte en Europe bien qu'épars plus de trente millions de Français, quinze millions d'Espagnols, quinze millions d'Italiens, trente millions d'Allemands : j'eusse voulu faire de ces peuples un seul et même corps de nation. C'est avec un tel cortége qu'il eût été beau de s'avancer dans la postérité et la bénédiction des siècles. Je me sentais digne de cette gloire ! .

« Après cette simplification sommaire, il eût été plus possible de se livrer à la chimère du beau idéal de la civilisation : c'est dans cet état de choses qu'on eût trouvé plus de chance d'*amener partout l'unité des codes, celles des principes, des opinions, des sentiments, des vues et des intérêts*... Alors peut-être, à la faveur des lumières universellement répandues, devenait-il permis de rêver, pour la *grande famille Européenne, l'application du congrès américain ou celle des* Amphyctions de la Grèce; et quelle perspective alors de force, de grandeur, de jouissance, de prospérité ! Quel grand et magnifique spectacle !... »

Sainte-Hélène, le 11 novembre 1816.

l'imposant après la victoire aux peuples vaincus et soumis. Aujourd'hui il ne peut plus en être ainsi : c'est avec la paix, et comme un mode d'alliance entre les peuples qu'il faut la proposer aux nations.

Dans une rapide analyse nous avons signalé les principales différences qui existent entre notre législation et celles des autres États de l'Europe. La plus sérieuse, nous devrions dire la seule, est relative au divorce, admis partout sauf en France, en Italie et en Espagne. Nous avons donc pensé qu'il était de notre devoir d'examiner les diverses phases qu'avait parcourues notre législation sur le divorce depuis 1789 jusqu'à nos jours, de rappeler les savantes discussions auxquelles il a donné lieu, d'indiquer enfin les raisons qui militent pour son rétablissement.

L'analyse très-sommaire des législations modernes que nous allons présenter démontrera combien il serait facile, la question du divorce étant résolue, de faire un seul code pour l'Europe. Avant nous, un savant et honorable magistrat, M. Anthoine de Saint-Joseph, juge au tribunal civil de la Seine, dans un ouvrage considérable, que la mort ne lui permit pas d'achever et qui a été terminé par son fils, a établi la parfaite concordance qui existe entre les différentes législations modernes. C'est dans cet ouvrage et dans *la collection des lois civiles et criminelles des États modernes* traduites par M. Victor Fouchet, que nous avons puisé nos principaux documents sur les législations étrangères. Heureux si, en appelant l'attention sur une des plus grandes idées qui touchent à la prospérité des peuples, nous avons pu contribuer, dans une mesure quelconque, à rapprocher le moment où triompheront dans tous les esprits, et le besoin de concorde, et l'unité de vues, seules capables d'amener un véritable équilibre entre toutes les nations qui tiennent à honneur de marcher à la tête de la civilisation!

E. M.

Paris, 10 mai 1865.

UNITÉ
DE
LÉGISLATION CIVILE
EN EUROPE

I

CONSIDÉRATIONS GÉNÉRALES PRÉLIMINAIRES

Le congrès. — Son opportunité. — La question romaine. — La paix par les souverains. — L'alliance des peuples par les lois.

L'empereur Napoléon proposait aux souverains de l'Europe, il y a environ un an, de résoudre d'une manière définitive, dans un congrès, toutes les difficultés de nature à troubler la paix. Cette grande pensée de l'empereur, dont la réalisation ouvrirait en Europe une ère de prospérité, ne peut avoir été abandonnée irrévocablement, et l'on ne saurait trop vivement souhaiter sa réapparition à l'ordre du jour des questions européennes. La guerre est en effet le plus terrible de tous les fléaux qui désolent le monde; elle détruit tout. Par elle les populations sont moissonnées; la marche de tout progrès est arrêtée, l'ordre social est ébranlé, les empires même sont parfois renversés. « L'épée d'ailleurs tranche souvent les questions sans les résoudre. » Un gouvernement sage doit donc constamment s'appliquer à prévenir ce qui peut amener la guerre, qui ne se justifie que lorsque l'intérêt des peuples la commande, ou que l'honneur national est compromis; car alors elle est une nécessité, elle est plus encore, elle est un devoir.

Bien que le moment soit toujours opportun pour prévenir les horreurs de la guerre et pour réaliser ces grandes pensées qui font le bonheur, la prospérité et la grandeur des nations, il se présente cependant des circonstances qui semblent devoir favoriser cette réalisation. La convention franco-italienne, qui dans seize mois recevra son exécution, nous paraît une occasion excellente de convier les gouvernements de l'Europe à prendre part à un congrès qui règlerait toutes les questions de nature à troubler son repos, et qui, par cette solution, lui assurerait une longue période pacifique. Personne aujourd'hui ne veut la guerre; tout le monde, au contraire, veut la paix; les gouvernements seraient dès lors plus disposés à faire les concessions qui doivent l'assurer. Grâce à ces bonnes dispositions on parviendrait peut-être à régler dans des proportions plus larges la question italienne. Tous les efforts devraient tendre à obtenir de l'Autriche la cession de la Vénétie, que les puissances de l'Europe offriraient au saint-père en échange des États romains. La belle Venise deviendrait alors la capitale du monde catholique, et sous la bienfaisante souveraineté du saint-père, on verrait renaître l'antique puissance et l'opulente splendeur de cette cité, qui jadis avait été si bien surnommée la Reine des mers. Mais le saint-père voudrait-il accepter cette combinaison? nous osons l'espérer. Pourquoi refuserait-il? parce que Rome est le siége fondé par saint Pierre. Ce motif de refus serait inadmissible; car l'autorité du saint-père, en qualité de chef spirituel, est immense et s'étend sur toute l'Église catholique, et il importe dès lors fort peu, au point de vue de la puissance spirituelle du saint-père, que le siége de sa souveraineté soit à Rome ou à Venise, pas plus qu'il n'importe que sa résidence dans Rome soit au Vatican ou au Quirinal, plutôt qu'au palais de Latran. D'un autre côté, le pape n'est pas aujourd'hui, comme dans les premiers siècles, un souverain purement spirituel, il est aussi un souverain temporel; il doit par conséquent consulter aussi ses intérêts temporels et ceux de ses sujets, et accepter une combinaison qui leur serait avantageuse.

Mais, dira-t-on, alors même que le saint-père voudrait adhérer à cette combinaison, comment amener l'Autriche à céder la Vénétie? Jamais elle n'y consentira, répète-t-on de toutes parts. Nous ne partageons pas cette opinion. Nous pensons, avec le respectable général La Marmora, que l'Autriche n'opposerait pas à une demande de cession de la Vénétie un refus invincible, comme on le suppose généralement, alors surtout que cette cession serait faite au profit du saint-père, et qu'on lui en laisserait fixer le prix. — En effet, l'Autriche est une des plus grandes et des plus fortes puissances de l'Europe, et la possession qu'elle a de la Vénétie n'y augmente pas beaucoup sa prépondérance, et ensuite elle est la trop fidèle alliée du saint-père pour ne pas être prête à faire en sa faveur les plus grands sacrifices.

La question romaine ainsi résolue, on pourrait facilement établir en Europe une paix solide et durable, car depuis plusieurs années l'Europe semble subordonner ses dispositions à ce qui se passera en Italie. La situation de l'Italie avec le saint-père et l'Autriche n'inspirant plus aucune crainte, rien ne mettrait plus obstacle au désarmement général que toutes les puissances désirent. Hâtons-nous d'ajouter que le désarmement ne ferait rien perdre à la France de sa force à l'extérieur, et qu'il permettrait de dégrever les populations de la trop lourde charge de fournir un contingent annuel de cent mille hommes. On pourrait le réduire de plus de moitié, et renvoyer les jeunes soldats dans leurs foyers après deux ou trois ans de séjour au corps, lorsqu'ils auraient été suffisamment exercés au maniement des armes, sauf à les rappeler sous les drapeaux si les circonstances l'exigeaient. On arriverait ainsi à rendre à l'agriculture les milliers de bras qui lui manquent. Les statistiques constatent, en effet, qu'au 1er janvier 1856 il y avait 6,566,588 journaliers ou ouvriers agricoles, et qu'au 1er janvier 1861 ce nombre n'était plus que de 5,353,299. C'est donc un peu plus de 1,200,000 ouvriers que l'agriculture a perdus en cinq ans.

Il importe de combler dans la main-d'œuvre ce déficit qui, depuis quatre ans, s'est encore accru dans des proportions considérables. Au premier moyen que nous venons d'indiquer, on pourrait en ajouter un autre, en faisant étudier les nouveaux moteurs hydrauliques qui pourraient être employés d'une manière si efficace pour l'irrigation des terres. Par cet emploi des moteurs hydrauliques, on remplacerait des milliers de bras qui manquent à l'agriculture, et par suite se trouveraient diminués et la rareté de la main-d'œuvre et le haut prix des salaires.

Mais n'entrons pas plus avant dans l'examen des considérations politiques, qui ne sont point de notre compétence, et arrivons au véritable objet de cet article.

L'empereur Napoléon, en conviant les souverains de l'Europe à un congrès pacificateur, a prouvé que les améliorations intérieures ne sont pas le seul objet de ses méditations, que les rapports de la nation avec les autres peuples occupent une grande place dans sa pensée, et qu'il désire, dans l'intérêt du progrès, que ces rapports soient améliorés de plus en plus à la faveur de la paix. Au nom des intérêts nationaux, il faut donc faire des vœux pour la paix. Mais cette paix, œuvre des souverains, devra, pour être durable, être consolidée par l'alliance entre les peuples, et, suivant nous, le meilleur moyen d'arriver à cette alliance serait d'établir en Europe une législation civile uniforme. Par l'unité de législation civile on donnerait en effet aux différents peuples de l'Europe les mêmes droits et les mêmes devoirs; on les façonnerait ainsi aux mêmes habitudes, aux mêmes usages, aux mêmes sentiments, et par suite aux mêmes mœurs, et cette similitude de mœurs créerait parmi les différentes nations ces liens sympathiques qui éloignent la discorde et la guerre.

Nous nous proposons donc de démontrer ici qu'il existe dans les différentes législations civiles de l'Europe de très-grandes ressemblances, et qu'il serait facile, sans blesser aucune nationalité, d'établir une même législation pour ses différents peuples : ce que nous allons établir en analysant très-rapidement et très-sommairement les divers codes civils de l'Europe, et en signalant les divers rapports qui existent entre eux.

II

DU DROIT CIVIL EN EUROPE

De la publicité des lois. -- De la jouissance des droits civils.

Presque tous les codes débutent, comme le code Napoléon, par un titre préliminaire qui traite de la promulgation des lois, et dans lequel sont exposés des principes généraux qu'on retrouve dans tous les codes.

Dans tous les pays la publication des lois se fait de la même manière par les moyens ordinaires de publicité, journaux officiels, affiches, etc. En Angleterre, à la différence des autres pays, il n'y a pas de promulgation des lois ; tout acte du pouvoir législatif est exécutoire du jour où il a reçu la sanction royale.

Le principe de la non-rétroactivité de la loi, ainsi que la règle *Locus regit actum*, sont admis par la presque totalité des législations.

Dans son premier chapitre, le code Napoléon traite de la jouissance des droits civils et des conditions qui sont imposées à l'étranger qui veut acquérir la qualité de Français. L'article 12 pose en principe que « l'étrangère qui épouse un Français suit la condition de son mari. » Dans tous les pays on admet le principe de l'article 12, sauf en Angleterre, où la femme anglaise, mariée à un étranger, reste Anglaise, et si ses enfants naissent en Angleterre, ils sont Anglais.

En France, d'après l'article 13 du code Napoléon, les étrangers, sans perdre leur qualité d'étrangers, peuvent jouir à peu près des mêmes droits que les Français en obtenant du gouvernement l'autorisation d'établir leur domicile en France...

En Autriche et en Prusse, on acquiert la jouissance des droits civils en même temps que le droit de cité.

En Hollande, l'étranger qui y est domicilié depuis six ans peut jouir des droits civils en déclarant qu'il a l'intention de s'établir dans le royaume.

En Suisse et en Danemark, les étrangers n'ont besoin d'aucune autorisation pour jouir des droits civils appartenant aux nationaux.

En Norwége, il faut que l'étranger soit domicilié dans le pays depuis dix ans, pour être admis à la jouissance des droits civils.

En Angleterre, et dans quelques autres pays, les étrangers ne peuvent occuper aucun emploi public, même lorsqu'ils ont acquis la jouissance des droits civils.

III

DE LA NATURALISATION. — DU DOMICILE, — DE L'ABSENCE.

DE LA NATURALISATION.

La naturalisation, ce moyen d'acquérir la qualité de national, est admise dans presque tous les pays. On devrait, suivant nous, aplanir le plus possible les difficultés opposées par certaines législations à la naturalisation des étrangers. Pourquoi, en lui imposant de dures conditions, refuser l'entrée dans la famille nationale à l'étranger qui, par son intelligence, son travail et son industrie, a pu contribuer dans une large part peut-être à la prospérité du pays? Ce refus constitue une injustice et une ingratitude. On commence à le comprendre dans tous les pays, et la Russie vient de modifier à cet égard sa législation.

En effet, les anciennes lois qui frappaient exceptionnellement d'exclusion en Russie les étrangers ont été rapportées, et aujourd'hui on facilite aux étrangers les moyens de s'y établir et de s'y faire naturaliser.

Un ukase du 15 avril 1864, qui prouve combien l'empereur Alexandre se préoccupe de tout ce qui peut contribuer à resserrer les liens qui existent entre son peuple et les autres nations, et de tout ce qui peut aider au développement de la civilisation, fixe de la manière suivante les conditions imposées à l'étranger pour obtenir sa naturalisation :

I. Une demande en naturalisation ne peut être présentée qu'après une résidence de cinq ans, excepté lorsque le ministre de l'intérieur a autorisé cette demande, et le ministre peut l'autoriser dans les cas suivants : 1° Services importants rendus à la Russie par le pétitionnaire; 2° génie remarquable de ce dernier; 3° grande érudition; 4° possession d'un fort capital placé en valeurs russes dans les compagnies d'utilité publique.

II. La naturalisation une fois obtenue est personnelle, et strictement restreinte au pétitionnaire; elle ne s'étend pas à ses enfants déjà nés. Mais par un autre article on a facilité beaucoup à ces derniers les moyens d'obtenir leur propre naturalisation.

III. Les étrangers anciennement naturalisés ont le droit de reprendre leur nationalité primitive en payant toutes les dettes qu'ils ont contractées en Russie, et tous les droits de fisc; ils peuvent aussi, à leur choix, ou quitter le pays, ou y rester aux mêmes conditions que d'autres étrangers.

IV. Les lois qui forçaient les dames russes, en se mariant avec un étranger, de vendre leurs immeubles en Russie, sont rapportées.

V. Le payement de trois années d'impôts et le drawback (espèce d'indemnité) qui frappaient la propriété des étrangers abandonnant le pays, sont abolis.

VI. Sont rapportées les lois qui exigeaient d'un étranger, qui n'était pas de l'Église russe, qu'il prêtât le serment d'allégeance, avant son mariage avec une dame russe orthodoxe, ainsi que les lois qui exigeaient la permission du czar, lors du mariage d'un Russe avec une dissidente...

DU DOMICILE.

Les législations modernes de presque tous les pays ont posé sur le domicile des principes identiques, qui ont été puisés en grande partie dans le droit romain.

DE L'ABSENCE.

Les règles établies par le code Napoléon, relativement à l'absence, ne sont admises que par quelques-unes des législations de l'Europe.

IV

DU MARIAGE.

Le mariage forme les familles, et les familles forment la société : voilà pourquoi le mariage a toujours fixé la sollicitude des législateurs, voilà pourquoi les règles et les solennités qu'il comporte ont toujours occupé une place importante dans la législation civile de tous les peuples civilisés.

Considéré en lui-même, et indépendamment de toutes les lois civiles et religieuses, « le mariage est l'association de l'homme et de la femme, qui s'unissent pour perpétuer leur espèce, pour s'aider par des secours mutuels à porter le poids de la vie, et pour partager leur commune destinée. » (Portalis : *Exposé des motifs du projet de loi sur le mariage.*)

Le mariage est diversement caractérisé suivant le point de vue auquel on le considère. Les philosophes observent principalement dans cet acte le rapprochement des deux sexes ; les jurisconsultes n'y voient que le contrat civil; les canonistes n'y aperçoivent qu'un sacrement, ou ce qu'ils appellent le contrat ecclésiastique.

Ces différents caractères donnés au mariage l'ont fait considérer diversement par les législations modernes. Il est des pays où le mariage est regardé comme un contrat purement religieux, pouvant avoir des effets civils; il est d'autres pays, au contraire, où il est considéré comme un contrat purement civil; d'autres enfin où il est considéré à la fois comme un contrat civil et religieux.

Mais toutes les législations sont d'accord sur certains points qui sont relatifs au consentement des parties, à l'inexistence d'un premier mariage, au consentement des ascendants, à la parenté, à l'alliance, à la publicité. L'âge varie suivant les pays.

La célébration du mariage doit être précédée de publications. Il y a deux règles générales relativement aux publications. D'après le droit canon, la bénédiction nuptiale, qui doit être précédée de trois publications, est donnée par le curé compétent, en présence de deux témoins. D'après le code Napoléon le mariage est célébré devant l'officier de l'état civil après deux publications. La loi ne s'occupe pas de la bénédiction nuptiale.

DISSOLUTION DU MARIAGE.

Outre les causes ordinaires de dissolution, le mariage est dissous par le divorce dans la presque totalité des États de l'Europe.

Ainsi le divorce est admis :

En Danemark, en Allemagne, en Autriche, entre autres causes pour maladie contagieuse, aversion invincible, abandon volontaire ; en Prusse, pour abandon volontaire, impuissance, infirmité contagieuse, *ivrognerie, prodigalité*, désertion du mari à l'étranger ; en Belgique, en Angleterre, en Hollande, en Norwége, en Sardaigne, en Suisse, en Russie, en Turquie, en Pologne, excepté à l'égard des catholiques. En Suède le divorce est aussi admis ; et l'arrêt ci-après prouve qu'il peut être prononcé par ce seul fait qu'on aura obéi aux inspirations de sa conscience. Voici le texte de cet acte récent qui prononce le divorce :

Le consistoire de la ville de Stockholm fait savoir que :

Considérant que l'épouse de Charles-Jean Schütze, Anne Schütze, née Sandberg, a été condamnée, pour apostasie de la doctrine évangélique pure, à être exilée du royaume de Suède ;

Considérant que, pour ces motifs, le tribunal civil de Stockholm, par arrêt du 17 mars dernier, qui est passé en force de chose jugée, a déclaré le lien matrimonial dissous ;

Considérant que le mari, en produisant devant le consistoire cet arrêt, en a demandé par écrit l'exécution ;

En vertu de cet arrêt et de l'ordonnance royale du 27 avril 1810 le consistoire a déclaré que le lien matrimonial entre M. Jean-Charles Schütze, et Anne Schütze, née Sandberg, est dissous.

Pour plus de sûreté, il a été apposé à cette lettre de divorce la signature et le sceau du consistoire.

Stockholm, le 26 avril 1864.

Au nom du consistoire.

(*Suivent les signatures.*)

Comme toutes les législations de l'Europe, sauf celles de la France, de l'Italie et de l'Espagne, admettent le divorce, il est de notre devoir d'examiner, avec tous les développements qu'elle comporte, cette grave question du divorce, qui, dans les temps anciens comme dans les temps modernes, a toujours été considérée comme l'une des plus dignes des méditations des philosophes, des jurisconsultes et des législateurs, et de rechercher s'il ne serait pas possible de mettre fin à cette dissidence qui existe sur cette grave question entre notre législation et celles de la presque unanimité des nations européennes.

V

DU DIVORCE.

EXAMEN DE NOS DIFFÉRENTES LÉGISLATIONS CIVILES.

Le divorce dans l'antiquité. — Loi de Moïse. — Opinion de Platon. — Principes du droit romain. — Variations de la législation française depuis 1789. — Proposition d'Aubert-Dubayet à la séance du 30 août 1792. — Rapport du député Léonard-Robin sur cette proposition. — Discours du député Sedillez. — Loi du 22 septembre 1792. — Divers décrets sur le divorce. — Le code civil. — Exposé des motifs du titre 6, livre Ier du code Napoléon, par le conseiller d'État Treilhard, et par le tribun Savoie-Rollin. — Le 28 ventôse an XI, adoption par le tribunat du titre 6, livre Ier du code Napoléon. — Le 26 décembre 1815, proposition de M. de Bonald tendant à l'abolition du divorce. — Rapport de M. de Corbière à la Chambre des députés. — Rapport de M. Lamoignon à la Chambre des pairs. — Loi du 8 mai 1816. — Proposition faite le 12 août 1831 par M. de Schonen à la Chambre des députés, ayant pour objet l'abrogation de la loi du 8 mai 1816. — Rapport de M. Odilon Barrot. — Opinion de M. Debelleyme, président du tribunal civil de la Seine, sur le divorce. — Adoption de la proposition de M. de Schonen par la Chambre des députés, dans la séance du 15 décembre 1831. — Son rejet par la Chambre des pairs sur le rapport de M. le comte Portalis. — En février 1833, autre proposition de M. Bavoux, ayant pour objet le rétablissement du divorce. — Son adoption par la Chambre des députés le 24 février 1834. — Son rejet par la Chambre des pairs sur le rapport de M. Gautier. — Projet de loi présenté à la Chambre des députés le 26 mai 1848 par M. Crémieux, ministre de la justice, ayant pour objet l'abrogation de la loi du 8 mai 1816. — Ce projet ne fut pas examiné. — Lettre explicative à cet égard adressée à M. E. Moulin, par Me Crémieux, le 22 mai 1865.

Dans l'antiquité, tous les législateurs avaient admis le divorce. Voici, en entier, sur cette matière, les paroles de Moïse, telles que les rapporte la Vulgate.

Si un homme a pris une femme, a habité avec elle, et si elle n'a pas trouvé grâce à ses yeux, *propter aliquam fœditatem*, il écrira un libelle de divorce, et la renverra de sa maison. Et lorsque, étant sortie, elle aura épousé un autre homme, si celui-ci la prend aussi en haine, lui donne le libelle de divorce et la renvoie de sa maison, ou s'il vient à mourir, le premier mari ne pourra la reprendre pour sa femme, parce qu'elle est souillée et devenue abominable devant le Seigneur.

Ce passage fait supposer que, chez les Juifs, le divorce n'était pas arbitraire; toutefois il en est qui, en se fondant sur le chapitre XXIV du *Deutéronome*, soutiennent que Moïse n'avait point restreint le divorce à certaines causes, et que, par suite, il pouvait s'exercer sans une cause déterminée, au seul gré du caprice des époux.

Platon, dont la philosophie résume toute la sagesse antique des Grecs, Platon, qui a parlé si dignement de Dieu, de l'immortalité et de la vertu, admettait aussi le divorce.

Si le mari et la femme ne s'accordaient point ensemble, dit-il dans ses *Lois*, livre XI, à cause de l'incompatibilité de leurs humeurs, dix gardiens des lois, et autant de femmes choisies entre celles qui ont l'inspection des mariages, seront chargés d'accommoder ces différends par leur intervention bienveillante. S'ils viennent à bout de les réconcilier, ce qu'ils auront réglé tiendra. Mais si les esprits étaient trop aigris, ils penseront sérieusement à unir *chacun des conjoints avec une autre personne*. Et comme il y a apparence que ces querelles viennent d'un caractère peu endurant de part et d'autre, ils tâcheront de les assortir avec des mœurs plus paisibles et plus douces. Si les époux entre qui de pareils différends seraient survenus n'avaient point d'enfants, ou en avaient peu, on aura aussi égard à ce point dans les nouvelles unions qu'on formera. S'ils ont un nombre d'enfants suffisant, dans la séparation des conjoints et leur union avec d'autres, on se proposera uniquement que les nouveaux époux puissent parvenir ensemble à la vieillesse dans une déférence mutuelle. (Traduction des *Lois* de Platon par Grou, livre XI, page 448.)

A Rome aussi le divorce était admis; il était même très-fréquent dans l'ancien droit romain, et les causes les plus futiles suffisaient pour le justifier. Dans les premiers siècles de la république romaine, le mari seul avait le droit de provoquer le divorce, mais Julien fit une loi qui donnait également ce droit à la femme.

Aux premiers temps de la Gaule, ce n'était pas seulement

le divorce qui existait, mais encore la polygamie. Cependant, dès le huitième siècle ce dernier mode de dissolution est tout exceptionnel ; le divorce est seul en usage. Un capitulaire de 752, fait dans l'assemblée générale du peuple, contient des dispositions sur la dissolution des mariages entres libres et esclaves ; la perte de virginité y est déclarée une cause de divorce, ainsi que la lèpre, le baptême et l'inceste. Les lois galloises du dixième siècle consacrent aussi le principe de la dissolubilité du mariage. A cette époque le mari pouvait facilement quitter sa femme; cette dernière avait aussi le droit de quitter son mari, mais dans trois cas déterminés, pour cause d'impuissance, de lèpre, d'haleine infecte.

Cependant l'Église, dont la puissance et l'autorité grandissaient chaque jour, luttait avec acharnement pour faire supprimer le divorce, et pour faire déclarer le mariage un sacrement indissoluble. Ce n'est qu'au douzième siècle que triomphèrent ses efforts et que fut établie la perpétuité du lien conjugal. A partir de ce moment l'Église règne en souveraine, elle décide toutes les questions du mariage. Les ordonnances des rois de France ne font guère que confirmer les prescriptions des évêques. Bien que, dès le douzième siècle, la perpétuité du lien conjugal eût été déclarée, nous trouvons néanmoins au seizième siècle une sentence du 12 décembre 1498, portant dissolution du mariage de Louis XII et de Jeanne de France.

Nous avons dit que, dès le douzième siècle, l'Église avait changé la nature du mariage, et que d'un contrat elle en avait fait un sacrement. Par suite de cette transformation, toutes les questions relatives au mariage étaient tombées sous la juridiction de l'Église catholique. Dans son alliance avec le clergé, la royauté absolue avait tellement favorisé l'empiètement de l'Église sur la loi civile, que le clergé était devenu maître des registres de l'état civil constatant les naissances, les mariages et les décès.

Tel était l'état des choses lorsque éclata la Révolution de 89, qui devait régénérer la société en proclamant ces grands principes de liberté et d'égalité, dont le germe a été mis par Dieu dans le cœur de l'homme. Dans la nuit mémorable du 4 août 1789 s'écroulèrent ces institutions qui duraient depuis des siècles; le chêne antique, suivant l'expression de Montesquieu, fut abattu et la face du pays renouvelée. Un des premiers actes de l'Assemblée constituante fut la séparation dans le mariage du principe civil d'avec le principe religieux. Cependant, tout en déclarant, dans l'article 7 de la constitution de 1791, que « la loi ne considère le mariage que comme un contrat civil, » elle ne violenta pas les consciences, et laissa subsister la bénédiction ecclésiastique.

La Constituante avait déclaré que le mariage cessait d'être un sacrement, et qu'il devait être considéré comme un contrat civil, mais elle n'avait pas declaré que ce contrat était dissoluble, ni pour quelles causes il pouvait être dissous.

Dans la séance du 30 août 1792 Aubert-Dubayet proposa à l'Assemblée législative de déclarer le mariage dissoluble par le divorce. Voici comment il développa sa proposition :

En faisant une loi pour constater l'état des citoyens, votre intention a été de régénérer les mœurs publiques. Par une de ces dispositions, vous considérez le mariage comme un contrat civil; mais vous n'avez point encore parlé de la manière dont ce contrat pourra être rompu. Notre ancien code permet la séparation, loi barbare qui laisse subsister le lien du mariage, sans qu'on puisse remplir l'engagement principal sur lequel est fondé le contrat, loi qui voue une femme vertueuse au malheur, ou qui lui commande l'adultère. Il est temps de le reconnaître, le contrat qui lie les époux est commun; ils doivent incontestablement jouir des mêmes droits, et la femme ne doit point être l'esclave de l'homme. L'hymen n'admet point l'asservissement d'une seule des parties. Il semble que jusqu'à ce moment les femmes aient échappé à l'attention des législateurs; les verrons-nous plus longtemps victimes du despotisme des péres et de la perfidie des maris; les verrons-nous plus longtemps sacrifiées à la vanité ou à l'avarice? Non, messieurs, nous voulons que toutes les unions reposent sur le bonheur, et nous parviendrons à ce but, en déclarant que le divorce est permis. (On applaudit à plusieurs reprises). Je sais que des âmes timorées se récrieront encore contre cette loi ; respectons leur croyance, qu'elles restent dans les liens qu'elles croient indissolubles ; pour nous, ne craignons pas de déplaire, par cet acte de moralité, à un Dieu qui nous créa tous pour le bonheur. Loin de rompre ainsi les nœuds de l'hyménée, vous les resserrez davantage : dès que le divorce sera permis, il sera très-rare. A Rome, il fut *quatre cents ans* en vigueur avant qu'on en usât. On supporte plus facilement ses peines lorsqu'on est maître de les faire finir. Nous conserverons dans le mariage cette inquiétude heureuse qui rend les sentiments plus vifs. Une jeune épouse maltraitée par celui qu'elle avait choisi, sûre que ses liens seront rompus aussitôt qu'elle aura déposé ses plaintes devant un juge, redoublera de patience, et fournira à son époux l'occasion d'un retour ; mais si à l'injustice il joint la fréquence des procédés odieux, par malheur trop communs, tout exige que de pareils liens soient rompus.

Si j'osais à cet égard me citer pour appuyer l'opinion que je développe : Uni à une épouse de vingt ans, dont je tiens toute ma fortune, ne serait-il pas juste qu'elle jouît du bénéfice de votre loi, si j'avais le malheur de devenir un jour indigne d'elle. Il est temps que les maris se courbent sous la justice universelle ; en décrétant le divorce vous acquerrez un titre précieux à la reconnaissance de la postérité.

Après ce discours, et sur quelques observations de deux de ses membres, l'assemblée déclare, aux applaudissements de la salle entière, que le mariage est un contrat dissoluble par le divorce.

Le divorce ainsi admis, il fallait en déterminer les causes, le mode et les conséquences. Le comité de législation chargé de présenter un projet de décret sur le divorce, nomma pour son rapporteur auprès de l'Assemblée législative, le député Léonard Robin qui, dans la séance du 6 septembre 1792, fit précéder le projet de décret préparé par le comité de législation, de l'exposé suivant :

Votre amour pour la liberté vous faisait désirer depuis longtemps de l'établir au milieu même des familles, et vous avez décrété que le divorce avait lieu en France. La déclaration des droits et l'article de la Constitution, qui veut que le mariage ne soit regardé, par la loi, que comme un contrat civil, vous ont paru avoir consacré le principe, et votre décret n'en est que la déclaration. Mais quels doivent être les causes, le mode et les effets du divorce ? C'est ce que ne disent ni la déclaration des droits, ni la Constitution ; et en conséquence vous avez chargé votre comité de législation de vous présenter un projet de décret sur cette importante matière. Votre comité l'a médité, autant qu'il était possible, il l'a profondément discuté, et je viens vous soumettre le résultat de ses travaux. Le temps a à peine suffi, depuis votre décret, pour les achever ; et vous voudrez m'excuser si, au lieu d'un véritable rapport, d'un rapport tel que semblait l'exiger l'importance du sujet, je me borne à une exposition sommaire des vues et des motifs de la loi que je suis chargé de vous présenter.

Le comité a cru devoir conserver ou accorder la plus grande latitude à la faculté du divorce, à cause de la nature du contrat de mariage, qui a pour base principale le consentement des époux, et parce que la liberté individuelle ne peut jamais être aliénée d'une manière indissoluble par aucune convention.

Ainsi : divorce par le simple consentement mutuel des époux.

Divorce par la volonté d'un des époux seulement, sur la simple allégation d'incompatibilité d'humeur ou de caractère.

Divorce sur la demande d'un des conjoints pour différentes causes déterminées, qui seront expliquées dans ledit décret.

Divorce pour séparation de corps déjà jugée et exécutée entre époux.

Divorce pour séparation de fait déjà existante depuis longtemps entre les conjoints. — Mais le comité a cru devoir employer ses soins à prévenir et empêcher les abus de la faculté du divorce livré à une si grande latitude.

Il considère que le mariage n'était point un contrat de pur droit naturel qui pût être abandonné aux caprices des conjoints, il a vu que c'était aussi une institution politique consacrée par la loi, que sa conservation n'intéressait pas seulement les époux, mais encore et les enfants qui en sont nés ou en doivent naître, et la société entière pour laquelle le mariage, sa sainteté et sa durée sont les garants les plus assurés des bonnes mœurs. Dans la vue donc de soustraire autant qu'il est possible une aussi importante institution sociale aux bizarreries et à l'instabilité des humeurs, du caractère et des affections des conjoints, le comité a environné le divorce, dans le cas où ces inconvénients sont le plus à craindre, de délais et d'épreuves propres à les écarter et à assurer la société de l'indispensable nécessité du divorce pour la liberté et le bonheur des époux.

A l'égard des chefs du divorce le comité les considérant par rapport aux époux, y a trouvé de nouveaux moyens d'en prévenir les abus : d'un côté, en ne permettant pas ce que l'honnêteté publique semble défendre, savoir : que les époux divorcés puissent contracter un nouveau mariage ensemble, ni même qu'ils puissent convoler avec d'autres à de secondes noces immédiatement après le divorce ; d'un autre côté, en privant de tous les avantages pécuniaires du premier mariage celui qui en a demandé la dissolution sans cause déterminée, ou celui qui a occasionné cette dissolution par des faits qui peuvent lui être reprochés.

A l'égard des enfants, ces êtres innocents des fautes de leurs pères, ces êtres qui ne peuvent souffrir qu'injustement des divisions ou de l'instabilité des affections des auteurs de leurs jours, le comité s'est spécialement attaché à pourvoir, par les plus sages mesures, à leurs intérêts personnels ou pécuniaires.

Le divorce a-t-il lieu par le consentement mutuel des époux ?

Le législateur peut suivre, pour l'éducation et l'entretien des enfants, ce qu'indique la nature, et ce que désire la différence des sexes dans l'éducation des garçons et des filles ; il peut confier à la mère tous les enfants, quel que soit leur sexe, âgés de moins de sept ans ; passé cet âge, les enfants doivent être remis au père.

Si le divorce a lieu sur la demande de l'un des époux, *sans cause déterminée*, aucun des enfants ne doit être laissé à sa charge et confiance, il est trop suspect, dans un pareil divorce, de légèreté ou de torts graves. Mais si c'est pour cause déterminée et juste qu'il a demandé le divorce, en ce cas tous les torts sont à son conjoint, et les enfants doivent être confiés à celui qui s'est vu forcé de faire dissoudre un lien déshonorant ou justement insupportable.

Les frais de l'éducation et de l'entretien des enfants ne doivent pas moins, dans tous les cas, être à la charge des époux divorcés, chacun en proportion de ses facultés. Dans tous les cas aussi, chacun d'eux doit conserver la surveillance sur l'éducation des enfants confiés à l'autre; et l'intérêt de ces enfants si chers à la société exige que la même surveillance soit également accordée aux familles des époux divorcés.

Enfin, à l'égard des droits et intérêts pécuniaires des enfants, ceux qui résultent du mariage dont ils sont nés, soit par la loi, soit par les conventions matrimoniales, doivent leur être conservés dans tous les cas de divorce; ils ne doivent pas perdre par le divorce, mais aussi ils ne doivent pas gagner contre leurs père et mère divorcés. Ainsi, l'ouverture de ces avantages ne doit toujours avoir lieu à leur profit, qu'aux termes des lois ou des conventions qui les ont établis.

Telles sont les vues générales, tels sont les principaux motifs du projet de décret que je suis chargé de vous soumettre. Sa rédaction, divisée en quatre sections :

L'une sur les causes du divorce;

L'autre sur le mode;

La troisième sur ses effets, par rapport aux époux;

La quatrième sur ses effets, par rapport aux enfants, vous présentera, je pense, méthodiquement, tous les développements que vous pouvez désirer.

La discussion fut continuée dans les séances des 7, 13, 15, 17, 20 et 21 septembre 1792. On n'en retrouve que des fragments fort incomplets. Nous pouvons cependant rapporter ici un discours du député Sedillez, qui présenta un projet de décret conforme aux bases qui se trouvent posées dans son discours.

Voici comment s'exprima le député Sédillez à la séance du 13 septembre 1792 :

Vous avez adopté le divorce; c'est moins une loi nouvelle que vous allez faire qu'un retour à la loi naturelle.

Je n'examinerai pas les effets moraux ou politiques qui peuvent en résulter; j'observerai seulement, en passant, que si le principe en est utile, s'il peut convenir à nos mœurs, il me semble que lorsque avec beaucoup d'art et de sentiment on a cherché à intéresser votre sensibilité en faveur d'un sexe alternativement adoré et opprimé, on a produit sur vous un grand effet, sans faire un grand raisonnement en faveur du divorce.

En effet, messieurs, je ne pense pas qu'à tout prendre ce soient les femmes qui gagnent le plus à cette nouvelle institution.

Il est à craindre que dans les mains du mari ce soit un moyen de plus d'abuser de sa puissance; car, oserai-je le dire, la liberté et l'égalité n'existent pas encore en France pour les femmes. Le divorce ne sera jamais pour elles qu'un triste remède; et, comme l'a dit un homme célèbre : « C'est toujours un grand malheur pour une femme d'être contrainte d'aller « chercher un second mari, lorsqu'elle a perdu la plupart de ses agréments « chez un autre. C'est un des avantages des charmes de la jeunesse dans « les femmes, que, dans un âge avancé, un mari se porte à la bienveillance « par le souvenir de ses plaisirs. »

Je fais cette réflexion, non pour critiquer un principe que tant d'autres raisons peuvent avoir sollicité de votre sagesse, mais parce qu'en matière de législation surtout il peut être dangereux de laisser croire qu'on s'est déterminé à une bonne loi par un motif insuffisant.

Voici d'après quels principes je pense qu'on pourrait faire une loi très-courte et très-simple sur le divorce.

Le mariage est un contrat civil.

Il est de la nature des contrats de se résoudre de la même manière dont ils ont été formés.

Le mariage étant formé par la volonté de deux personnes, il est naturel qu'il puisse se dissoudre par une volonté contraire.

Et voilà d'abord ce qu'on appelle proprément le divorce, qui n'est autre chose que la dissolution du mariage par le consentement mutuel des parties qui l'avaient contracté.

Il est cependant de la sagesse de la loi de préserver les citoyens de toute précipitation dans une démarche aussi importante et d'avoir à se repentir de quelques mouvements d'humeur dont les meilleures unions ne sont pas toujours exemptes ; elle doit les forcer de prendre le temps nécessaire pour y réfléchir, et pour assurer leur propre volonté.

Il me semble qu'on atteindrait ce but :

1° En mettant un intervalle nécessaire entre le projet de divorce et sa consommation;

2° En permettant aux parties, pendant cet intervalle, de vivre quelque temps séparément pour dissiper et éteindre le premier feu de la passion;

3° En les obligeant ensuite de se réunir, de vivre et d'habiter ensemble quelque temps avant la déclaration définitive, pour essayer les derniers moyens de rapprochement;

4° En imprimant à cet acte solennel un grand caractère de réflexion qui empêche qu'il ne soit livré au caprice et à la légèreté; il est convenable d'ordonner que ceux qui auront usé de la voie du divorce ne puissent plus se réunir par un nouveau mariage;

Lorsque deux époux auront eu le temps de réfléchir sur une démarche sur laquelle la loi ne permet plus aucun retour, il est vraisemblable qu'ils ne s'y détermineront que dans le cas où elle serait absolument nécessaire à leur bonheur.

Les autres effets du divorce sont assez simples.

Quant aux intérêts pécuniaires des parties, tout se réduit à peu près à une espèce de partage de société; et ce qui concerne les enfants se règle d'après le principe général : que leur éducation et leur entretien sont une charge commune du mariage.

Jusqu'ici je n'ai parlé que du divorce qui s'opère par le consentement mutuel des parties.

Mais il est des cas où il est également juste que le mariage soit dissous par la volonté d'une seule des parties, indépendamment de la volonté de l'autre, et c'est ce qu'on appelle répudiation.

Cette seconde espèce de divorce, qui paraît moins naturelle que la première, dérive cependant du même principe que le mariage a été contracté dans la vue d'un bonheur commun; si l'une des parties n'y peut trouver ce bonheur, il est juste que la loi vienne à son secours.

On saisit aisément les différentes conséquences qui résultent du divorce et de la répudiation.

Dans le divorce, les deux parties consentent; tout est terminé par l'effet seul de leur volonté; la loi n'a point de motifs à leur demander.

Dans la répudiation, au contraire, l'une des parties se plaint; la loi lui doit protection, mais elle doit examiner, car elle doit justice et protection à tous deux. Ce sont des intérêts divers à concilier. Il ne suffit pas que l'un dise qu'il n'est pas heureux; il faut qu'il prouve qu'il ne peut pas l'être par le fait de l'autre. Il est donc indispensable de déduire des causes, c'est-à-dire le point délicat.

Je ne veux entrer dans aucun détail à cet égard, et je me contenterai de poser le principe : que la répudiation sera admise pour toute cause grave qui ôterait à celui qui réclame toute espérance de trouver dans l'union qu'il a contractée le bonheur qu'il devait naturellement y chercher.

Je ne vois qu'un moyen de préciser le principe que je viens de poser, et de parvenir à ce qu'il en soit toujours fait une juste application à celui qui réclame : c'est d'établir en ce cas *un jury de répudiation*, et de confier à la conscience de ceux qui le composeront le soin d'appliquer le principe posé par la loi.

Le seul moyen de nous procurer une justice exacte, c'est de nous former une *conscience judiciaire*, seule règle de tous les jugements; c'est ce que l'établissement du jury a opéré au criminel. Nous ne pouvons pas trop étendre cette précieuse institution; ce ne sera que par des lois infiniment simples que nous parviendrons à l'établir au civil.

Je propose de l'appliquer en particulier, et dès ce moment-ci, au jugement des causes de répudiation; mais il faut pour cela que la loi que vous ferez sur cette matière soit infiniment simple.

Je crois que ce jury aurait atteint le degré désirable de perfection, s'il était composé de personnes nommées en nombre égal par chacune des parties et par le procureur de la cour du lieu.

Je hasarderai aussi de proposer de composer le jury de répudiation de femmes, si c'est le mari qui provoque, et d'hommes, si c'est la femme qui veut répudier. (On applaudit.)

Je prie de considérer qu'il est ici question de choses dont les femmes doivent être de très-bons juges, et même des juges assez sévères; et d'ailleurs n'est-il pas temps enfin de compter pour quelque chose dans notre gouvernement, dans notre législation, la raison et l'esprit des femmes, qui sous plusieurs rapports ne le cèdent en rien à l'esprit et à la raison des hommes? (Nouveaux applaudissements.)

Si le jury de répudiation est adopté, la loi est faite, puisque tout le reste se passera comme dans le cas du divorce proprement dit, à cette seule différence près que je ne défendrai pas dans le cas de répudiation un nouveau mariage, si les parties jugeaient à propos de se réunir.

Voilà la raison de cette différence.

Le divorce est le fruit de la réflexion et de la volonté mutuelle des deux époux; il suppose une incompatibilité de caractère bien reconnue par tous deux; il est juste qu'il soit irrévocable; sans cela ne serait-ce pas se jouer également du mariage et du divorce?

La répudiation n'est l'effet que d'une seule volonté et cette volonté tient souvent à des causes qui peuvent changer et qui peuvent faire espérer un rapprochement durable.

M. Sedillez présente un projet de décret conforme aux bases posées dans son opinion.

M. Ducastel, membre de la section de législation, répond ainsi :

Le seul point de contradiction qui existe entre ce projet du comité et celui de M. Sedillez, c'est que le comité propose de permettre le divorce sur la demande d'une seule des parties, pour cause d'incompatibilité; un caprice suffira, dit-on, pour que le divorce soit prononcé.

Nous avons remédié autant qu'il est possible à cet inconvénient, en privant de quelques avantages la partie qui demandera le divorce, et en la condamnant aux dommages. Mais il est impossible de ne pas le permettre, parce qu'une femme peut avoir à se plaindre d'injures graves, dont elle rougirait peut-être d'alléguer les preuves; vous ne devez pas la réduire à dévorer ses larmes. La loi doit, en ce cas, leur accorder faveur, et c'est ce qui a déterminé l'avis de votre comité.

Après ces quelques observations de M. Ducastel, la priorité est accordée au projet du comité.

La clôture de la discussion est prononcée;

Et, aux applaudissements des spectateurs, l'assemblée adopte le projet du comité, qui est devenu l'acte ci-après :

§ 1er. — CAUSES DU DIVORCE.

Article premier. — Le mariage se dissout par le divorce.

Art. 2. — Le divorce a lieu par le consentement des époux.

Art. 3. — L'un des époux peut faire prononcer le divorce sur la simple allégation d'incompatibilité d'humeur et de caractère.

Art. 4. — Chacun des époux peut également faire prononcer sur des motifs déterminés, savoir :

1° Sur la démence, sur la folie ou la fureur de l'un des époux ;

2° Sur la condamnation de l'un d'eux à des peines afflictives ou infâmantes ;

3° Sur les crimes, sévices ou injures de l'un envers l'autre ;

4° Sur le dérèglement de mœurs notoire ;

5° Sur l'abandon de la femme par le mari ou du mari par la femme pendant deux ans au moins ;

6° Sur l'absence de l'un d'eux sans nouvelles, au moins pendant cinq ans ;

7° Sur l'émigration dans les cas prévus par les lois, notamment par le décret du 8 avril 1792.

Art. 5. — Les époux, maintenant séparés de corps par jugement exécuté ou en dernier ressort, auront mutuellement la faculté de faire prononcer leur divorce.

Art. 6. — Toutes les demandes et instances en séparation de corps non jugées sont éteintes et abolies : chacune des parties payera ses frais. Les jugements de séparation non exécutés ou attaqués par appel ou par la voie de la cassation demeurent comme non avenus ; le tout, sauf aux époux à recourir à la voie du divorce aux termes de la présente loi.

Art. 7. — A l'avenir aucune séparation de corps ne pourra être prononcée ; les époux ne pourront être désunis que par le divorce.

§ II. — MODES DU DIVORCE.

Mode du divorce par consentement mutuel.

Article premier. — Le mari et la femme qui demanderont conjointement le divorce seront tenus de convoquer une assemblée de six au moins des plus proches parents ou d'amis ; à défaut de parents, trois des parents ou amis seront choisis par le mari, les trois autres seront choisis par la femme.

Art. 2. — L'assemblée sera convoquée à jour fixe et lieu convenu avec les parents ou amis ; il y aura au moins un mois d'intervalle entre le jour de la convocation et celui de l'assemblée. L'acte de convocation sera signifié par un huissier aux parents ou amis convoqués.

Art. 3. — Si, au jour de la convocation, un ou plusieurs des parents ou amis convoqués ne peuvent se trouver à l'assemblée, les époux les feront remplacer par d'autres parents ou amis.

Art. 4. — Les deux époux se présenteront en personne à l'assemblée ; ils y exposeront qu'ils demandent le divorce. Les parents ou amis assemblés leur feront les observations et représentations qu'ils jugeront convenables.

Si les époux persistent dans leur dessein, il sera dressé, par un officier municipal requis à cet effet, un acte contenant simplement que les parents ou amis ont entendu les époux en assemblée dûment convoquée, et qu'ils n'ont pu les concilier.

La minute de cet acte, signée des membres de cette assemblée, des deux époux et de l'officier municipal, avec mention de ceux qui n'auront su ou pu signer, sera déposée au greffe de la municipalité. Il en sera délivré expédition aux deux époux gratuitement et sans droit d'enregistrement.

Art. 5. — Un mois au moins et six mois au plus après la date de l'acte énoncé dans l'article précédent, les époux pourront se présenter devant l'officier public, chargé de recevoir les actes de mariage dans la municipalité où le mari a son domicile, et, sur leur demande, cet officier public sera tenu de prononcer leur divorce, sans entrer en connaissance de cause. Les parties et l'officier public se conformeront aux formes prescrites à ce sujet dans la loi sur les actes de naissance, mariage et décès.

Art. 6. — Après le délai de six mois mentionné dans le précédent article, les époux ne pourront être admis au divorce par consentement mutuel qu'en observant de nouveau les mêmes formalités et les mêmes délais.

Art. 7. — En cas de minorité des époux ou de l'un d'eux, ou s'ils ont des enfants nés de leur mariage, les délais ci-dessus indiqués, d'un mois pour la convocation de l'assemblée de famille, et d'un mois au moins après l'acte de non-conciliation pour faire le divorce, seront doubles ; mais le délai fatal de six mois, après l'acte de non-conciliation pour faire prononcer le divorce, restera le même.

Mode du divorce sur la demande d'un des conjoints, pour simple cause d'incompatibilité.

Art. 8. — Dans le cas où le divorce sera demandé par l'un des époux contre l'autre, pour cause d'incompatibilité d'humeur et de caractère, sans autre indication de motifs, il convoquera une première assemblée de parents ou d'amis à défaut de parents, laquelle ne pourra avoir lieu qu'un mois après la convocation.

Art. 9. — La convocation sera faite devant l'un des officiers municipaux du domicile du mari en la maison commune du lieu aux jour et heure indiqués par cet officier. L'acte en sera signifié à l'époux défendeur avec déclaration des noms et demeures des parents ou amis, au nombre de trois au moins, que l'époux demandeur entend faire trouver à l'assemblée, et invitation à l'époux défendeur de comparaître à l'assemblée et d'y faire trouver de sa part trois au moins des parents.

Art. 10. — L'époux demandeur en divorce sera tenu de se présenter en personne à l'assemblée ; il entendra, ainsi que l'époux défendeur, s'il comparaît, les représentations des parents ou amis à l'effet de les concilier. — Si la conciliation n'a pas lieu, l'assemblée se prorogera à deux mois, et les époux y demeureront ajournés. — L'officier municipal sera tenu de se retirer pendant ces explications et les débats de famille : en cas de non-conciliation, il sera rappelé dans l'assemblée pour en dresser l'acte, ainsi que la prorogation dans la forme prescrite par l'article 4 ci-dessus. Expédition de cet acte sera délivrée à l'époux demandeur, qui sera tenu de le faire signifier à l'époux défendeur, si celui-ci n'a pas comparu à l'assemblée.

Art. 11. — A l'expiration des deux mois, l'époux demandeur sera tenu de comparaître de nouveau en personne. Si les représentations qui lui seront faites, ainsi qu'à son épouse, s'il comparaît, ne peuvent encore les concilier, l'assemblée se prorogera à trois mois, et les époux y demeureront ajournés ; il en sera dressé acte, et la signification en sera faite, s'il y a lieu, comme au cas de l'article précédent.

Art. 12. — Si à la troisième séance de l'assemblée à laquelle le provoquant sera également tenu de comparaître en personne, il ne peut être concilié et persiste définitivement dans la demande, acte en sera dressé; il lui en sera délivré expédition, qu'il fera signifier à l'époux défendeur.

Art. 13. — Si, aux première, seconde ou troisième assemblées, les parents ou amis indiqués par le demandeur en divorce ne peuvent s'y trouver, il pourra les faire remplacer par d'autres, à son choix. L'époux défendeur pourra aussi, à son choix, faire remplacer les parents ou amis qu'il aura fait présenter aux premières assemblées, et enfin l'officier municipal lui-même, chargé de la rédaction des actes de ces assemblées, pourra, en cas d'empêchement, être remplacé par un de ses collègues.

Art. 14. — Huitaine au moins, ou au plus dans les six mois après la date du dernier acte de non-conciliation, l'époux provoquant pourra se présenter pour faire prononcer le divorce devant l'officier public chargé de recevoir les actes de naissance, mariage et décès. Après les six mois, il ne pourra y être admis qu'en observant de nouveau les mêmes formalités et les mêmes délais.

Mode de divorce sur la demande d'un des époux pour cause déterminé.

Art. 15. — En cas de divorce demandé par l'un des époux pour l'un des sept motifs déterminés, indiqués dans l'article 4 du § Ier ci-dessus, ou pour cause de séparation de corps, aux termes de l'article 5, il n'y aura lieu à aucun délai d'épreuve.

Art. 16. — Si les motifs déterminés sont établis par des jugements comme dans les cas de séparation de corps, ou de condamnation à des peines afflictives ou infamantes, l'époux qui demandera le divorce pourra se pourvoir directement pour le faire prononcer devant l'officier public chargé de recevoir les actes de mariage dans la municipalité du domicile du mari. — L'officier public ne pourra entrer en aucune connaissance de cause. S'il s'élève devant lui des contestations sur la nature ou la validité des jugements représentés, il renverra les parties devant le tribunal de district, qui statuera en dernier ressort et prononcera si ces jugements suffisent pour autoriser le divorce.

Art. 17. — Dans le cas de divorce pour absence de cinq ans sans nouvelles, l'époux qui le demandera pourra également se pourvoir directement devant l'officier public de son domicile, lequel prononcera le divorce sur la présentation qui lui sera faite d'un acte de notoriété constatant cette longue absence.

Art. 18. — A l'égard du divorce fondé sur les autres motifs déterminés, indiqués dans l'article 4 du § 1er ci-dessus, le demandeur sera tenu de se pourvoir devant les arbitres de famille en la forme prescrite dans le Code de l'ordre judiciaire pour les constatations entre mari et femme.

Art. 19. — Si, d'après la vérification des faits, les arbitres jugent la demande fondée, ils renverront le demandeur en divorce devant l'officier du domicile du mari pour faire prononcer le divorce.

Art. 20. — L'appel du jugement arbitral en suspendra l'exécution; cet appel sera instruit sommairement et jugé dans le mois.

§ III. — EFFETS DU DIVORCE PAR RAPPORT AUX ÉPOUX.

Article premier. — Les effets du divorce, par rapport à la personne des époux, sont de rendre au mari et à la femme leur entière indépendance, avec la faculté de contracter un nouveau mariage.

Art. 2. — Les époux divorcés peuvent se remarier ensemble. Ils ne pourront contracter avec d'autres un nouveau mariage qu'un an après le divorce, lorsqu'il a été prononcé sur consentement mutuel ou pour simple cause d'incompatibilité d'humeur et de caractère.

Art. 3. — Dans le cas où le divorce a été prononcé pour cause déterminée, la femme ne peut également contracter un nouveau mariage avec un autre que son premier mari qu'un an après le divorce, si ce n'est qu'il soit fondé sur l'absence du mari depuis cinq ans sans nouvelles.

Art. 4. — De quelque manière que le divorce ait lieu, les époux divorcés seront réglés par rapport à la communauté de biens ou à la société d'acquêts qui a existé entre eux soit par la loi, soit par la convention, si l'un d'eux était décédé.

Art. 5. — Il sera fait exception à l'article précédent pour le cas où le divorce aura été obtenu par le mari contre la femme pour l'un des motifs déterminés, énoncés dans l'article 4 du § 1er ci-dessus, autre que la démence, la folie ou la fureur; la femme, dans ce cas, sera privée de tous droits et bénéfices dans la communauté de biens ou société d'acquêts, mais elle reprendra les biens qui sont entrés de son côté.

Art. 6. — A l'égard des droits matrimoniaux emportant gain de survie, tels que douaire, augment de dot ou agencement, droit de viduité, droit de part dans les biens meubles ou immeubles du prédécédé, ils seront dans tous les cas de divorce éteints et sans effet. Il en sera de même des dons ou avantages, pour cause de mariage, que les époux ont pu se faire réciproquement ou l'un à l'autre, qui ont pu être faits à l'un d'eux par les père et mère ou autres parents de l'autre. Les dons mutuels faits depuis le mariage et avant le divorce resteront aussi comme non avenus et sans effet; le tout, sauf indemnités ou pensions énoncées dans les articles qui suivent.

Art. 7. — Dans le cas de divorce pour l'un des motifs déterminés énoncés dans l'article 4, § 1er ci-dessus, celui qui aura obtenu le divorce sera indemnisé de la perte des effets du mariage dissous et de ses gains de survie, dons et avantages par une pension viagère sur les biens de l'un et de l'autre époux, laquelle sera réglée par des arbitres de famille, et courra du jour de la prononciation du divorce.

Art. 8. — Il sera également alloué par des arbitres de famille, dans tous les cas de divorce, une pension alimentaire à l'époux divorcé qui se trouvera dans le besoin, autant néanmoins que les biens de l'autre époux pourront la supporter, déduction faite de ses propres besoins.

Art. 9. — Les pensions d'indemnité ou alimentaires énoncées dans les articles précédents seront éteintes si l'époux divorcé, qui en jouit, contracte un nouveau mariage.

Art. 10. — En cas de divorce pour cause de séparation de corps, les droits et intérêts des époux divorcés resteront réglés comme ils l'ont été par les jugements de séparation, et selon les lois existant lors de ces jugements, ou par les actes et transactions passés entre les parties.

Art. 11. — Tout acte de divorce sera sujet aux mêmes formalités d'enregistrement et publication que l'étaient les jugements de séparation; et le divorce ne produira, à l'égard des créanciers des époux, que les mêmes effets que produisaient les séparations de corps et de biens.

Effets du divorce par rapport à l'enfant.

Art. 12. — Dans le cas du divorce par consentement mutuel, ou sur la demande de l'un des époux pour simple cause d'incompatibilité d'humeur ou de caractère, sans autre indication de motifs, les enfants nés du mariage dissous seront confiés, savoir : les filles à la mère, les garçons âgés de moins de sept ans également à la mère : au-dessus de cet âge ils seront remis et confiés au père, et néanmoins le père et la mère pourront faire à ce sujet tel autre arrangement que bon leur semblera.

Art. 13. — Dans tous les cas de divorce pour cause déterminée, il sera réglé en assemblée de famille auquel des époux les enfants seront confiés.

Art. 14. — En cas de divorce pour cause de séparation de corps, les enfants resteront à ceux auxquels ils ont été confiés par jugement ou transaction, ou qui les ont à leur garde et confiance depuis plus d'un an. S'il n'y a ni jugement ou transaction, ni possession annale, il sera réglé en assemblée de famille auquel du père ou de la mère séparés les enfants seront confiés.

Art. 15. — Si le mari ou la femme divorcés contractent un nouveau mariage, il sera également réglé, en assemblée de famille, si les enfants qui leur étaient confiés leur seront retirés, et à qui ils seront remis.

Art. 16. — Soit que les enfants, garçons ou filles, soient confiés au père seul, ou à la mère seule, soit à l'un ou à l'autre, soit à des tierces personnes, le père et la mère ne seront pas moins obligés de contribuer aux frais de leur éducation et entretien: ils y contribueront en proportion des facultés et revenus réels et industriels de chacun d'eux.

Art. 17. — La dissolution du mariage par divorce ne privera dans aucun cas des enfants, nés de ce mariage, des avantages qui leur étaient assurés par les lois ou par les conventions matrimoniales, mais le droit n'en sera ouvert à leur profit que comme il le serait si leurs père et mère n'avaient pas fait divorce.

Art. 18. — Les enfants conserveront leur droit de successibilité à leur père et à leur mère divorcés. S'il survient à ces derniers d'autres enfants de mariages subséquents, les enfants des différents lits succéderont en concurrence et par égales portions.

Art. 19. — Les époux divorcés ayant enfants ne pourront, en se remariant, faire de plus grands avantages, pour cause de mariage, que ne le peuvent, selon les lois, les époux veufs qui se remarient ayant enfants.

Art. 20. — Les contestations relatives au droit des époux d'avoir un ou plusieurs de leurs enfants à leur charge et confiance, celles relatives à l'éducation, aux droits et intérêts de ces enfants, seront portées devant des arbitres de famille; et les jugements rendus en cette matière seront, en cas d'appel, exécutés par provision.

Voici quelles sont les diverses dispositions législatives qui sont intervenues après ce décret :

Le décret du 12 août 1793 par lequel les contestations, relatives aux obstacles apportés à l'exécution du décret ci-dessus, sont attribuées aux tribunaux civils.

Le décret du 22 vendémiaire an II, par lequel le demandeur en divorce est autorisé à faire apposer les scellés sur les effets mobiliers de la communauté.

Le décret du 8 nivôse an II, aux termes duquel les tribunaux de famille sont autorisés à connaître des contestations relatives au règlement du droit des époux.

Le décret du 4 floréal an II, qui établit une disposition additionnelle au décret ci-dessus.

Le décret du 5 floréal an II, qui déclare l'ordre du jour sur une question relative à l'article 6, § 1er du décret ci-dessus, quant aux jugements de séparation non exécutés ou attaqués par voie d'appel ou de cassation.

Le décret du 24 floréal an II, qui déclare l'ordre du jour sur la question de savoir s'il faut une nouvelle résidence de six mois de la part de ceux qui, étant séparés de fait depuis plus de six mois, viennent poursuivre le divorce dans leur ancien domicile.

Le décret du 14 messidor an II, qui déclare qu'il n'y a pas lieu de porter devant un tribunal de famille les contestations entre les époux divorcés.

Le décret du 23 thermidor an II, par lequel les femmes non nobles dont les demandes en divorce avec des nobles étaient formées avant le décret du 27 germinal an II, qui leur enjoignait de sortir de Paris, sont autorisées à y rentrer pour faire prononcer leur divorce.

Le décret du 8 vendémiaire an III, aux termes duquel celui qui poursuit le divorce n'est pas tenu d'assigner son conjoint au dernier domicile, s'il prouve qu'il est émigré ou en pays étranger.

Le décret du 15 thermidor an III, qui prononce la suspension des décrets du 8 nivôse et 4 floréal an II.

Le décret du 4me jour complémentaire an IV, qui s'occupe des demandes en divorce formées sur simple allégation d'incompatibilité d'humeur et de caractère.

Enfin la loi du 15 fructidor an VI, qui porte que les divorces doivent être annoncés publiquement les décadis.

Tel était l'état de notre législation sur le divorce, lorsque apparut le code civil, qui, lui aussi, admit le divorce, en modifiant toutefois considérablement le décret du 22 septembre 1792. Une distance immense sépare en effet l'œuvre de l'an II de celle de 1792. En l'an II on se trouvait dans des temps plus calmes, et l'on pouvait, en profitant des leçons de l'expérience, élaborer une loi protectrice des intérêts de tous. Le code de l'an II fut l'objet des méditations profondes de sages et savants jurisconsultes délibérant loin de toute influence révolutionnaire, sous la puissante inspiration du génie de Napoléon. C'est par cette commission composée d'hommes aussi éminents par leur savoir que par leurs vertus, qu'a été préparé le projet de loi sur le divorce, projet qui est devenu le titre VI du livre Ier du code civil, de ce code justement appelé code Napoléon.

Voici l'exposé des motifs du titre sur le divorce présenté à la séance du 19 ventôse an XI, par le conseiller d'État Treilhard :

Le gouvernement n'a pas dû se dissimuler les difficultés d'une loi sur le divorce ; l'intérêt, les passions, les préjugés, les habitudes, des motifs encore d'un autre ordre, toujours respectables par la source même dont ils émanent, présentent, s'il est permis de le dire, à chaque pas, des ennemis à combattre : tous ces obstacles, le gouvernement les a prévus, et il a dû se flatter de les vaincre, parce que son ouvrage ne doit être offert ni à l'esprit de parti, ni à des passions exaltées, mais à la sagesse d'un corps politique placé au-dessus du tourbillon des intrigues, qui sait embrasser d'un coup d'œil l'ensemble d'une institution, et consacrer de grands résultats quand ils offrent beaucoup plus d'avantages que d'inconvénients.

C'est dans cette conviction que je présenterai les motifs du projet de loi sur le divorce, et, sans en discuter chaque article en particulier, je m'attacherai aux grandes bases. Leur sagesse une fois prouvée, tout le reste en deviendra la conséquence nécessaire.

Faut-il admettre le divorce? Pour quelles causes? dans quelles formes? quels sont ses effets?

Faut-il admettre le divorce?

Vous n'attendez pas que, cherchant à résoudre cette grande question par les autorités, je fasse ici l'énumération des peuples qui ont admis ou rejeté le divorce; que je recherche péniblement s'il a été pratiqué en France dans les premiers âges de la monarchie et à quelle époque l'usage en a été interdit : je ne dirais rien qui fût nouveau pour vous, et tout le monde doit sentir qu'une question de cette nature ne peut pas se résoudre par des exemples.

L'autorisation du divorce serait inutile, déplacée, dangereuse, chez un peuple naissant, dont les mœurs pures, les goûts simples assureraient la stabilité des mariages, parce qu'elles garantiraient le bonheur des époux.

Elle serait utile, nécessaire, si l'activité des passions et le dérèglement des mœurs pouvaient entraîner la violation de la foi promise et les désordres incalculables qui en sont la suite.

Elle serait inconséquente chez un peuple qui n'admettrait qu'un seul culte, s'il pensait que ce culte établit d'une manière absolue l'indissolubilité du mariage.

Ainsi, la question doit recevoir une solution différente, suivant le génie et les mœurs des peuples, l'esprit des siècles, et l'influence des idées religieuses sur l'ordre politique.

C'est pour nous, dans la position où nous sommes, que la question s'agite; pour un peuple dont le pacte social garantit à chaque individu la liberté du culte qu'il professe, et dont le code civil ne peut, par conséquent, recevoir l'influence d'une croyance particulière.

Déjà vous voyez que la question doit être envisagée sous un point de vue purement politique. Les croyances religieuses peuvent différer sur beaucoup de points; il suffit pour le législateur qu'elles s'accordent sur un article fondamental, sur l'obéissance due à l'autorité légitime : du reste, personne n'a le droit de s'interposer entre la conscience d'un autre et la divinité, et le plus sage est celui qui respecte le plus tous les cultes.

La question du divorce doit donc être discutée, abstraction faite de toute idée religieuse, et elle doit cependant être décidée de manière à ne gêner aucune conscience, à n'enchaîner aucune liberté; il serait injuste de forcer le citoyen, dont la croyance repousse le divorce, à user de ce remède; il ne le serait pas moins d'en refuser l'usage, quand il serait compatible avec la croyance de l'époux qui le sollicite.

Nous n'avons donc qu'une question à examiner; dans l'état actuel du peuple français, le divorce doit-il être permis?

Nous ne connaissons pas d'acte plus solennel que celui du mariage. C'est par le mariage que les familles se forment et que la société se perpétue : voilà une première vérité sur laquelle je pense que tout le monde est d'accord, de quelque opinion qu'on puisse être, d'ailleurs, sur la question du divorce.

C'est encore un point également incontestable que, de tous les contrats, il n'en est pas un seul dans lequel on doive plus désirer l'intention et le vœu de la perpétuité de la part de ceux qui contractent.

Il n'est pas et il ne doit pas être moins universellement reconnu, que la légèreté des esprits, la perversité des cœurs, la violence des passions, la corruption des mœurs, ont trop souvent produit, dans l'intérieur des familles, des excès tels que l'on s'est vu forcé de permettre de faire la rupture d'unions qu'on regardait cependant comme indissolubles de droit; les monuments de la jurisprudence, qui sont aussi le dépôt des faiblesses humaines, n'attestent que trop cette vérité.

Telle est notre position. Je demande actuellement si l'on peut raisonnablement espérer, par quelque institution que ce puisse être, de remédier si efficacement et si promptement au désordre, que l'on ait plus besoin du remède; si l'on peut trouver le moyen d'assortir si parfaitement les unions conjugales, d'inspirer si fortement aux époux le sentiment et l'amour de leurs devoirs respectifs, qu'on doive se flatter qu'ils ne s'en écarteront plus dans la suite et qu'ils ne nous rendront plus les témoins de ces scènes atroces, de ces scandales révoltants qui durent forcer si impérieusement la séparation de deux époux. Ah ! sans doute, si l'on peut, par quelque loi salutaire, épurer tout à coup l'espèce humaine, on ne saurait trop se hâter de donner ce bienfait au monde. Mais s'il nous est défendu de concevoir de semblables espérances, si elles ne peuvent naître, même dans l'esprit de ceux qui jugent l'humanité avec la prévention la plus indulgente, il ne nous reste plus que le choix du remède à appliquer au mal que nous ne saurions extirper.

Voilà la question réduite à son vrai point : faut-il préférer au divorce l'usage ancien de la séparation de corps? faut-il préférer à l'usage de la séparation de corps celui du divorce? ne convient-il pas de laisser aux citoyens la liberté d'user de l'une ou de l'autre voie?

Écartons, avant tout et avec le même soin, les déclamations que se sont permises des esprits exaltés dans l'un ou l'autre parti : la vérité et la sagesse se trouvent rarement dans les extrêmes.

Les uns ont parlé du divorce comme d'une institution presque céleste et qui allait tout purifier; les autres en ont parlé comme d'une institution infernale et qui achèverait de tout corrompre; ici le divorce est le triomphe, là c'est la honte de la raison. Si nous croyons ceux-ci, l'admission du divorce déshonorera le code; ceux-là prétendent que son rejet laissera ce même code dans un état honteux d'imperfection : le législateur ne se laisse pas surprendre par de pareilles exagérations.

Le divorce en lui-même ne peut pas être un bien; c'est le remède d'un mal. Le divorce ne doit pas être signalé comme un mal, s'il peut être un remède quelquefois nécessaire.

Doit-il être politiquement préféré à la séparation? C'est la véritable et la seule question, puisqu'il est reconnu que la loi doit offrir à des époux outragés, maltraités, en péril de leurs jours, des moyens de mettre à couvert leur honneur et leur vie.

Le mariage, comme tous les autres contrats, ne peut se former sans le consentement des parties : ce consentement en est la première condition.

la condition la plus impérieusement exigée ; sans ce consentement il n'y a pas de mariage.

On ne doit cependant pas confondre le contrat de mariage avec une foule d'autres actes qui tirent aussi leur existence du consentement des parties, mais qui, n'intéressant qu'elles, peuvent se dissoudre par une volonté contraire à celle qui les a formés.

Le mariage n'intéresse pas seulement les époux qui contractent; il forme un lien entre deux familles, et il crée dans la société une famille nouvelle qui peut elle-même devenir la tige de plusieurs autres familles : le citoyen qui se marie devient époux, il devient père; ainsi s'établissent de nouveaux rapports que les époux ne sont plus libres de rompre par leur seule volonté: la question du divorce doit donc être examinée dans les rapports des époux entre eux ; dans leurs rapports avec leurs enfants, dans leurs rapports avec la société.

Le divorce rompt le lien conjugal ; la séparation laisse encore subsister ce lien ; à cela près, les effets de l'un et de l'autre sont peu différents : cette union de personnes, cette communauté de la vie qui forment si essentiellement le mariage, n'existent plus. Les jugements de séparation prononçaient toujours des défenses expresses au mari, de hanter et fréquenter sa femme. Quel est donc l'effet de cette conservation apparente du lien conjugal dans les séparations, et retenir encore le nom avec tant de soin, lorsqu'il est évident que la chose n'existe plus ? Le vœu principal du mariage n'est-il pas trompé? N'est-il pas vrai que l'époux n'a réellement plus de femme, que la femme n'a plus de mari? Quel est donc encore une fois l'effet de la conservation du lien?

On interdit à deux époux, devenus célibataires de fait, tout espoir d'un lien légitime, et on laisse subsister entre eux une communauté de nom qui fait encore rejaillir sur l'un le déshonneur dont l'autre peut se couvrir. Nous n'avons que trop vu les funestes conséquences de cet état, et le passé nous annonce ce que nous devrions en attendre pour l'avenir.

Cependant l'un des époux était du moins sans reproche ; il avait été séparé comme une victime de la brutalité ou de la débauche : fallait-il l'offrir une seconde fois en sacrifice par l'interdiction des sentiments les plus doux et les plus légitimes? L'époux même, dont les excès avaient forcé la séparation, ne pourrait-il pas mériter quelque intérêt ? Était-il impossible que, mûri par l'âge et par la réflexion, il pût trouver une compagne qui obtiendrait de lui cette affection si constamment refusée à la première ?

Certes, si nous ne considérons que la personne des deux époux, il est bien démontré que le divorce est pour eux préférable à la séparation.

Je ne connais qu'une objection : on la tire de la possibilité d'une réunion ; mais, je le demande, combien de séparations a vues le siècle dernier, et combien peu de rapprochements? Comment pourraient-ils s'effectuer ces rapprochements ?

La demande en séparation suppose des esprits extraordinairement ulcérés; la discussion par sa nature augmente encore la malignité du poison. Le règlement des intérêts pécuniaires après la séparation lui fournit un nouvel aliment.

Enfin, chacun des deux époux, isolé, en proie aux regrets, quelquefois aux remords, éprouvant le désir bien naturel de remplir le vide affreux qui l'environne, et cependant sans espoir de former une union qu'il pourra avouer, forcé en quelque manière de courir après les distractions par le besoin pressant de se fuir lui-même, se trouve insensiblement entraîné dans la dissipation et dans tous les désordres qu'elle mène à sa suite.

A Dieu ne plaise que je prétende que ce tableau soit celui de tous les époux séparés! je dis seulement que l'impossibilité de former un nouveau lien les expose à toutes les espèces de séduction; qu'il faut, pour résister à des dangers si pressants, un effort peu commun et dont peu de personnes sont capables, et que l'interdiction d'un lien légitime a souvent plongé sans retour nombre de victimes dans les mauvaises mœurs.

J'ajoute qu'il n'y a presque pas d'exemple de réunion entre deux époux séparés, et que ces réunions furent quelquefois plus scandaleuse que la séparation même. L'on a vu, au contraire, plusieurs fois, dans les lieux où le divorce était admis, deux êtres infortunés, l'un et l'autre, tant qu'ils furent unis, de la violence des passions, former après leur divorce des mariages qui, s'ils ne furent pas toujours parfaitement heureux, du moins ne furent suivis d'aucun éclat, ni d'aucun signe extérieur de repentir.

J'en tire cette conséquence que pour les époux le divorce est sans contredit préférable à la séparation.

Mais les enfants! les enfants! que deviendront-ils après le divorce? Je demanderai à mon tour que deviennent-ils après les séparations?

Sans doute le divorce ou la séparation des pères forme dans la vie des enfants une époque bien funeste; mais ce n'est pas l'acte de séparation ou de divorce qui fait le mal, c'est le tableau hideux de la guerre intestine qui a rendu ces actes nécessaires.

Au moins les époux divorcés auront encore le droit d'inspirer pour leur personne un respect et des sentiments qu'un nouveau nœud pourra légitimer; ils ne perdront pas l'espoir d'effacer, par le tableau d'une union plus heureuse, les fatales impressions de leur union première; et n'étant pas forcés de renoncer au titre d'honorable d'époux, ils se préserveront avec soin de tout écart qui pourrait les en rendre indignes.

C'est peut-être ce qui peut arriver de plus heureux pour les enfants. L'affection des pères se soutiendra bien plus sûrement dans la sainteté d'un nœud légitime que dans les désordres d'une liaison illicite, auxquels il est si difficile d'échapper quand on n'a plus droit de prétendre aux honneurs du mariage.

Mais, dit-on, les lois ont toujours regardé d'un œil défavorable les secondes noces; je n'examinerai pas si cette défaveur est fondée sur des raisons sans réplique, ou si au contraire, dans une foule d'occasions, un second mariage ne fut pas pour les enfants un grand acte de tendresse; j'observe seulement qu'il ne s'agit point ici d'une épouse à qui la mort a ravi son protecteur et son ami, et dont le cœur, plein de ses premiers sentiments, repousse avec amertume toute idée d'une affection nouvelle.

Il s'agit d'époux dont les discordes ont éclaté, dont tous les souvenirs sont amers, qui, éprouvant le besoin de fuir, pour ainsi dire, leur vie passée et de se créer une nouvelle existence, se précipiteront trop souvent dans le vice, si les affections légitimes leur sont interdites.

Le véritable intérêt des enfants est de voir les auteurs de leurs jours heureux, dignes d'estime et de respect, et non pas de les trouver isolés, tristes, éprouvant un vide insupportable, ou comblant ce vide par des jouissances qui ne sont jamais sans amertumes parce qu'elles ne sont jamais sans remords.

Quant à la société, il est hors de doute que son intérêt réclame le divorce, parce que les époux pourront contracter dans la suite de nouvelles unions. Pourquoi frapperaient-elles d'une fatale interdiction des êtres que la nature avait formés pour éprouver les plus doux sentiments de la paternité? Cette interdiction serait également funeste et aux individus et à la société : aux individus, qu'elle condamne à des privations qui peuvent être méritoires quand elles sont volontaires, mais qui sont trop amères quand elles sont forcées; à la société, qui se trouve ainsi appauvrie de nombre de familles dont elle eût pu s'enrichir.

Les formes, les épreuves dont le divorce serait environné pourront en prévenir l'abus : espérons que le nombre des époux divorcés ne sera pas grand; mais enfin, quelque peu considérable qu'il soit, ne serait-il pas toujours également injuste et impolitique de les laisser toujours victimes, de changer seulement l'espèce du sacrifice? et lorsque l'État peut légitimement attendre d'eux des citoyens qui le défendront, qui l'honoreront peut-être, faut-il étouffer un espoir si consolant?

Toute personne sans passion et sans intérêt sera donc forcée de convenir que le divorce qui, brisant le lien, laisse la possibilité d'en contracter un nouveau est préférable à la séparation qui, ne conservant du lien que le nom, livre deux époux à des combats perpétuels dont il est si difficile de sortir toujours avec avantage.

Il faut donc admetttre le divorce.

Mais le pacte social garantit à tous les Français la liberté de leur croyance : des consciences délicates peuvent regarder comme un précepte impérieux l'indissolubilité du mariage. Si le divorce était le seul remède offert aux époux malheureux, ne placerait-on pas des citoyens dans la cruelle alternative de fausser leurs croyances, ou de succomber sous un joug qu'ils ne pourraient plus supporter? Ne les mettrait-on pas dans la dure nécessité d'opter entre une lâcheté ou le malheur de toute leur vie?

Nous aurions bien mal rempli notre tâche, si nous n'avions pas prévu cet inconvénient; en permettant le divorce, la loi laissera l'usage de la séparation; l'époux qui aura le droit de se plaindre pourra former à son choix l'une ou l'autre demande; ainsi nulle gêne dans l'opinion et toute liberté à cet égard est maintenue.

Cependant, il ne serait pas juste que l'époux qui a choisi, comme plus conforme à sa croyance, la voie de la séparation, dût maintenir pour toujours l'autre époux dont la croyance peut n'être pas la même, dans une interdiction absolue, de contracter un second mariage. Cette liberté, que la constitution garantit à tous, se trouverait alors violée dans la personne de l'un des deux époux; il a donc fallu autoriser celui-ci, après un certain intervalle, à demander que la séparation soit convertie en divorce, si l'époux qui a fait prononcer la séparation ne consent pas à la faire cesser; et c'est ainsi que se trouvent conciliés, autant qu'il est possible, deux intérêts également sacrés; la sûreté des époux d'un côté et la liberté religieuse de l'autre.

Après avoir établi la nécessité d'admettre le divorce, je dois parler des causes qui peuvent le motiver.

Le projet de loi en indique quatre : 1° l'adultère ; 2° les excès, sévices ou injures graves ; 3° la condamnation à une peine infamante ; 4° le consentement mutuel et persévérant des époux, exprimé de la manière prescrite, sous les conditions et après les épreuves requises.

En admettant le divorce, il fallait éviter également deux excès opposés, celui d'en restreindre tellement les causes, que le recours fût fermé à des époux pour qui cependant le joug serait absolument insupportable ; et celui de les étendre au point que le divorce pût favoriser la légèreté, l'inconstance, de fausses délicatesses ou une sensibilité déréglée ; nous croyons avoir évité les deux excès avec le même soin.

L'adultère brise le lien en attaquant l'époux dans la partie la plus sensible; ses effets sont cependant bien différents chez la femme ou chez le mari; c'est par ce motif que l'adultère du mari ne donne lieu au divorce que lorsqu'il est accompagné d'un caractère particulier de mépris, par l'établissement de la concubine dans la maison commune, outrage si sensible, surtout aux femmes vertueuses.

Les excès, les sévices, les injures graves sont aussi des causes de divorce; il serait superflu d'observer qu'il ne s'agit pas de simples mouvements de vivacité, de quelques paroles dures échappées dans des instants d'humeur ou de mécontentement, de quelques refus, même déplacés, de la part d'un époux, mais de véritables excès, de mauvais traitements personnels, des sévices dans la rigoureuse acception du mot *sævitiæ*, cruauté, et d'injures portant un grand caractère de gravité.

Les condamnations à une peine infamante motivent également une demande en divorce.

Forcer un époux de vivre avec un infâme, ce serait renouveler le supplice d'un cadavre attaché à un corps vivant.

Ces trois causes sont appelées des causes déterminées ; elles consistent en faits dont la preuve doit être administrée aux tribunaux, qui prononcent ensuite dans leur sagesse.

La quatrième cause, celle du consentement mutuel, n'est pas susceptible d'une preuve de cette nature ; mais on s'en formerait une bien fausse idée, et l'on calomnierait d'une étrange manière les intentions du gouvernement, si l'on pouvait penser qu'il a voulu que le contrat de mariage fût détruit par le seul consentement contraire de deux époux.

La simple lecture de l'article proposé en annonce l'esprit et la véritable intention.

Ainsi les conditions et les formes imposées doivent garantir l'existence d'une cause péremptoire : le consentement dont il est question ne consiste pas dans l'expression d'une volonté passagère ; il doit être le résultat d'une position insupportable. Les épreuves garantiront la constance de cette volonté; la présence des pères en garantira la nécessité; les sacrifices auxquels les époux sont forcés donneront enfin de nouveaux gages de l'existence d'une cause absolue de divorce.

Législateurs, parmi les causes déterminées de divorce, il en est quelques-unes d'une telle gravité, qui peuvent entraîner de si funestes conséquences pour l'époux défendeur (telles, par exemple, que les attentats à la vie), que des êtres doués d'une excessive délicatesse préféreraient les tourments les plus cruels, la mort même, au malheur de faire éclater ces causes par des plaintes judiciaires. Ne convenait-il pas pour la sûreté des époux, pour l'honneur des familles toujours compromis, quoi qu'on puisse dire, dans ces fatales occasions, pour l'intérêt même de toute la société, de ne pas former une publicité non moins amère pour l'innocent que pour le coupable?

L'honnêteté publique n'empêcherait-elle pas une femme de traîner à l'échafaud son mari, quoique criminel? Faudrait-il aussi toujours et nécessairement, pour terminer le supplice d'un mari infortuné, le contraindre à exposer au grand jour des torts qui l'ont blessé cruellement dans ses plus douces affections, et dont la publicité le vouera cependant encore à la malignité publique? L'injustice, sans doute, est ici du côté du public; mais se trouve-t-il beaucoup d'hommes assez forts et assez courageux pour la braver? Est-on maître de détruire tout à coup ce préjugé? et ne faut-il pas aussi ménager un peu l'empire de cette opinion, quelquefois injuste, j'en conviens, mais qui peut aussi sur beaucoup de points atteindre et flétrir, quand elle est bien dirigée, des vices qui échappent aux poursuites des lois?

Si le divorce pouvait avoir lieu, dans des cas semblables, sans éclat et sans scandale, ce serait un bien ; on sera forcé d'en convenir.

Que faudrait-il donc faire pour obtenir ce résultat? tracer un mode de consentement, prescrire des conditions, attacher des privations, vendre enfin, s'il est permis de le dire, vendre si chèrement le divorce, qu'il ne puisse y avoir que ceux à qui il est absolument nécessaire qui soient tentés de l'acheter.

Alors la conscience du législateur est tranquille : il a fait pour les individus, il a fait pour la société, tout ce que l'on peut attendre de la prudence humaine; et, s'il ne peut pas s'assurer qu'on n'abusera jamais de cette institution, du moins il se rend le témoignage suffisant pour lui, que l'abus sera infiniment rare, et qu'il a atteint la seule espèce de perfection dont les établissements humains soient susceptibles.

Quelques personnes ont paru préférer le divorce pour incompatibilité d'humeur, au divorce par consentement mutuel; une réflexion bien simple suffira pour les ramener à notre projet.

Si l'allégation d'incompatibilité d'humeur avait été permise à un seul des époux, on se serait exposé au reproche fondé d'attacher la dissolution d'un contrat formé par le consentement de deux personnes, au seul repentir de l'un des deux contractants ; et, sous ce point de vue, la cause d'incompatibilité était susceptible des plus fortes objections.

Si, au contraire, on veut supposer que, pour être admise, l'allégation d'incompatibilité eût dû être proposée par les deux époux, il est clair que cette cause rentrerait dans celle du consentement mutuel ; il n'y aurait que le nom de changé.

On a dit aussi que les vœux du législateur seraient presque toujours trompés, et que le coupable d'excès envers l'autre époux refuserait son consentement; ce refus est possible, il n'est pas vraisemblable.

Une femme convaincue d'adultère ne se trouverait-elle pas trop heureuse que, par un excès d'indulgence, l'époux consentît à cacher sa faiblesse? Le conjoint coupable d'un attentat n'aurait-il pas le même intérêt? Leur conscience n'est-elle pas leur premier juge? et les proches parents, intéressés aussi à cacher des torts de famille, n'auraient-ils pas toutes sortes de moyens pour vaincre des résistances injustes? Enfin, si le coupable persistait dans ses refus insensés, l'autre époux serait toujours libre de former sa demande pour causes déterminées ; il aurait satisfait à tout ce que pouvait exiger de lui sa profonde délicatesse ; il pourvoirait ensuite à sa sûreté en recourant à l'autorité des tribunaux.

Il ne me reste plus, sur cette partie, qu'à vous développer les précautions prises contre l'abus possible dans l'application de la cause du divorce pour consentement mutuel.

On a dû craindre la légèreté et l'inconstance, les travers passagers, les effets d'un simple dégoût, l'influence d'une passion étrangère ; toutes les dispositions du projet sont faites pour prévenir et pour calmer ces craintes.

D'abord le consentement mutuel des époux ne sera pas admis, si le mari a moins de vingt-cinq ans ; et si la femme en a moins de vingt et un, il ne sera pas admis avant le terme de deux ans de mariage; il ne pourra plus l'être après le terme de vingt ans, et lorsque la femme en aurait quarante-cinq.

La sagesse de ces dispositions ne peut être méconnue.

Il faut laisser aux époux le temps de se connaître et de s'éprouver : on ne doit donc pas recevoir leur consentement tant qu'on peut supposer qu'il est une suite de la légèreté de l'âge ; on doit le repousser encore lorsqu'une longue et paisible cohabitation atteste la compatibilité de leur caractère.

Une garantie plus forte contre l'abus se tire de la disposition qui exige un consentement authentique des pères, mères, ou autres ascendants vivants. Lorsque deux familles entières, dont les intérêts et les affections sont presque toujours contrariés, se réunissent pour attester la nécessité d'un divorce, il est bien difficile que le divorce ne soit pas en effet indispensable.

D'ailleurs, les deux époux, dans le cas particulier du divorce pour consentement mutuel, ne peuvent contracter un nouveau mariage que trois ans après la prononciation de l'acte qui aura dissous le premier : ainsi se trouve écartée la perspective d'une union avec l'objet de quelque passion nouvelle.

Enfin, un intérêt d'une autre nature, mais non moins vif et non moins pressant, vient s'opposer encore à ce qu'on use de la voie du consentement mutuel, si elle n'est pas commandée également à l'un et à l'autre époux par les causes les plus irrésistibles; ils sont dépouillés de la moitié de leurs propriétés qui passe de droit aux enfants.

Pouvait-on prendre plus de précautions, des précautions plus efficaces, pour s'assurer que le consentement mutuel du mari et de la femme ne sera pas l'effet d'une molle complaisance, d'un caprice passager, mais qu'il sera fondé sur les motifs les plus graves, puisqu'il doit être accompagné de si fortes garanties, et qu'il doit être acheté par de si grands sacrifices? Et supposera-t-on jamais un concert frauduleux, entre deux époux, pour appliquer un remède de cette violence, si en effet le mal ne surpasse pas les forces humaines?

Les formes de l'instruction augmenteront encore les garanties contre les surprises.

C'est en personne que les époux doivent faire leur déclaration devant le juge : ils écouteront ses observations, ils seront instruits par lui de toutes les suites de leurs démarches. Ils sont tenus de produire les autorisations authentiques de leurs père, mère ou autres ascendants vivants ; ils doivent renouveler leur déclaration en personne, trois fois, de trois mois en trois mois : il faudra représenter à chaque fois la preuve positive que les ascendants persistent dans leur autorisation, afin que les magistrats ne puissent avoir aucun doute sur la persévérance dans cette volonté.

Enfin, après l'expiration de l'année destinée à remplir toutes les formalités, on se représentera devant le Tribunal, et, sur la vérification la plus scrupuleuse de tous les actes, le divorce pourra être admis.

Je le répète, il était impossible de s'assurer de plus de manières et par des épreuves plus efficaces de la nécessité du divorce, quand il aura pour cause le consentement mutuel.

Je ne dissimule pas que quelques personnes, admettant d'ailleurs cette cause, désireraient qu'elle ne fût pas écoutée quand il existe des enfants du mariage; mais cette exception serait dans le projet une grande inconséquence. On a introduit des formes et prescrit des conditions telles, qu'on a lieu d'espérer que leur observation rigoureuse ne permettra pas même le plus léger doute sur l'existence d'une cause péremptoire de divorce. Pourquoi donc fermerait-on la voie du consentement mutuel, lorsque les époux ont des enfants? Cette circonstance ne change en aucune façon leur position respective, et les motifs donnés pour justifier la mesure ne s'appliquent pas moins au cas où il existe des enfants : quel intérêt peuvent-ils avoir plus puissant que celui de sauver d'un éclat fâcheux le nom qu'ils doivent porter dans le monde, pour ne pas y entrer sous de fâcheux auspices? D'ailleurs la circonstance des enfants fournit elle-même un nouveau préservatif contre l'abus possible, puisque les époux se trouvent dépouillés de la moitié de leurs propriétés qui, de droit, est acquise aux enfants.

En voilà assez, peut-être trop sur le consentement mutuel. Je me hâte de passer aux formes et aux effets du divorce pour causes déterminées.

Il fallait, avant tout, indiquer le Tribunal où serait portée la demande ; à cet égard, point de difficulté ; c'est au Tribunal de l'arrondissement dans lequel les parties sont domiciliées qu'elles doivent se pourvoir.

Un chapitre entier du projet est ensuite destiné à tracer le cours de la procédure.

La marche de l'instruction d'une demande en divorce ne doit pas être confondue avec la marche de l'instruction d'une affaire ordinaire ; en général, l'accès des Tribunaux ne peut être trop facile, ni la procédure trop rapide. Il n'en est pas de même en matière de divorce : une sage lenteur doit donner aux passions le temps de se refroidir. Le divorce n'est tolérable que lorsqu'il est forcé, et la société gémit de l'admettre lors même qu'il est nécessaire.

Chaque pas dans l'instruction doit donc être un grand objet de méditation pour le demandeur, et pour le juge un nouveau moyen de pénétrer les motifs secrets, les véritables motifs d'une demande de cette nature, de s'assurer du moins que ces motifs sont réels et légitimes. Toutes les dispositions du projet relatives aux formes ont été rédigées en conséquence.

L'époux *en personne* doit présenter sa requête ; point d'exception à cette règle ; la maladie même ne saurait en affranchir : le juge, dans ce cas, se transporte chez le demandeur.

C'est surtout dans ce premier instant qu'il convient de faire sentir toute la gravité et toutes les conséquences de l'action. L'obligation en est imposée au magistrat ; il ordonne ensuite devant lui une comparution des parties, et ce n'est qu'après cet acte préliminaire que le Tribunal entier peut accorder une permission de citer ; encore pourra-t-il suspendre, s'il le juge convenable, cette permission pendant un temps que la loi a dû cependant limiter.

Une première audition des époux aura lieu à huis-clos ; ce n'est qu'à la dernière extrémité que l'on donnera de l'éclat à la demande, et qu'elle sera renvoyée à l'audience publique. Là seront pesées toutes les preuves ; si elles ne sont pas complètes, il pourra en être ordonné de nouvelles. Je crois inutile de vous retracer en détail chaque disposition de cette partie du projet ; je ne crains pas de dire qu'il n'en est pas une seule qui ne doive être regardée comme un bienfait de la loi, parce que toutes ont pour objet ou la réunion des esprits, ou la manifestation de la vérité ; et telle a été la crainte d'une décision trop légèrement prononcée, que le Tribunal, dans le cas d'action pour excès, sévices ou injures, est autorisé à ne pas admettre immédiatement le divorce, quoique la demande soit bien établie, et qu'il peut soumettre les époux à une année d'épreuve pour s'assurer encore plus de la persévérante volonté de l'époux demandeur, et qu'il ne peut y avoir de sa part aucune espérance de retour.

Après cette longue instruction, le divorce pourra être admis. On a dû refuser le recours des parties au Tribunal supérieur. Le projet contient aussi sur ce point quelques articles, dont la seule lecture fait connaître les motifs, et, lorsque le jugement est confirmé, deux mois sont donnés pour se pourvoir devant l'officier civil à l'effet de faire prononcer le divorce, terme fatal après lequel on ne peut plus se prévaloir des jugements; car, si dans le cours de l'instruction on n'a pas pu trop ralentir la marche de la procédure, lorsque toutes les épreuves sont faites, les démonstrations acquises et le jugement prononcé, on ne peut trop accélérer l'instant qui doit terminer pour toujours une affaire de cette nature.

En vous exposant la marche de la procédure, je n'ai pas dit qu'au jour indiqué pour l'audience publique le Tribunal devait, avant de s'occuper du fond, statuer sur les fins de non-recevoir qu'aurait proposées l'époux défendeur. La justice, dans tous les temps, accueillit avec faveur cette espèce d'exception contre des demandes qu'elle ne peut entendre qu'à regret.

La réconciliation de deux époux est toujours si désirable! C'est, sans contredit, le premier vœu de la société. Par la réconciliation, toute action pour le passé doit être éteinte; mais, si de nouveaux torts pouvaient occasionner de nouvelles plaintes, ces griefs effaceraient tout l'effet de la réconciliation, comme elle aurait elle-même effacé les premiers griefs, et l'époux maltraité, d'autant plus intéressant qu'il aurait montré plus d'indulgence, rentrerait alors dans tous ses droits.

Le projet de loi a dû encore s'occuper de quelques mesures préliminaires auxquelles la demande en divorce pourrait donner lieu.

L'administration des enfants nous a paru devoir être provisoirement confiée au mari; il a pour lui son titre; il est le chef de la famille. Il n'était pas difficile cependant de prévoir que cette règle générale serait quelquefois susceptible d'exceptions; il faut donc que le Tribunal puisse en ordonner autrement sur la demande de la mère, de la famille, ou même du commissaire du gouvernement. Une seule règle est indiquée aux magistrats; ils doivent consulter le plus grand avantage des enfants; car, dans ce choc funeste, ils sont peut-être les seuls qui n'aient rien à se reprocher.

Il n'était pas possible de forcer une femme à partager le domicile du mari dans le cours d'une action en divorce; elle est toujours autorisée à prendre une autre résidence : la décence veut qu'elle ne se retire que dans une maison indiquée par le Tribunal. Là, et tant qu'elle y restera seulement, elle touchera une provision que le mari sera tenu de lui payer; si elle quitte cette maison, elle ne sera plus recevable à continuer ses poursuites dans le cas où elle serait demanderesse.

Enfin, la femme pourra, lorsqu'elle aura obtenu l'ordonnance de comparution, faire apposer, pour la conservation de ses droits, le scellé sur les effets de la communauté, et le mari ne pourra plus en disposer ni par des engagements, ni par des aliénations.

Voilà tout ce qui concerne la procédure sur le divorce pour causes déterminées. Il me reste encore à vous parler des effets de ces divorces; déjà vous les connaissez en partie.

Ces effets sont relatifs aux enfants, aux époux, à la société.

Quant aux enfants, la règle déjà établie de leur plus grand avantage doit être constamment suivie; l'époux demandeur qui a obtenu le divorce est présumé sans reproche : c'est donc à lui en général que doivent être confiés les enfants; mais l'application stricte de cette règle pourrait, dans bien des circonstances, ne leur être pas avantageuse. Il faut donc que le Tribunal soit libre de les confier, lorsqu'il le jugera convenable, aux soins de l'un ou l'autre époux, et même d'une tierce personne : les père et mère conserveront cependant toujours une surveillance de l'entretien et de l'éducation ; ils y contribueront en proportion de leurs facultés; ils ont cessé d'être époux, ils n'ont pas cessé d'être pères.

Il était peut-être superflu d'exprimer que le divorce ne privait les enfants d'aucun des avantages à eux assurés par les lois ou par les conventions matrimoniales de leurs parents ; ils ne sont déjà que trop malheureux par le spectacle des dissensions intestines de leurs familles.

Mais, si le divorce ne doit pas être pour eux une occasion de perte, ils ne doivent pas non plus y trouver une occasion de dépouiller les auteurs de leurs jours; les droits des enfants ne s'ouvriront que de la manière dont ils se seraient ouverts s'il n'y avait pas eu de divorce.

On ne doit pas confondre l'espèce du divorce pour cause déterminée, dont les motifs sont susceptibles de discussion et de preuves devant les tribunaux, avec l'espèce des divorces par consentement mutuel ; il a fallu dans ce dernier cas des garanties particulières, de fortes garanties, contre l'abus qu'on pouvait faire de cette cause; on ne pouvait pas en trouver de plus fortes que l'assurance aux enfants de la propriété de moitié des biens des père et mère, et la jouissance de ces biens à l'époque de leur majorité; cette mesure n'est plus nécessaire, elle serait même très-déplacée dans le cas d'un divorce pour cause déterminée, qui ne doit être prononcé que sur une preuve positive des faits qui le motivent.

Quant aux effets du divorce respectivement aux époux, on a dû distinguer l'époux demandeur dont les plaintes sont justifiées, de l'époux défendeur dont les excès sont reconnus constants. Le premier ne peut et ne doit être exposé à la perte d'aucun des avantages à lui faits par le second. Il les conservera dans toute leur intégrité; la déchéance qu'on prononcerait contre lui serait doublement injuste en ce qu'elle frapperait l'innocent pour récompenser le coupable ; il ne faut pas qu'un époux puisse croire qu'il anéantira des libéralités qu'il regrette peut-être d'avoir faites en forçant l'autre époux à se sauver de sa fureur par le divorce.

L'époux contre qui le divorce a été prononcé doit-il aussi conserver les avantages qui lui avaient été assurés par son contrat de mariage ? Est-il digne de les recueillir? et lorsqu'il se trouve convaincu de faits tellement atroces, que le divorce doit en être la suite, jouira-t-il d'un bienfait qui devait être le prix d'une constante affection et des soins les plus tendres? Non, il s'est placé au rang des ingrats, il sera traité comme eux ; il a violé la première condition du contrat, il ne sera plus reçu à en réclamer les dispositions.

Les autres effets du divorce n'intéressent pas moins la société entière que es deux époux.

Ils pourront contracter de nouveaux nœuds : c'est en ce point surtout que le divorce est politiquement préférable à la séparation. Je ne répéterai pas ce que j'ai déjà dit à cet égard; mais, en permettant le mariage à des époux divorcés, la loi a dû pourvoir à ce que l'honnêteté publique et l'harmonie des familles ne fussent pas violées.

L'époux adultère ne pourra jamais se marier avec son complice; il ne doit pas trouver dans le jugement qui le condamne un titre et un moyen de satisfaire une passion coupable.

Le bon ordre exige aussi qu'une femme divorcée ne puisse pas, en contractant un nouveau mariage immédiatement après la dissolution du premier, laisser des doutes sur l'état des enfants dont elle pourrait être mère. Elle ne se remariera que dix mois après le divorce prononcé.

Enfin, nous avons pensé que les époux, une fois divorcés, ne devaient plus se réunir.

Le divorce ne doit être prononcé que sur la preuve d'une nécessité absolue et lorsqu'il est bien démontré à la justice que l'union entre les deux époux est impossible; cette impossibilité une fois constante, la réunion ne pourrait être qu'une occasion nouvelle de scandale.

Il importe que les époux soient d'avance pénétrés de toute la gravité de l'action qu'ils vont intenter; qu'ils n'ignorent pas que le lien sera rompu sans retour et qu'ils ne puissent pas regarder l'usage du divorce comme une simple occasion de se soumettre à des épreuves passagères, pour reprendre ensuite la vie commune, quand ils se croiraient suffisamment corrigés.

Il faut aussi qu'on ne puisse pas spéculer sur cette action, et que des époux adroits et avides, peu satisfaits des gains assurés par leur contrat de mariage, ne puissent pas envisager le divorce comme un moyen de former dans la suite de nouvelles conventions pour obtenir de plus grands avantages.

Les Tribunaux ne sauraient porter une attention trop sévère dans l'instruction et l'examen de ces sortes d'affaires, et la perspective d'une réunion possible entre les époux ne pourrait qu'affaiblir dans l'âme du magistrat ce sentiment profond de peine secrète qu'il doit éprouver quand on lui parle de divorce.

En un mot, le divorce serait un mal, s'il était prononcé quand il n'est pas démontré que la vie commune est insupportable; et lorsqu'il est bien reconnu que cette vie commune est insupportable en effet, le second mariage serait lui-même un mal affreux.

On ne se jouera pas du divorce; à Dieu ne plaise qu'on puisse se familiariser avec l'idée qu'il n'est pas prononcé pour toujours! L'espoir d'une réunion qui pourrait présenter d'abord à des esprits inattentifs l'apparence de quelques avantages, entraînerait de fait et à la longue de funestes conséquences, parce qu'elles corromperaient nécessairement l'opinion qu'on doit se former d'une action de cette nature.

Tels sont, citoyens législateurs, les motifs du projet de loi dont je vous ai donné lecture. Ses dispositions ont été longtemps examinées, discutées, mûries, et au Conseil d'État, et dans ces conférences salutaires et politiques qui, réunissant toutes les lumières par la perfection de la loi, garantissent entre les principales autorités un concert si doux pour les amis du peuple français, si triste pour ses ennemis.

Plus vous examinerez ce projet, plus, je l'espère, vous demeurerez convaincus de la nécessité d'en faire une loi de la République.

Dans les maux physiques, un artiste habile est forcé quelquefois de sacrifier un membre pour sauver le corps entier; ainsi des législateurs admettent le divorce pour arrêter des maux plus grands. Puissions-nous un jour, par de bonnes institutions, en rendre l'usage inutile! C'est par de bonnes lois, mais c'est aussi par de grands exemples, que les mœurs publiques se réforment et se purifient; ce n'est pas le langage seul que l'on doit épurer; c'est la morale qu'il faut mettre en action. Que le magistrat soit honoré; que le nom et les droits d'époux soient respectés; que l'opinion publique régénérée flétrisse également le séducteur et l'infidélité, et nous n'aurons peut-être plus besoin de divorce; mais jusque-là gardons-nous de repousser un remède que l'état actuel de nos mœurs rend encore et trop souvent nécessaire.

A la séance du 27 ventôse an XI, le tribun Savoie-Rollin, au nom de la section de législation, présenta au tribunat le rapport suivant sur le titre du divorce :

La loi que vous avez adoptée sur le mariage place au nombre des causes qui le dissolvent, le divorce légalement prononcé.

Le projet de loi que votre section de législation m'a chargé de vous exposer, a précisément pour objet de régler l'action du divorce dont vous avez déjà consacré le principe. Ce projet se subdivise en cinq chapitres : le premier traite *des causes du divorce*; le second, *du divorce pour cause déterminée et des formes qui l'opèrent;* le troisième, *du divorce par consentement mutuel;* le quatrième, *des effets du divorce;* et le cinquième enfin, *de la séparation de corps.*

Mais en recevant dans votre législation le principe du divorce, vous n'avez pas voulu sans doute qu'il pût corrompre le principe du mariage, qu'il pût altérer, détruire ou même affaiblir cette institution fondamentale des sociétés humaines. Ainsi, en adoptant le principe vous pouvez encore ne pas admettre la loi qui détermine ses diverses applications.

Avant de me livrer à l'examen de ses détails, je dois donc m'arrêter à son ensemble; je dois considérer ce qu'est le mariage dans la société, quel est le caractère qui lui est propre, quel est celui que les lois lui assignent, et rechercher si ces caractères ne sont point dénaturés par les dispositions du projet de loi qui vous est soumis. Je ne craindrai pas de fatiguer votre attention dans une matière aussi grave. Eh! de quel sujet plus important seriez-vous frappés? Il intéresse à la fois les pères, les enfants, les époux; il saisit l'homme tout entier, et dans sa vie intérieure et dans sa vie publique; car la famille est le berceau de l'État, et les vertus domestiques sont toutes les vertus du citoyen.

On a cru généralement que l'institution du mariage se réglait par un droit naturel antérieur aux conventions humaines, et que ces conventions n'étaient justes que par leur conformité à ce droit; mais il est plus aisé de l'invoquer que de le définir. Si l'on entend par lui ces rapports nécessaires entre les hommes, qui dérivent de leur organisation, de leurs sensations, de leur intelligence et de leurs besoins, on n'en donne qu'une idée très-vague, et il est évident, sous ce point de vue, que le droit naturel peut varier à l'infini, selon que les hommes se trouvent dans un état plus ou moins parfait de société. Si l'on prétend, au contraire, que sa source est placée à l'origine des sociétés même, que ses notions les plus exactes se puisent dans l'homme de la nature, je pense que dans ce système, la liaison des mots a seule formé la liaison des idées : avant, le sauvage, attaché à une peuplade, vivant au milieu des bois, est encore l'homme plus naturel, réduit à un isolement absolu; or, que serait pour lui ce droit naturel qui ne répondrait à aucun être de son espèce, qui ne partirait de lui que pour aboutir à lui ? Un droit, comme une progression, n'existe que dans ses termes comparatifs ; plus les termes augmentent, plus la progression s'élève ; plus les relations réciproques des hommes s'étendent, plus leurs droits se multiplient et se compliquent ; enfin l'homme n'a des droits à exercer et des obligations à remplir, que parce qu'il vit avec ses semblables.

La conséquence de cette observation est que, là où se réunissent deux êtres, là commence la société civile, là commencent les lois qui règlent entre eux leurs droits et leurs devoirs. Que ces lois ne soient pas arbitraires, et qu'elles aient pour fondement les besoins réciproques qui lient des êtres intelligents et sensibles, rien n'est plus vrai ; mais loin d'être préexistantes à la société, elles ne sont que parce qu'elle existe. Comment pourrait-on le nier, lorsqu'on voit que ces lois suivent constamment la progression des lumières acquises dans l'état social ; que, à mesure que cet état se perfectionne, l'intelligence humaine se développe, découvre de nouveaux rapports, et les fixe par des lois nouvelles ? Ainsi, dans l'enfance des sociétés, l'union des sexes n'est qu'un attrait fugitif, qui n'a d'empire que pendant l'instant du désir ; l'histoire est un continuel témoignage de ces faits ; mais c'est elle qui nous apprend aussi que les progrès de la civilisation marchent en raison composée des progrès des facultés morales de l'homme et des institutions qu'elles introduisent : le mariage, à peine connu des peuples errants, prend des formes plus constantes chez les peuples pasteurs, et ne s'élève à la dignité qui lui convient que parmi les peuples entièrement civilisés.

Ce n'est pas au sein de l'ignorance et de la barbarie des premières institutions, qu'on a reconnu que le mariage devait être un contrat dont la durée n'avait pour terme que la vie de l'un des époux. Cette perfection qui est tellement essentielle au mariage que, sans elle, il n'aurait jamais produit les biens immenses qu'il a faits aux hommes, n'a été sentie et sanctionnée que par la raison humaine plus éclairée et plus attentive ; ceux-là même en conviennent, qui reportent à un droit naturel l'indissolubilité du mariage ; car ils avouent que si des lois positives ne contraignaient pas nos passions, ce droit naturel serait dans l'impuissance de garantir ce qu'il prescrit ; que signifie cet aveu, si ce n'est que nos penchants naturels sont à la fois de maintenir la perpétuité du contrat et de la rompre! Nous voilà bien éclairés avec ces systèmes qui ne reposent que sur des erreurs de mots! Les facultés des êtres intelligents sont naturelles, sans doute, mais ne sont pas des lois; les lois, pour être bonnes, doivent être conformes à ces facultés; et les peuples font continuellement l'expérience heureuse ou terrible de cette vérité fondamentale; plus les lois sont dans un rapport exact avec ces facultés naturelles, mieux ils sont gouvernés; plus les lois dédaignent de s'en rapprocher, moins ils obtiennent de bonheur.

Je ne considérerai donc le mariage que dans la société instituée, et, par le mariage, je n'entends point le rapprochement fortuit de deux êtres, lors même qu'il se renouvellerait par intervalles, mais un engagement mutuel et continu, un véritable contrat d'après les lois ou les coutumes d'un peuple. Il est clair que la société intime de l'homme et de la femme, que les droits réciproques qu'ils se sont attribués l'un sur l'autre, que leur cohabitation habituelle, que la confusion de leurs biens, que ce consentement universel de la grande société dans laquelle ils vivent, à respecter et à protéger leur union; il est clair, dis-je, que tout cela ne peut exister nulle part sans des conventions générales et particulières, qu'elles soient écrites ou qu'elles ne le soient pas; il est évident, enfin, que tel est le mariage; car je ne sais qu'une manière de le bien définir, c'est de le décrire.

En le prenant donc dans cet état, qu'aperçois-je d'abord? C'est que les peuples les plus ignorants, comme les plus éclairés, l'ont soumis à deux ordres de lois bien différents, les lois civiles et les lois religieuses. Il résulte de cet accord étonnant et unanime, que cette institution, du moment qu'elle a eu quelque consistance, a rempli le cœur humain de tant de joie et comblé la société de tant de bienfaits, que les hommes ne se sont point rassurés par leurs propres lois sur la solidité d'un lien admirable, ils ont invoqué le ciel en témoignage de leur bonheur; ils l'ont senti trop grand pour croire qu'il ne fût que leur ouvrage.

Et si l'on veut examiner combien le perfectionnement du mariage a lui-même perfectionné les sociétés, qui oserait blâmer la quantité des cérémonies dont on l'environne et l'intercession de la divinité, pour qu'elle imprime son caractère à l'acte le plus important de la vie? C'est à lui surtout qu'est dû l'affranchissement de la moitié de l'espèce humaine; dans cet état grossier de nature où l'on va chercher les plus vives notions du droit naturel, la faiblesse d'un sexe ne pouvait rien opposer à la brutalité de l'autre; celui-ci trouvait ses droits dans l'effronterie même de ses désirs, et leur sanction dans la puissance de les satisfaire. Le mariage qui ne se conçoit point sans un accord et des conditions qui le précèdent, a donc été le premier et le plus fort régulateur des affections humaines; en leur imposant le juste frein qui les contenait sans les détruire, il a rapproché les hommes, il les a distribués en familles, il a préparé dans leur sein, sous l'empire de la magistrature paternelle, le modèle des magistratures publiques; il a composé l'amour de la patrie du mélange des sentiments les plus délicieux du cœur, et en unissant au titre de citoyen les noms de père, de fils et d'époux, il n'a fait de l'État qu'une famille.

Mais ce n'est ni tout à coup, ni chez tous les peuples, qu'il a créé ces prodiges. Si vous considérez la plupart des peuples qui ont existé ou qui existent, il vous sera facile de remarquer que les différents degrés de civilisation qu'ils ont parcouru sont dans un rapport constant avec les divers degrés de stabilité qu'ils ont accordé à leurs mariages. Vous verrez que, depuis les peuples nomades jusqu'aux peuples les plus avancés de l'Europe, il n'en est aucun qui ne confirme la règle. Et comment cette stabilité est-elle à la fois la condition si essentielle du mariage, et la cause de la prospérité des nations? Ces deux propositions qui paraissent si éloignées par leurs termes, sont cependant très-immédiates pour leurs conséquences : le mariage a partout fondé les familles, et les familles ont fondé les États; or, comme un tout n'est composé que de ses parties, de même la prospérité générale d'un État ne se forme que du bonheur particulier de chaque famille. La question se réduit donc à savoir si le plus grand bonheur d'une famille dépend de la stabilité du mariage.

J'ai déjà montré qu'elle avait tiré les femmes de l'humiliation et de la servitude; et certes, avant ce grand changement opéré chez les peuples, et si décisif pour leur état social, comment y aurait-il eu de bonheur domestique, puisqu'il n'y avait pas encore de famille? Mais dès qu'une fois la stabilité du mariage eut pris un commencement, elle a suivi la marche de toutes les institutions qui s'établissent d'elles-mêmes : faible à sa naissance, elle s'est élevée par des progrès insensibles, et, à mesure qu'elle les a confirmés, les liens de famille se sont resserrés davantage, les rapports des époux entre eux et des époux aux enfants ont acquis enfin toute l'intensité dont ils étaient susceptibles; et de tous ces rapports et des jouissances qu'ils ont créées, les besoins qu'ils ont fait naître, des affections innombrables dont ils ont pénétré le cœur humain, sont sortis tous les biens et tous les maux de la vie, selon que les hommes ont usé ou abusé de leurs facultés naturelles; et cela seul nous explique cette prodigieuse variété d'institutions, semées parmi tant de peuples différents, quoiqu'elles soient toutes provenues de la même source.

Mais ce qui est remarquable, c'est qu'aucun peuple, d'une civilisation commencée ou achevée, n'a méconnu le caractère de perpétuité attaché au mariage, et n'a refusé de l'admettre; il s'en trouve même chez les nations adonnées à la polygamie, qui malgré le mélange bizarre de faux et de vrai dont elles souillent leurs coutumes, sont forcées de reconnaître le principe qu'elles déshonorent; et cependant, ce qui n'est pas moins remarquable aussi, c'est que dans cet accord unanime sur la manière d'envisager ce contrat, aucune législation, avant l'établissement du christianisme, soit politique, soit religieuse, n'a assigné au caractère de perpétuité celui d'une indissolubilité absolue. La définition de la loi romaine, que le mariage est un contrat formé par le consentement des deux époux, dans l'intention de s'unir pour la vie, présentait l'opinion de tous les peuples.

Le résultat de cette distinction entre l'intention de la perpétuité et la perpétuité réelle fut d'entrevoir la possibilité de la rupture du mariage, d'en combiner les moyens et d'en déterminer les cas : de là s'établit l'acte du divorce, que chaque peuple ensuite accommoda diversement à ses mœurs. Les religions n'intervenaient dans les mariages que comme un majestueux auxiliaire, ou appuyaient elles-mêmes le divorce, ou ne lui opposaient aucun obstacle.

Si l'on examinait, parmi les anciens, quelle influence le divorce eut sur l'institution du mariage et qu'on ne la cherchât que dans leurs lois, on serait étrangement abusé : elles prirent fort peu de précautions, ou plutôt il faut dire qu'elles n'en prirent aucune pour garantir le mariage des atteintes cruelles qu'une arme aussi dangereuse que le divorce pouvait lui porter; mais il avait son égide dans les mœurs, et les lois se rassurèrent. En effet, quels maux pouvait causer le divorce au milieu de ces hommes simples, pour qui les occupations domestiques étaient les plus doux plaisirs? Que leur importait qu'on pût répudier une épouse infidèle, quand la chasteté n'était pas un effort, mais une habitude de la vie? Que leur importait qu'on pût rompre un lien par le même consentement qui l'avait formé, quand l'indissolubilité était la croyance du cœur? Ah ! lorsque les mœurs agissent, que l'on ne s'inquiète pas de ce que les lois défendent ou permettent. Plus fortes que les lois, les mœurs les suppléent si elles sont insuffisantes, les corrigent ou les effacent si elles sont défectueuses. C'est ainsi qu'à Rome, pendant cinq siècles, la loi du divorce fut voilée par la pudeur publique.

Que si nous osions nous rapprocher de ces temps fabuleux pour nos mœurs, et penser que leurs lois conserveraient parmi nous leur antique innocence, il suffira, pour se détromper, de voir avec quelle affreuse promptitude elles la perdirent dans Rome corrompue. Ces lois, malgré leur facilité extrême de recevoir le divorce, ne satisfirent qu'un moment l'ardeur d'y recourir ; elles n'avaient paru qu'inutiles aux bonnes mœurs ; elles augmentèrent la corruption des mauvaises : quand on eut épuisé leur indulgence, on les accusa de trop de sévérité; elles firent place à des lois si scandaleuses et à des passions si conformes à ces lois, que l'institution même du mariage faillit à disparaître d'un empire où, selon l'expression d'un écrivain du temps, les femmes ne se mariaient que pour répudier, et ne répudiaient que pour se marier.

Quelques empereurs romains des derniers siècles retranchèrent la législation du divorce, lui prescrivirent de sages limites ; et leur ouvrage subsista jusqu'à cette époque où, la religion chrétienne survenant sur la terre, intima des principes nouveaux et plus rigides, et les incorpora dans les lois civiles de toutes les nations qui la reconnurent.

De ce moment, l'indissolubilité absolue du mariage se grava comme un dogme au fond des consciences, les lois civiles s'anéantirent devant la loi religieuse, et le ciel, en imposant seul le serment des époux, en resta seul aussi juge.

Ce dogme de l'indissolubilité absolue, après avoir traversé sans interruption l'étendue et la profondeur de dix siècles, fut tout à coup renversé par un de ces événements extraordinaires qui ne sont, il est vrai, que l'effet de la méditation du temps, mais qui éclatent toujours comme le tonnerre au milieu des hommes imprévoyants et inattentifs.

Nos lois politiques, en ramenant parmi nous la liberté des consciences, l'assirent sur la base de la liberté des cultes ; ces deux principes posés, il en résulta la division du pouvoir civil et du pouvoir religieux ; celui-ci devint, à l'exemple de tous, les pouvoirs du même genre, l'accessoire du premier, et il cessa d'y être identifié.

Heureuse la France, si elle n'avait pas été emportée au-delà de toutes les limites par le tourbillon impétueux des réformes! C'est en empruntant les maximes et les procédés des tyrans, que d'insensés promoteurs d'une liberté indéfinie rêvaient le despotisme partout où ils ne rencontraient pas la licence, et proscrivaient la liberté des cultes comme un outrage envers la liberté même. Mais ne poursuivre un culte que dans ses signes extérieurs, était un triomphe imparfait et trop facile ; il avait pu se cacher dans les replis des consciences ; les mains de la terreur se chargeaient de les ouvrir, et de l'immoler dans son dernier asile. Ainsi, tandis que des lois de police attaquaient les croyances religieuses dans les temples, sur les places, au sein des foyers domestiques, d'autres lois les bannissaient, avec la même violence, de tous les actes importants de la vie civile. La loi du divorce, promulgée en 1792, avait, pour ainsi dire, commencé l'exécution de ce système persécuteur : on la voit, d'un côté, ouvrir de si larges issues à la rupture des mariages, qu'elle en a fait la proie de toutes les passions licencieuses du cœur humain ; et de l'autre, affectant une sévérité inouïe, supprimer d'un trait l'usage des séparations de corps. Quel motif pouvait la pousser à une contradiction si choquante, que celui d'enlever au culte catholique le seul remède qu'il avoue, et de mettre le divorce aux prises avec toutes les consciences, en les opprimant sous le poids de la nécessité?

Le rétablissement solennel du culte catholique peut donc s'allier avec une loi qui avait médité sa ruine ; il faut donc ou l'abolir ou la modifier. Mais ce qui est essentiel à la liberté d'un culte, l'est nécessairement à la liberté de tous. La plupart des doctrines religieuses répandues en France autorisent le divorce ; sous quel prétexte le leur interdiriez-vous ? La violence qui forçait un dogme à recevoir le divorce qu'il proscrivait, serait la même violence pour le dogme obligé de proscrire ce qu'il approuve : la justice des lois est dans leur impartialité. Ces considérations ont déterminé le gouvernement à préférer la modification du divorce à sa suppression absolue : il vous a dit que, s'il était inconséquent de l'introduire dans un État qui n'a qu'un seul culte établissant l'indissolubilité du mariage, il ne le serait pas moins de le refuser à un peuple divisé par dix religions diverses, et dont le pacte social garantit à chaque individu la liberté de sa croyance. Forcé de se décider entre de si grands intérêts, il a cru les concilier en rendant à la religion catholique la séparation de corps que ses principes admettent, et le divorce aux religions qui ne le prohibent pas.

Placé au centre de toutes les opinions, le gouvernement leur doit une protection commune ; ce n'est point par indifférence qu'il ne demande pas à chaque homme le secret de sa conscience, c'est qu'il n'en a pas le droit ; ce n'est point par indifférence qu'il protége également les opinions différentes, c'est que la masse de ces opinions forme une conscience publique qu'il doit, avant tout, écouter. Hommes sensibles? hommes sages de tous les partis! ah! gardez-vous bien de porter l'inquisition dans vos lois! Celles à qui vous auriez l'imprudence d'attacher un tel caractère, parce qu'elles sont aujourd'hui pour vous, demain, dans quelques jours peut-être, se tourneront contre vous avec fureur. Que de hautes leçons de ce genre n'avez-vous pas recueillies pendant douze ans d'expérience? Et puisque du sein des orages un génie tutélaire en a fait sortir une paix bienfaisante, puisons dans le calme qu'elle nous donne cet esprit de conciliation qui produit les lois modérées, les seules, j'en conviens, qui n'excitent pas les irritations de l'enthousiasme ou de la haine, mais les seules que les hommes finissent par aimer.

Les vues et la détermination du gouvernement, citoyens collègues, sont également celles de notre législation : la loi sur le divorce, qui règne encore dans cet instant, était, à son origine même, contradictoire à nos mœurs ; maintenant elle l'est de plus à nos lois ; il faut donc la plier à des réformes que réclament à la fois les mœurs et les consciences. La loi sur le mariage, que le Corps législatif vient d'adopter, range le divorce au nombre des causes de sa dissolution ; c'est donc à l'examen de ces causes qu'il faut nous réduire, et considérer si elles ne sont point subversives de l'état de mariage.

J'ai cherché dans une discussion trop longue peut-être, quel était le caractère propre du mariage ; j'ai cru établir qu'il était dans le vœu de sa perpétuité; qu'il portait ce principe en lui-même.

J'ai cherché si les lois des divers peuples lui reconnaissaient ce principe : les faits m'ont appris qu'elles étaient uniformes sur ce point ; les faits m'ont appris que plus les peuples étaient civilisés, plus ce principe acquérait de développement, prenait de la force et augmentait de rigueur : j'en ai demandé la raison et je l'ai trouvée dans ce fait important, que le mariage est la cause primordiale de la civilisation des peuples.

J'ai cherché enfin quel était l'état de la législation française sous ces divers rapports ; j'ai remarqué deux époques principales, celle de la réunion des pouvoirs civils et religieux, qui avait consacré le principe de l'indissolubilité absolue, et celle de la séparation de ces pouvoirs, qui a ramené parmi nous le principe de l'indissolubilité relative.

La destination du mariage est d'être perpétuel ; voilà donc un principe universellement reconnu, principe fécond et créateur des sociétés humaines, principe qui a ravi à la terre tous ses déserts, et la couvre de ces multitudes de nations qui parent et animent son sein!

L'inévitable obligation du divorce est donc de respecter ce principe jusque dans les exceptions mêmes qu'il y porte.

Il respectera ce principe si :

1° Les causes du divorce sont évidemment et rigoureusement nécessaires, et il s'ensuivra qu'elles seront bornées à un très-petit nombre;

2° Si les formes qui environnent, ont dans leur marche cette lenteur salutaire qui donne aux passions le temps de se calmer, qui rende à des cœurs aigris le souvenir de leur affection première, et qui n'applique enfin le remède qu'à des maux que seul il peut guérir;

3° Si les effets du divorce n'accordent pas aux passions désordonnées qui l'auraient produit, la coupable liberté de les satisfaire, si ces effets ont pourvu au sort des enfants, et s'ils retrouvent dans les lois une partie de la protection paternelle qu'ils ont eu le malheur de perdre.

J'examinerai donc le divorce dans ses causes, ses formes et ses effets, et, en l'examinant ainsi, je vous aurai rendu compte de tout le projet de loi.

Ce projet établit quatre causes de divorce : l'adultère; les excès, sévices ou injures graves; la condamnation à une peine infamante; le consentement mutuel et persévérant des époux.

L'action en divorce pour adultère n'est permise à la femme que dans le cas où l'époux tient sa concubine dans la maison commune. Cette limitation a sa raison évidente dans la différence des obligations imposées aux deux sexes par la nature même du contrat. L'adultère de la femme dissout la famille. La loi cependant ne veut pas méconnaître que la fidélité conjugale ne soit un devoir réciproque; mais les lois ne sont pas des préceptes; elles sont des commandements.

Les excès, sévices ou injures graves sont la seconde cause du divorce. La première partie de cet article emploie des termes si formels, qu'ils ne sauraient donner à l'arbitraire des jugements. Les expressions d'injures graves n'ont pas la même précision; mais d'abord leur rapprochement de celles d'excès et de sévices indique qu'elles sont au moral, et que les autres sont au physique. Les premières sont, si l'on peut ainsi parler, la violence des corps, et les secondes la violence des sentiments. Ensuite, la nature de l'action intentée, son importance morale et civile, la sévérité même de la loi dans son accueil au divorce, avertissent assez du véritable sens attaché à ces expressions.

La troisième cause, la condamnation à une peine infamante, se justifie par son seul énoncé; elle forme avec les deux précédentes les causes déterminées du divorce.

Le projet de loi, en les réduisant à ce nombre, restitue au mariage la portion de dignité que lui avait enlevée la loi de 1792, qui ajoutait à ces causes l'adultère des deux époux, leur abandon réciproque pendant deux ans, leur absence pendant cinq, et la démence, la folie ou la fureur. De ces causes, les unes violaient le pacte du mariage dans son essence même, comme la mutuelle accusation d'adultère; les autres, comme l'absence et l'abandon, se prêtaient, par le vague de leur désignation, à toutes les supercheries, à toutes les combinaisons de la fraude et de la dépravation des mœurs, ou bien elles jetaient par avance le trouble et l'amertume dans le cœur de tous ceux que leur état ou leurs affaires engageaient dans des courses lointaines; et tandis que les droits des absents ont toujours inspiré aux lois une sollicitude paternelle, ici, dans la propriété la plus sacrée de l'homme, la propriété de sa famille, une loi téméraire la compromettait sans pudeur; et enfin, en déliant le nœud conjugal pour la folie ou la démence, elle outrageait les sentiments que les hommes les plus étrangers entre eux éprouvent, la bienveillance et la pitié; le mariage, cet état dont la condition et le charme inexprimable sont dans l'étroite communauté des biens et des maux, des plaisirs et des peines, on osait le rompre devant le malheur involontaire! Son devoir, que dis-je? sa douceur et sa force sont dans l'allégeance des maux qui, dans toute autre situation de la vie, ne seraient ni supportables ni pardonnés; et cette loi cruelle punit ceux qu'on ne s'est point attirés. Ah! bénissons les hommes qui effacent de nos lois ces affreuses causes du divorce! Bénissons-les de ne pas calomnier le cœur humain!

La quatrième cause du divorce est fondée sur le consentement mutuel: elle est la plus importante du projet de loi. Il ne faut pas même se le dissimuler, toute la loi du divorce est là. Le recours aux causes déterminées ne sera jamais fréquent dans nos mœurs; elles ne sont pas bonnes, sans doute, mais elles sont polies. On redoute très-peu les vices, mais on craint le ridicule à l'égal de la mort; ainsi la mauvaise honte, qui est la vertu des mœurs dépravées, empêchera toujours d'odieuses accusations; mais elle recherchera avec ardeur un moyen qui cache tous les maux et les guérisse sans publicité. Cette question mérite donc un sérieux examen.

Dans le système du consentement mutuel, on a avoué d'abord qu'un contrat perpétuel par sa destination devrait être à l'abri des dégoûts que de vains caprices enfantent, et qu'il fallait lui donner une force capable de résister aux orages fugitifs des passions: mais on a distingué ces fièvres accidentelles de l'imagination de ces antipathies sombres et profondes, qui, nées d'une foule d'impressions successives, se sont lentement amassées autour du cœur dans le cours d'une union mal assortie. Alors on a examiné l'indissolubilité du contrat; on n'a pu penser qu'elle fût assez absolue pour se transformer en un joug insecouable; on a trouvé naturel que le même consentement qui avait tissu le lien pût le défaire, consentement qui garantissait qu'aucune partie n'était lésée, puisqu'elle avait la puissance du refus. On s'est dit que si les bons mariages remplissaient la vie de bonheur, les mauvais étaient tout à la fois funestes aux époux obligés de les supporter, aux enfants qui en partageaient l'influence, à la société qui en redoutait l'exemple. Aucun motif humain ne pouvait donc arrêter la loi civile qu'invoquaient conjointement des époux lassés de leurs fers. Les législateurs n'auraient pas compris l'étendue de leurs devoirs, si leurs lois ne savaient que contraindre et punir: entre ces deux points extrêmes, qu'ils sachent en placer de plus douces, qui prêtent un appui au malheur, ouvrent des ressources à la faiblesse et des asiles au repentir! Et quand même l'antipathie des époux serait due à des torts très-grands, ne faut-il pas encore les secourir, si ces torts, ensevelis dans l'intérieur de la vie domestique, sont dénués de témoignages étrangers? Quel sort réserveriez-vous donc à cette victime que vous voyez se débattre dans un lien douloureux qu'elle ne peut ni briser ni souffrir? Songez que la main qui la frappe devait la protéger, que la bouche qui l'injurie lui devait des accents d'amour! Songez que de ce contrat, qui l'unit encore à son bourreau, toutes les conditions en ont été violées par lui, et ne subsistent maintenant que contre elle. Une situation si violente et des maux si cruels appellent, malgré vous, le remède des lois.

On a opposé à ces considérations que le consentement mutuel n'avait que l'apparence d'une liberté mutuelle; en effet, un mari infidèle abreuvera sa compagne de dégoûts et d'humiliations, en échappant lui-même à une si fatale réciprocité. Sa sauvegarde sera dans sa force et dans une indépendance personnelle; d'où il dérive que le consentement mutuel sera presque toujours illusoire, et que la loi offre un moyen qu'elle ne peut pas donner. Par là s'évanouit un des arguments les plus spécieux de ce système. Mais se plaçât-on dans l'hypothèse la plus favorable, celle de la réalité du consentement mutuel, ne voit-on pas qu'il se pénètre de tous les inconvénients de l'incompatibilité d'humeur si justement proscrite? La légèreté des mœurs, les dissipations de la vie ont porté une funeste indifférence dans la plupart des mariages. Qu'il en coûtera peu à des époux, déjà séparés par leurs vices comme par leurs plaisirs, de rompre le faible roseau qui les lie! Qui sait si une fête, si des diamants qu'on refuse, ne seront pas le grave sujet d'une querelle et la profonde origine d'un consentement mutuel? Ah! malheur aux lois qui se jouent avec les mauvaises mœurs, et qui en suivent la pente au lieu de la redresser! On parle aussi de déguiser des causes coupables de rupture. Et depuis quand donc le ministère des lois est-il de cacher des crimes? Elles font bien lorsqu'elles les punissent; elles font mieux lorsqu'elles les préviennent. Mais composer avec eux! y a-t-on sérieusement pensé? il résulte de ces combinaisons sur le consentement mutuel, qu'il absorbera toutes les causes de divorce; il servira aux époux qu'une antipathie réelle consume; il servira à ceux qui quittent leurs chaînes avec autant de tiédeur qu'ils les ont formées; il servira à l'adultère et à toutes les passions hideuses des âmes corrompues. S'il est vrai qu'il doit faire tout l'office de la loi, pourquoi ne l'a-t-on pas réduite à un seul titre?

On a dit, enfin, que le consentement mutuel avait le droit de dissoudre ce qu'il avait uni; il y a deux vices dans cette proposition : le premier, que le mariage, établi dans la perspective de la perpétuité, ne doit pas être arbitrairement soumis aux caprices des contractants; le second, que la survenance des enfants complique le contrat et interpose leurs droits parmi ceux des époux.

C'est surtout par cette dernière considération, citoyens collègues, que votre section de législation avait proposé de n'admettre le divorce par consentement mutuel que lorsqu'il n'existerait point d'enfants du mariage. Son opinion n'a pas prévalu.

On a réfuté ses objections par les formes mêmes et les conditions sévères dont on a entouré les consentements mutuels.

Il faut que la détermination grave de délier un engagement, qui devait ne finir qu'avec la vie, présente tous les caractères d'une évidente nécessité. La loi n'a aucun moyen de sonder les mœurs, mais elle y supplée par des précautions et des épreuves; la constance qui les surmonte lui donne la mesure des sentiments dont elle émane, elle apprécie les motifs qui désunissent deux époux par leur ténacité même à vaincre les obstacles qu'on leur oppose.

Ainsi, elle exige que les deux époux qui veulent divorcer soient mariés depuis deux ans, ou qu'ils ne le soient que depuis vingt; que le mari ait vingt-cinq ans et la femme vingt et un, ou qu'elle n'en n'ait pas quarante-cinq ; qu'ils soient munis l'un et l'autre des autorisations formelles de leurs pères et mères ou autres ascendants vivants.

S'ils sont dans les termes de ces conditions préliminaires, ils comparaissent devant le magistrat; ils exposent leur demande; ils déposent les pièces qui l'appuient; on les soumet à une année d'épreuve; tous les trois mois ils se présentent devant le même magistrat, et renouvellent leur déclaration; enfin, l'année expirée, ils reparaissent, et sont renvoyés devant le tribunal qui prononce ou rejette le divorce, selon que les formes ont été observées ou négligées.

C'est à la persévérance des époux dans la longue initiation qu'ils ont subie que la loi a reconnu la force de leur volonté; mais peut-être n'a-t-elle dû son origine qu'à des passions coupables qui s'étaient allumées dans leur cœur? La loi en a conçu la crainte, et, dans son incertitude, elle leur interdit de se réunir jamais, et ne leur permet de se marier qu'après trois ans.

Elle s'occupe ensuite, avec la même efficacité, de l'intérêt des enfants; elle leur assure la propriété de la moitié des biens de leurs père et mère, du jour même qu'ils ont fait leur déclaration de divorce, et la jouissance de ces mêmes biens à leur majorité.

Des précautions et des formes d'une autre espèce sont réservées au divorce pour causes déterminées; mais elles sont rédigées dans le même esprit : frapper dès l'abord l'époux demandeur du sévère appareil de la loi; l'obliger à comparaître en personne devant le juge; ne recevoir sa plainte que comme une confidence; chercher à le rappeler à des sentiments plus modérés; ne lui permettre de citer l'époux défendeur qu'après ces essais de conciliation; suspendre ensuite pendant un temps les effets de la citation même; n'écouter que dans des conférences secrètes les griefs et les défenses des deux époux, ainsi que les dépositions des témoins; ne les livrer à l'éclat de l'audience publique que lorsque tout espoir de rapprochement est éteint : voilà la marche de la procédure; elle est irréprochable, elle est sage, elle est salutaire.

Le jugement du tribunal de l'arrondissement où les parties sont domiciliées est soumis à l'appel et au recours en cassation : lorsque les degrés sont épuisés, et si le divorce est admis, l'époux demandeur qui l'a obtenu est obligé de se présenter, dans le délai de deux mois, devant l'officier civil, pour y faire prononcer son divorce; s'il laisse écouler le terme, il est fatal; le jugement de divorce ne recevra plus d'exécution.

La loi, toujours prévoyante, a pensé que la réconciliation des époux pouvait naître, soit depuis les faits propres à autoriser l'action en divorce, soit depuis sa demande; elle repousse alors l'action du demandeur, ou ne lui permet de la rétablir qu'autant qu'il réunira de nouveaux faits aux premiers.

Il résulte, de la multiplicité des formes qu'une demande en divorce établit, qu'il s'écoule un long intervalle entre l'action et le jugement: il a fallu le remplir par des dispositions relatives aux époux et à leurs enfants.

Des époux déjà divisés par le cœur ne voudront pas vivre ensemble durant leurs tristes débats : la femme reçoit de la loi un nouveau domicile; elle peut craindre que ses droits n'éprouvent des dommages; elle est autorisée à faire inventorier les effets de la communauté, et le mari perd la faculté de les aliéner. A l'égard des enfants, ils demeurent sous la tutelle du mari, à moins que le Tribunal n'en ordonne différemment, sur la demande de la famille ou sur la réquisition du ministère public.

La loi termine ici la chaîne des formalités dont elle enveloppe la demande en divorce; mais en rendant aux époux leur indépendance, elle les soumet encore à des conditions que l'intérêt des mœurs a dictées.

Elle ôte aux époux désunis la faculté de se rengager dans leurs premiers nœuds; cette prohibition est éminemment morale; le mariage serait bientôt dégradé si, placé comme un jeu au milieu des passions humaines, elles pouvaient le quitter et le reprendre au gré de leurs saillies. La femme adultère n'épousera point son complice : prohibition non moins salutaire que commande l'honnêteté publique, et qui peut-être, en menaçant d'avance la femme prête à succomber, la retiendra par l'idée affreuse qu'elle ne serait jamais la compagne avouée de celui qui l'a séduite.

L'ordre public, sous le rapport de l'état des enfants, a déterminé la disposition qui ne permet le mariage à la femme que dix mois après la prononciation de son divorce.

Des intérêts moins grands, mais qui sont dans l'esprit de la loi, font distinguer l'époux accusateur de l'époux accusé : le premier conserve les avantages que le second lui avait assurés, et celui-ci perd tous ceux qu'il avait reçus.

Les enfants n'éprouvent aucun changement dans leur fortune; leurs droits subsistent au même titre que si le mariage n'avait pas été dissous. Leur éducation est confiée à l'époux demandeur; si la famille fait entendre des réclamations, le Tribunal prononce et peut même remettre les enfants à des mains étrangères : précaution extrêmement sage et qui obvie à tous les inconvénients, si les époux sont également indignes de recevoir ce précieux dépôt. Dans ces différentes hypothèses, ils conservent cependant l'un et l'autre leur droit de surveillance, et sont tenus de fournir à tous les frais d'éducation.

Enfin, le projet de loi rétablit la séparation de corps, qu'il permet dans tous les cas où il y aura lieu à la demande en divorce pour cause déterminée. Ce chapitre de la loi ne donne lieu à aucune observation.

Je vous ai rendu compte, citoyens collègues, de cette importante loi du divorce : elle n'introduit point, il est vrai, parmi nous une action nouvelle; mais elle en a changé la plupart des principes, et les conséquences ont dû s'en ressentir. La loi de 1792 avait, pour ainsi dire, lancé le divorce au milieu de la société contre l'institution même du mariage; elle avait tellement accumulé les moyens de le rompre, et abrégé les formes pour y réussir, que si les mœurs n'avaient pas résisté, le divorce serait devenu une condition nécessaire du mariage. Aussi la loi qui vous est proposée a non-seulement à vaincre dans l'opinion la défaveur de son sujet, mais encore celle qu'une loi précédente y a jointe. A-t-elle fait toutes les réformes qu'on désire? A-t-elle, dans ses rapports hostiles avec l'union conjugale, sévèrement respecté les droits qui la fondent? Ces questions pourraient être longtemps agitées sans être résolues; et cependant un mal existe, que les seuls principes arrêteront encore moins que les lois imparfaites. Vous ne croirez donc pas, tribuns, que celle qui vous est adressée ait manqué son objet, en n'accordant point tout ce que d'inflexibles théories pourraient réclamer. Si les passions des hommes n'offusquaient pas continuellement leur raison, il serait possible peut-être d'assimiler l'économie politique à une science exacte, et de n'assujettir ses problèmes qu'à des solutions rigoureuses; mais les passions humaines sont le terrain mouvant sur lequel il faut, malgré vous, asseoir vos édifices. Les voulez-vous inébranlables? Ce vœu est insensé : le législateur est sans cesse réduit à repousser de ces méditations un stoïcisme de principes qui n'a jamais d'affinité complète avec les épreuves de l'expérience. Lui conseillerons-nous pourtant de briser tous les élans de son âme, et d'étouffer en lui le dessein si généreux d'améliorer le sort de l'espèce humaine, parce qu'on reconnait des limites à son bonheur? Non, sans doute, et loin de nous cette pensée coupable! Ah! qu'il s'abandonne sans réserve à l'enthousiasme qu'inspire l'amour des hommes! qu'il ne désespère point de ses nobles efforts! Et de même que, dans la contemplation de la nature, la recherche d'un beau idéal a produit les chefs-d'œuvre des arts, qu'en poursuivant aussi une perfection abstraite dans les lois, il arrive du moins à la perfection pratique dont elles sont susceptibles!

Votre section de législation vous propose de voter pour le projet de loi.

A la séance du 25 ventôse an XI, Treilhard réfuta par quelques observations sommaires mais décisives les objections qui s'étaient produites contre le titre VIe du premier livre du code Napoléon, lequel fut adopté par le tribunat, le 28 ventôse an XI (21 mars 1803), à la majorité de quarante-six voix contre dix-neuf.

Le titre VIe du livre premier est ainsi conçu :

TITRE SIXIÈME. — DU DIVORCE.

CHAPITRE PREMIER. — DES CAUSES DU DIVORCE.

229. Le mari pourra demander le divorce pour cause d'adultère de sa femme. C. 306, 308, 309, 313. — P. 324, 336, 337, 338.

230. La femme pourra demander le divorce pour cause d'adultère de son mari, lorsqu'il aura tenu sa concubine dans la maison commune. C. 306. — P. 339.

231. Les époux pourront réciproquement demander le divorce pour excès, sévices ou injures graves, de l'un d'eux envers l'autre. C. 306.

232. La condamnation de l'un des époux à une peine infamante sera pour l'autre époux une cause de divorce. C. 306. — P. 7, 8.

233. Le consentement mutuel et persévérant des époux, exprimé de la manière prescrite par la loi, sous les conditions et après les épreuves qu'elle détermine, prouvera suffisamment que la vie commune leur est insupportable, et qu'il existe, par rapport à eux, une cause péremptoire de divorce.

CHAPITRE II. — DU DIVORCE POUR CAUSE DÉTERMINÉE.

SECTION PREMIÈRE. — *Des formes du divorce pour cause déterminée.*

234. Quelle que soit la nature des faits ou des délits qui donneront lieu à la demande en divorce pour cause déterminée, cette demande ne pourra être formée qu'au tribunal de l'arrondissement dans lequel les époux auront leur domicile. C. 102, 108. — Pr. 875 s.

235. Si quelques-uns des faits allégués par l'époux demandeur donnent lieu à une poursuite criminelle de la part du ministère public, l'action en divorce restera suspendue jusqu'après l'arrêt de la cour d'assises; alors elle pourra être reprise, sans qu'il soit permis d'inférer de l'arrêt aucune fin de non-recevoir ou exception préjudicielle contre l'époux demandeur.

236. Toute demande en divorce détaillera les faits : elle sera remise, avec les pièces à l'appui, s'il y en a, au président du tribunal ou au juge qui en fera les fonctions, par l'époux demandeur en personne, à moins qu'il n'en soit empêché par maladie ; auquel cas, sur sa réquisition et le certificat de deux docteurs en médecine ou en chirurgie, ou de deux officiers de santé, le magistrat se transportera au domicile du demandeur, pour y recevoir sa demande. T. 79.

237. Le juge, après avoir entendu le demandeur, et lui avoir fait les observations qu'il croira convenables, paraphera la demande et les pièces, et dressera procès-verbal de la remise du tout en ses mains. Ce procès-verbal sera signé par le juge et par le demandeur, à moins que celui-ci ne sache ou ne puisse signer; auquel cas il en sera fait mention.

238. Le juge ordonnera, au bas de son procès-verbal, que les parties comparaitront en personne devant lui, au jour et à l'heure qu'il indiquera: et qu'à cet effet, copie de son ordonnance sera par lui adressée à la partie contre laquelle le divorce est demandé.

239. Au jour indiqué, le juge fera aux deux époux, s'ils se présentent, ou au demandeur, s'il est seul comparant, les représentations qu'il croira propres à opérer un rapprochement : s'il ne peut y parvenir, il en dressera procès-verbal, et ordonnera la communication de la demande et des pièces au ministère public, et le référé du tout au tribunal.

240. Dans les trois jours qui suivront, le tribunal, sur le rapport du président ou du juge qui en aura fait les fonctions, et sur les conclusions du ministère public, accordera ou suspendra la permission de citer. La suspension ne pourra excéder le terme de vingt jours. T. 91.

241. Le demandeur, en vertu de la permission du tribunal, fera citer le défendeur, dans la forme ordinaire, à comparaître en personne à l'audience, à huis clos, dans le délai de la loi; il fera donner copie, en tête de

la citation, de la demande en divorce et des pièces produites à l'appui. T. 29.

242. A l'échéance du délai, soit que le défendeur comparaisse ou non, le demandeur en personne, assisté d'un conseil, s'il le juge à propos, exposera ou fera exposer les motifs de sa demande; il représentera les pièces qui l'appuient, et nommera les témoins qu'il se propose de faire entendre. T. 92.

243. Si le défendeur comparaît en personne ou par un fondé de pouvoirs, il pourra proposer ou faire proposer ses observations, tant sur les motifs de la demande que sur les pièces produites par le demandeur et sur les témoins par lui nommés. Le défendeur nommera, de son côté, les témoins qu'il se propose de faire entendre, et sur lesquels le demandeur fera réciproquement ses observations. T. 92.

244. Il sera dressé procès-verbal des comparutions, dires et observations des parties, ainsi que des aveux que l'une ou l'autre pourra faire. Lecture de ce procès-verbal sera donnée auxdites parties, qui seront requises de le signer; et il sera fait mention expresse de leur signature, ou de leur déclaration de ne pouvoir ou ne vouloir signer.

245. Le tribunal renverra les parties à l'audience publique, dont il fixera le jour et l'heure; il ordonnera la communication de la procédure au ministère public, et commettra un rapporteur. Dans le cas où le défendeur n'aurait pas comparu, le demandeur sera tenu de lui faire signifier l'ordonnance du tribunal, dans le délai qu'elle aura déterminé.

246. Au jour et à l'heure indiqués, sur le rapport du juge commis, le ministère public entendu, le tribunal statuera d'abord sur les fins de non-recevoir, s'il en a été proposé. En cas qu'elles soient trouvées concluantes, la demande en divorce sera rejetée : dans le cas contraire, ou s'il n'a pas été proposé des fins de non-recevoir, la demande en divorce sera admise.

247. Immédiatement après l'admission de la demande en divorce, sur le rapport du juge commis, le ministère public entendu, le tribunal statuera au fond. Il fera droit à la demande, si elle lui paraît en état d'être jugée, sinon, il admettra le demandeur à la preuve des faits pertinents par lui allégués, et le défendeur à la preuve contraire.

248. A chaque acte de la cause, les parties pourront, après le rapport du juge, et avant que le ministère public ait pris la parole, proposer ou faire proposer leurs moyens respectifs, d'abord sur les fins de non-recevoir, et ensuite sur le fond; mais en aucun cas le conseil du demandeur ne sera admis, si le demandeur n'est pas comparant en personne.

249. Aussitôt après la prononciation du jugement qui ordonnera les enquêtes, le greffier du tribunal donnera lecture de la partie du procès-verbal qui contient la nomination déjà faite des témoins que les parties se proposent de faire entendre. Elles seront averties par le président, qu'elles peuvent encore en désigner d'autres, mais qu'après ce moment elles n'y seront plus reçues.

250. Les parties proposeront de suite leurs reproches respectifs contre

les témoins qu'elles voudront écarter. Le tribunal statuera sur ces reproches, après avoir entendu le ministère public.

251. Les parents des parties, à l'exception de leurs enfants et descendants, ne sont pas reprochables du chef de la parenté, non plus que les domestiques des époux, en raison de cette qualité ; mais le tribunal aura tel égard que de raison aux dépositions des parents et des domestiques.

252. Tout jugement qui admettra une preuve testimoniale, dénommera les témoins qui seront entendus, et déterminera le jour et l'heure auxquels les parties devront les présenter.

253. Les dépositions des témoins seront reçues par le tribunal séant à huis clos, en présence du ministère public, des parties, et de leurs conseils ou amis, jusqu'au nombre de trois de chaque côté.

254. Les parties, par elles ou par leurs conseils, pourront faire aux témoins telles observations et interpellations qu'elles jugeront à propos, sans pouvoir néanmoins les interrompre dans le cours de leurs dépositions.

255. Chaque déposition sera rédigée par écrit, ainsi que les dires et observations auxquels elle aura donné lieu. Le procès-verbal d'enquête sera lu tant aux témoins qu'aux parties : les uns et les autres seront requis de le signer ; et il sera fait mention de leur signature, ou de leur déclaration qu'ils ne peuvent ou ne veulent signer.

256. Après la clôture des deux enquêtes ou de celle du demandeur, si le défendeur n'a pas produit de témoins, le tribunal renverra les parties à l'audience publique, dont il indiquera le jour et l'heure ; il ordonnera la communication de la procédure au ministère public, et commettra un rapporteur. Cette ordonnance sera signifiée au défendeur, à la requête du demandeur, dans le délai qu'elle aura déterminé.

257. Au jour fixé pour le jugement définitif, le rapport sera fait par le juge commis : les parties pourront ensuite faire, par elles-mêmes ou par l'organe de leurs conseils, telles observations qu'elles jugeront utiles à leur cause ; après quoi le ministère public donnera ses conclusions.

258. Le jugement définitif sera prononcé publiquement : lorsqu'il admettra le divorce, le demandeur sera autorisé à se retirer devant l'officier de l'état civil pour le faire prononcer.

259. Lorsque la demande en divorce aura été formée pour cause d'excès, de sévices ou d'injures graves, encore qu'elle soit bien établie, les juges pourront ne pas admettre immédiatement le divorce. Dans ce cas, avant de faire droit, ils autoriseront la femme à quitter la compagnie de son mari, sans être tenue de le recevoir, si elle ne le juge à propos ; et ils condamneront le mari à lui payer une pension alimentaire proportionnée à ses facultés, si la femme n'a pas elle-même des revenus suffisants pour fournir à ses besoins.

260. Après une année d'épreuve, si les parties ne sont pas réunies, l'époux demandeur pourra faire citer l'autre époux à comparaître au tribunal, dans les délais de la loi, pour y entendre prononcer le jugement définitif, qui pour lors admettra le divorce.

261. Lorsque le divorce sera demandé par la raison qu'un des époux est condamné à une peine infamante, les seules formalités à observer consiste-

ront à présenter au tribunal de première instance une expédition en bonne forme du jugement de condamnation, avec un certificat de la cour d'assises, portant que ce même jugement n'est plus susceptible d'être réformé par aucune voie légale.

262. En cas d'appel du jugement d'admission ou du jugement définitif, rendu par le tribunal de première instance en matière de divorce, la cause sera instruite et jugée par la cour royale comme affaire urgente.

263. L'appel ne sera recevable qu'autant qu'il aura été interjeté dans les trois mois à compter du jour de la signification du jugement rendu contradictoirement ou par défaut. Le délai pour se pourvoir à la cour de cassation contre un jugement en dernier ressort, sera aussi de trois mois à compter de la signification. Le pourvoi sera suspensif.

264. En vertu de tout jugement rendu en dernier ressort ou passé en force de chose jugée, qui autorisera le divorce, l'époux qui l'aura obtenu sera obligé de se présenter, dans le délai de deux mois, devant l'officier de l'état civil, l'autre partie dûment appelée, pour faire prononcer le divorce.

265. Ces deux mois ne commenceront à courir, à l'égard des jugements de première instance, qu'après l'expiration du délai d'appel ; à l'égard des arrêts rendus par défaut en cause d'appel, qu'après l'expiration du délai d'opposition ; et à l'égard des jugements contradictoires en dernier ressort, qu'après l'expiration du délai du pourvoi en cassation.

266. L'époux demandeur qui aura laissé passer le délai de deux mois ci-dessus déterminé, sans appeler l'autre époux devant l'officier de l'état civil, sera déchu du bénéfice du jugement qu'il avait obtenu, et ne pourra reprendre son action en divorce, sinon pour cause nouvelle ; auquel cas il pourra néanmoins faire valoir les anciennes causes.

SECTION II. — *Des mesures provisoires auxquelles peut donner lieu la demande en divorce pour cause déterminée.*

267. L'administration provisoire des enfants restera au mari demandeur ou défendeur en divorce, à moins qu'il n'en soit autrement ordonné par le tribunal, sur la demande soit de la mère, soit de la famille, ou du ministère public, pour le plus grand avantage des enfants.

268. La femme demanderesse ou défenderesse en divorce pourra quitter le domicile du mari pendant la poursuite, et demander une pension alimentaire proportionnée aux facultés du mari. Le tribunal indiquera la maison dans laquelle la femme sera tenue de résider, et fixera, s'il y a lieu, la provision alimentaire que le mari sera obligé de lui payer. C. 214.

269. La femme sera tenue de justifier de sa résidence dans la maison indiquée, toutes les fois qu'elle en sera requise : à défaut de cette justification, le mari pourra refuser la provision alimentaire, et, si la femme est demanderesse en divorce, la faire déclarer non recevable à continuer ses poursuites.

270. La femme commune en biens, demanderesse ou défenderesse en divorce, pourra, en tout état de cause, à partir de la date de l'ordonnance

dont il est fait mention en l'article 238, requérir, pour la conservation de ses droits, l'apposition des scellés sur les effets mobiliers de la communauté. Ces scellés ne seront levés qu'en faisant inventaire avec prisée, et à la charge par le mari de représenter les choses inventoriées, ou de répondre de leur valeur comme gardien judiciaire. Pr. 807 s., 943.

271. Toute obligation contractée par le mari à la charge de la communauté, toute aliénation par lui faite des immeubles qui en dépendent, postérieurement à la date de l'ordonnance dont il est fait mention en l'article 238, sera déclarée nulle, s'il est prouvé d'ailleurs qu'elle ait été faite ou contractée en fraude des droits de la femme.

SECTION III. — *Des fins de non-recevoir contre l'action en divorce pour cause déterminée.*

272. L'action en divorce sera éteinte par la réconciliation des époux, survenue soit depuis les faits qui auraient pu autoriser cette action, soit depuis la demande en divorce.

273. Dans l'un et l'autre cas, le demandeur sera déclaré non recevable dans son action ; il pourra néanmoins en intenter une nouvelle pour cause survenue depuis la réconciliation, et alors faire usage des anciennes causes pour appuyer sa nouvelle demande.

274. Si le demandeur en divorce nie qu'il y ait eu réconciliation, le défendeur en fera preuve, soit par écrit, soit par témoins, dans la forme prescrite en la première section du présent chapitre.

CHAPITRE III. — DU DIVORCE PAR CONSENTEMENT MUTUEL.

275. Le consentement mutuel des époux ne sera point admis, si le mari a moins de vingt-cinq ans, ou si la femme est mineure de vingt et un ans.

276. Le consentement mutuel ne sera admis qu'après deux ans de mariage.

277. Il ne pourra plus l'être après vingt ans de mariage, ni lorsque la femme aura quarante-cinq ans.

278. Dans aucun cas le consentement mutuel des époux ne suffira s'il n'est autorisé par leurs pères et mères, par leurs autres ascendants ou vivants, suivant les règles prescrites par l'article 150, au titre *du Mariage*.

279. Les époux déterminés à opérer le divorce par consentement mutuel, seront tenus de faire préalablement inventaire et estimation de tous leurs biens meubles et immeubles, et de régler leurs droits respectifs, sur lesquels il leur sera néanmoins libre de transiger. T. 168.

280. Ils seront pareillement tenus de constater par écrit leur convention sur les trois points qui suivent : 1° à qui les enfants nés de leur union seront confiés, soit pendant le temps des épreuves, soit après le divorce prononcé ; 2° dans quelle maison la femme devra se retirer et résider pendant le temps des épreuves ; 3° quelle somme le mari devra payer à sa femme pendant le même temps, si elle n'a pas des revenus suffisants pour fournir à ses besoins.

281. Les époux se présenteront ensemble, et en personne, devant le président du tribunal civil de leur arrondissement, ou devant le juge qui en fera les fonctions, et lui feront la déclaration de leur volonté, en présence de deux notaires amenés par eux. T. 168.

282. Le juge fera aux deux époux réunis, et à chacun d'eux en particulier, en présence des deux notaires, telles représentations et exhortations qu'il croira convenables, il leur donnera lecture du chapitre IV du présent titre, qui règle *les effets du Divorce*, et leur développera toutes les conséquences de leur démarche.

283. Si les époux persistent dans leur résolution, il leur sera donné acte, par le juge, de ce qu'ils demandent le divorce, et y consentent mutuellement ; et ils seront tenus de produire et déposer à l'instant, entre les mains des notaires, outre les actes mentionnés aux articles 279 et 280, 1° les actes de leur naissance et celui de leur mariage ; 2° les actes de naissance et de décès de tous les enfants nés de leur union ; 3° la déclaration authentique de leurs pères et mères ou autres ascendants vivants, portant que, pour les causes à eux connues, ils autorisent tel *ou* telle, leur fils *ou* fille, petit-fils *ou* petite-fille, marié *ou* mariée à tel *ou* tel, à demander le divorce et à y consentir. Les pères, mères, aïeuls et aïeules des époux, seront présumés vivants jusqu'à la représentation des actes constatant leur décès.

284. Les notaires dresseront procès-verbal détaillé de tout ce qui aura été dit et fait en exécution des articles précédents, la minute en restera au plus âgé des deux notaires, ainsi que les pièces produites, qui demeureront annexées au procès-verbal, dans lequel il sera fait mention de l'avertissement qui sera donné à la femme de se retirer, dans les vingt-quatre heures, dans la maison convenue entre elle et son mari, et d'y résider jusqu'au divorce prononcé. T. 168.

285. La déclaration ainsi faite sera renouvelée dans la première quinzaine de chacun des quatrième, septième et dixième mois qui suivront, en observant les mêmes formalités. Les parties seront obligées à rapporter chaque fois la preuve, par acte public, que leurs pères, mères, ou autres ascendants vivants, persistent dans leur première détermination ; mais elles ne seront tenues à répéter la production d'aucun autre acte. T. 168.

286. Dans la quinzaine du jour où sera révolue l'année, à compter de la première déclaration, les époux, assistés chacun de deux amis, personnes notables dans l'arrondissement, âgés de cinquante ans au moins, se présenteront ensemble et en personne devant le président du tribunal ou le juge qui en fera les fonctions ; ils lui remettront les expéditions en bonne forme, des quatre procès-verbaux contenant leur consentement mutuel, et de tous les actes qui y auront été annexés, et requerront du magistrat, chacun séparément, en présence néanmoins l'un de l'autre et des quatre notables, l'admission du divorce.

287. Après que le juge et les assistants auront fait leurs observations aux époux, s'ils persévèrent, il leur sera donné acte de leur réquisition et de la remise par eux faite des pièces à l'appui : le greffier du tribunal dressera procès-verbal, qui sera signé tant par les parties (à moins qu'elles

ne déclarent ne pouvoir signer, auquel cas il en sera fait mention), que par les quatre assistants, le juge et le greffier.

288. Le juge mettra de suite, au bas de ce procès-verbal, son ordonnance, portant que, dans les trois jours, il sera par lui référé du tout au tribunal en la chambre du conseil, sur les conclusions par écrit du ministère public, auquel les pièces seront, à cet effet, communiquées par le greffier.

289. Si le ministère public trouve dans les pièces la preuve que les deux époux étaient âgés, le mari de vingt-cinq ans, la femme de vingt et un ans, lorsqu'ils ont fait leur première déclaration ; qu'à cette époque ils étaient mariés depuis deux ans, que le mariage ne remontait pas à plus de vingt, que la femme avait moins de quarante-cinq ans, que le consentement mutuel a été exprimé quatre fois dans le cours de l'année, après les préalables ci-dessus prescrits et avec toutes les formalités requises par le présent chapitre, notamment avec l'autorisation des pères et mères des époux, ou avec celle de leurs autres ascendants vivants en cas de prédécès des pères et mères, il donnera ses conclusions en ces termes : *La loi permet;* dans le cas contraire, ses conclusions seront en ces termes : *La loi empêche.*

290. Le tribunal, sur le référé, ne pourra faire d'autres vérifications que celles indiquées par l'article précédent. S'il en résulte que, dans l'opinion du tribunal, les parties ont satisfait aux conditions et rempli les formalités déterminées par la loi, il admettra le divorce, et renverra les parties devant l'officier de l'état civil, pour le faire prononcer : dans le cas contraire, le tribunal déclarera qu'il n'y a pas lieu à admettre le divorce, et déduira les motifs de la décision.

291. L'appel du jugement qui aurait déclaré ne pas y avoir lieu à admettre le divorce, ne sera recevable qu'autant qu'il sera interjeté par les deux parties, et néanmoins par actes séparés, dans les dix jours au plus tôt, et au plus tard dans les vingt jours de la date du jugement de première instance.

292. Les actes d'appel seront réciproquement signifiés tant à l'autre époux qu'au ministère public près le tribunal de première instance.

293. Dans les dix jours, à compter de la signification qui lui aura été faite du second acte d'appel, le ministère public près le tribunal de première instance fera passer au procureur général près la cour royale l'expédition du jugement, et les pièces sur lesquelles il est intervenu. Le procureur général près la cour royale donnera ses conclusions par écrit, dans les dix jours qui suivront la réception des pièces : le président ou le juge qui le suppléera fera son rapport à la cour royale, en la chambre du conseil, et il sera statué définitivement dans les dix jours qui suivront la remise des conclusions du procureur général.

294. En vertu de l'arrêt qui admettra le divorce, et dans les vingt jours de sa date, les parties se présenteront ensemble et en personne devant l'officier de l'état civil, pour faire prononcer le divorce. Ce délai passé, le jugement demeurera comme non avenu.

CHAPITRE IV. — DES EFFETS DU DIVORCE.

295. Les époux qui divorceront pour quelque cause que ce soit ne pourront plus se réunir.

296. Dans le cas de divorce prononcé pour cause déterminée, la femme divorcée ne pourra se remarier que dix mois après le divorce prononcé.

297. Dans le cas de divorce par consentement mutuel, aucun des deux époux ne pourra contracter un nouveau mariage que trois ans après la prononciation du divorce.

298. Dans le cas de divorce admis en justice pour cause d'adultère, l'époux coupable ne pourra jamais se marier avec son complice. La femme adultère sera condamnée, par le même jugement, et sur la réquisition du ministère public, à la réclusion dans une maison de correction, pour un temps déterminé, qui ne pourra être moindre de trois mois, ni excéder deux années.

299. Pour quelque cause que le divorce ait lieu, hors le cas du consentement mutuel, l'époux contre lequel le divorce aura été admis perdra tous les avantages que l'autre époux lui avait faits, soit par leur contrat de mariage, soit depuis le mariage contracté.

300. L'époux qui aura obtenu le divorce conservera les avantages à lui faits par l'autre époux, encore qu'ils aient été stipulés réciproques et que la réciprocité n'ait pas lieu.

301. Si les époux ne s'étaient fait aucun avantage, ou si ceux stipulés ne paraissaient pas suffisants pour assurer la subsistance de l'époux qui a obtenu le divorce, le tribunal pourra lui accorder, sur les biens de l'autre époux, une pension alimentaire, qui ne pourra excéder le tiers des revenus de cet autre époux. Cette pension sera révocable dans le cas où elle cesserait d'être nécessaire.

302. Les enfants seront confiés à l'époux qui a obtenu le divorce, à moins que le tribunal, sur la demande de la famille ou du ministère public, n'ordonne, pour le plus grand avantage des enfants, que tous ou quelques-uns d'eux seront confiés aux soins, soit de l'autre époux, soit d'une tierce personne.

303. Quelle que soit la personne à laquelle les enfants seront confiés, les père et mère conserveront respectivement le droit de surveiller l'entretien et l'éducation de leurs enfants, et seront tenus d'y contribuer à proportion de leurs facultés.

304. La dissolution du mariage par le divorce admis en justice ne privera les enfants nés de ce mariage d'aucun des avantages qui leur étaient assurés par les lois, ou par les conventions matrimoniales de leurs père et mère, mais il n'y aura d'ouverture aux droits des enfants que de la même manière et dans les mêmes circonstances où ils se seraient ouverts s'il n'y avait pas eu de divorce.

305. Dans le cas de divorce par consentement mutuel, la propriété de la moitié des biens de chacun des deux époux sera acquise de plein droit,

du jour de leur première déclaration, aux enfants nés de leur mariage: les père et mère conserveront néanmoins la jouissance de cette moitié jusqu'à la majorité de leurs enfants, à la charge de pourvoir à leur nourriture, entretien et éducation, conformément à leur fortune et à leur état ; le tout sans préjudice des autres avantages qui pourraient avoir été assurés auxdits enfants par les conventions matrimoniales de leurs père et mère.

CHAPITRE V. — DE LA SÉPARATION DE CORPS.

306. Dans le cas où il y a lieu à la demande en divorce pour cause déterminée, il sera libre aux époux de former demande en séparation de corps. C. 229, 230, 231, 232.

307. Elle sera intentée, instruite et jugée de la même manière que toute autre action civile : elle ne pourra avoir lieu par le consentement mutuel des époux.

Telles étaient sur le divorce les règles posées par le code Napoléon, ce code essentiellement civilisateur dans lequel les anciens principes et les sages enseignements des coutumes se trouvent si admirablement unis aux principes de 89 ; mais peu de temps après la chute de l'Empereur on retrancha ce grand principe social de nos lois.

Le 26 décembre 1815, M. de Bonald, député de l'Aveyron, proposa l'abolition du divorce. Voici en quels termes il développa sa proposition :

Messieurs, dit-il, vous avez pourvu, par des lois sévères, à la tranquillité de l'État. Il faut aujourd'hui assurer, par des lois fortes, la stabilité de la famille.

Dans l'ordre primitif et régulier de la société, la famille devient l'État, et les mœurs deviennent des lois. Mais quand la marche naturelle de la société a été intervertie, l'État donne des lois à la famille, et elles en règlent ou en dérèglent les mœurs. Permettez-moi de tracer rapidement l'histoire de la famille, pour faire voir la naissance et les progrès des désordres qui en ont altéré la constitution primitive.

La société domestique commença par la monogamie et l'indissolubilité du lien conjugal. La naissance des deux sexes en nombre à peu près égal indique assez que la polygamie n'entre point dans le plan de la nature, pas plus que la dissolubilité du lien conjugal, qui établit entre les deux sexes une si cruelle inégalité, n'a pu entrer dans les desseins de son auteur. Aussi le législateur suprême des sociétés, en parlant de la dissolution du mariage, dit lui-même : « Qu'il n'en était pas ainsi au commencement. »

Les familles, en se multipliant, formèrent des peuples, et trop souvent des peuples ennemis les uns des autres. Les dangers de la guerre, ou les travaux de l'agriculture, supportés presque exclusivement par un des deux sexes, dérangèrent leur proportion, et, dans ces faibles peuplades, où la population était le premier besoin, la polygamie, qui la favorise chez un peuple naissant, comme elle l'arrête chez un peuple avancé, la polygamie s'introduisit à la faveur de ces religions licencieuses qui offraient à leurs divinités la pudeur en sacrifices, et consacraient la prostitution.

Le peuple juif, élevé au milieu de ces dangereux exemples, peu nombreux lui-même pour le pays qu'il avait à conquérir, et la haute destination à laquelle il était appelé, ne pouvait être soumis à une discipline trop sévère. La polygamie ne lui fut pas interdite. La répudiation lui fut permise : loi imparfaite, sans doute, mais qui n'est pas, comme le divorce mutuel, contre la nature même de la société, puisque, accordée au mari seul, et peut-être sans permission à la femme de se remarier, elle conservait au pouvoir domestique toute son indépendance, et qu'elle était de sa part un acte de juridiction, même lorsqu'elle n'était pas un acte de justice.

Mais cette faculté, tolérée à cause de la *dureté de cœur* de ce peuple indocile et grossier, supportable pour un temps, recélait, comme toutes les lois imparfaites, un germe de corruption qui ne tarda pas à se développer. On voit dans les livres des Rabbins, que ces docteurs interprétant, au gré de leurs caprices et des passions de la multitude, la loi de la répudiation, permettaient au mari de renvoyer sa femme pour les causes les plus légères ou sur les prétextes les plus ridicules, et même à la fin, la femme, comme il paraît par quelques exemples, usurpa le droit de répudier son mari.

Les mœurs des premiers Romains luttèrent, pendant plusieurs siècles, contre la faculté du divorce ; il ne fut connu chez eux que bien tard. Toujours, la femme qui n'avait eu qu'un époux, fut honorée; et sur les monuments funéraires de l'ancienne Rome, on lit encore : *Conjugi piæ, inclytæ, univiræ.* « A l'épouse qui n'a eu qu'un époux. »

Mais *la plus haute sagesse se fit entendre*, et le christianisme, qui n'est que l'application à la société de toutes les vérités morales, commença par constituer la famille, élément nécessaire de toute société publique. Il s'introduisit dans les mœurs ; de voluptueuses et cruelles qu'elles étaient, il les rendit douces et sévères. Bientôt il passa des foyers domestiques sur le trône des Césars; il changea les nations, comme il avait changé les hommes, et les mœurs domestiques devinrent des lois publiques.

Ils furent lents et presque insensibles, les progrès de ce *grain de sénevé* destiné à devenir *un grand arbre*, qui devait réunir tous les peuples sous son ombre ; ils furent lents, comme le sont les progrès de tout ce qui est destiné à une longue durée, les mœurs et les lois se ressentirent longtemps de la faiblesse et de la licence payennes, d'où le monde sortait avec tant d'efforts. C'est un spectacle digne des plus sérieuses méditations, que celui qu'offre la lutte du paganisme expirant contre l'influence naissante de la religion chrétienne. On commence à l'apercevoir dans quelques lois des empereurs, même du premier ou du second siècle de notre ère ; elle se continue jusqu'aux derniers législateurs de l'empire d'Orient, et les lois de Justinien en sont encore fortement empreintes. C'est dans la suite de toute cette législation, qu'on voit, avec l'intérêt qu'inspirent de si hautes vérités, la société, se dégageant lentement des erreurs qui l'obscurcissent, rejeter peu à peu de son sein toutes les coutumes barbares ou licencieuses, et l'exposition des enfants, et les jeux sanglants de l'arène, et l'immolation des victimes humaines, et l'esclavage, et le divorce devenu dans les derniers temps une véritable polygamie. Quelquefois, selon les temps et les lieux, les progrès semblent arrêtés ; quelquefois même on remarque des lois rétrogrades ; mais la marche générale de la société vers la civilisation n'en est pas moins constante et continue, et les peuples du Nord, qui viennent à la fin renouveler le corps épuisé de l'empire romain, partout où ils peuvent fonder des établissements, reçoivent des vaincus la religion chrétienne en échange de la constitution monarchique qu'ils leur apportent.

Le divorce fut, de tous les désordres du paganisme, celui qui résista le plus longtemps à l'influence de la religion chrétienne, non précisément chez le peuple dont les mœurs toutes guerrières étaient chastes et simples, mais chez les grands pour qui le divorce ou même la polygamie étaient une sorte de luxe. Tacite nous l'apprend *dans les mœurs des Germains*, où il rend un si bel hommage aux mœurs de ces peuples sur le mariage. Il fallut, pour déraciner dans les grands l'habitude du divorce, toute l'autorité des chefs de l'Église, employée quelquefois avec une rigueur que loin de ces temps nous taxons si légèrement d'imprudence ou de hauteur, et l'histoire de nos anciens rois en offre plus d'un exemple.

Cette faculté dangereuse que le christianisme avait eu tant de peine à bannir de la société, un christianisme qui voulait être plus sévère, vint au quinzième siècle l'y établir ; la société en fut ébranlée jusque dans ses fondements. Cette révolution dans la famille en commença, en prépara d'autres pour l'État, et un principe démocratique se manifesta aussitôt en Europe dans le système politique.

La Révolution française qui s'emparait de tous les moyens de séduction et de désordre comme de son patrimoine, ne devait pas négliger celui-là. Le divorce fut décrété. Vous en avez vu, messieurs, les funestes effets ; et vous connaissez les désordres qu'ils auraient produits, si le peuple, plus sage que ses législateurs, n'eût opposé ses mœurs anciennes aux lois nouvelles, et la sévérité de sa religion ou de sa morale aux criminelles complaisances de la politique. Vous me dispenserez sans doute de vous en retracer le tableau ; les moments sont trop chers, et certes après vingt-cinq ans de discussions, il est temps de conclure.

Au reste, si vous aviez besoin d'une autorité autre que celle de votre raison et de votre expérience, je vous dirai qu'à toutes les époques où cette loi a été discutée au conseil d'État, ou dans les différentes assemblées législatives, elle a été combattue par les hommes les plus honorables et par les meilleurs esprits. Dans le temps, un écrivain, à qui cette belle cause tenait lieu de talent, la défendit avec quelque succès ; et l'on trouva plus prompt et plus facile de l'injurier ou de le proscrire que de lui répondre ;

il n'a paru, je ne crains pas de le dire, aucun discours en faveur du divorce, aucun écrit qui ait laissé quelque souvenir; et on sait assez que l'usurpateur, dans la plénitude de sa puissance, l'aurait aboli pour lui-même, comme il l'abolit pour les membres de sa famille, si, se voyant sans postérité, il n'eût voulu dés lors se ménager la facilité de s'en servir un jour.

Les hommes qui l'avaient introduit dans nos lois, l'ont toujours défendu comme le sceau et le caractère spécial de la Révolution; et il est resté dans notre législation jusqu'à nos jours, monument de honte et de licence qui attestera aux siècles futurs quelle a été, à cette époque, la faiblesse des mœurs et le déréglement des esprits.

La différence des croyances religieuses, sur le lien du mariage, ne peut pas être un obstacle à l'abolition de la faculté du divorce.

Sans doute, messieurs, le rétablissement de la religion est le besoin le plus pressant du peuple, et le premier vœu de ses députés; notre devoir est de lui rendre sa considération et son influence, de la replacer dans les habitudes et les sentiments des peuples, et d'en faire, en un mot, le plus puissant auxiliaire de l'administration, comme elle est le dogme fondamental et la sanction nécessaire de toute constitution.

Mais, dans la question qui vous occupe, le gouvernement aura rempli tous ses devoirs envers la religion, lorsqu'il aura pourvu à ce que le lien du mariage, formé par le consentement mutuel des parties, garanti par la puissance civile, et consacré par la puissance religieuse, ne puisse être dissous par la loi.

Ainsi, le mariage est un acte domestique, civil et religieux à la fois, qui, dans l'état public de société, exige, pour être valide, le concours des trois pouvoirs, domestique, civil et religieux; dans le consentement des parties autorisées par leurs parents, dans l'intervention du pouvoir civil, dans le concours de l'autorité religieuse. Une fois le lien formé par ce triple nœud, et que la famille qu'il a fondée a pris rang parmi les familles qui composent l'État, le législateur ne doit plus la considérer que comme une partie intégrante et inséparable du grand tout politique, composé lui-même de familles, de religion et d'État.

Nos lois actuelles, séparant avec soin ce que les législateurs de tous les temps avaient mis tant d'intérêt à réunir, la religion et la politique, ne considèrent le mariage que comme un contrat civil, pour la validité duquel elles n'exigent que le consentement des parties, sans aucun concours de l'autorité religieuse que la loi affecte de ne pas connaître, à qui même elle ne permet pas de précéder l'acte civil, qui opère seul tous les effets civils du mariage.

Et à ce propos, j'oserai réclamer, au nom de la religion et des mœurs, au nom de la liberté individuelle, et même de la liberté des cultes, contre la tyrannie de ces unions dans lesquelles une jeune personne trahie par sa propre faiblesse, par l'autorité de ses parents, et quelquefois, et nous en avons vu des exemples, par une influence supérieure, et engagée seulement par l'acte civil, voit éluder ou même formellement désavouer la promesse de la bénédiction nuptiale, sur la foi de laquelle elle avait donné sa main.

sans qu'elle puisse obtenir justice d'un parjure, et forcée ainsi de vivre dans un état qui blesse également les mœurs publiques et sa propre conscience.

On ne conteste pas, sans doute, à l'autorité civile le droit d'établir des empêchements au mariage. La politique, quelquefois plus sévère que la religion, en admet que la religion n'a pas dû connaître.

La loi, en France, par exemple, faisait un empêchement au mariage du défaut de consentement des parents, consentement dont la discipline du concile de Trente fait un conseil, un devoir, et non une nécessité légale; et je crois qu'en Espagne, où la discipline du concile de Trente était reçue, le consentement des parents n'est reconnu nécessaire que depuis quelques années. L'Église pouvait aussi accorder des dispenses pour des degrés de parenté, prohibés aujourd'hui par nos lois. Et qu'on ne s'étonne pas de cette contradiction apparente entre la religion et la politique : la religion est universelle, la politique n'est que locale. La religion, destinée à se répandre chez tous les peuples, et même chez des peuples naissants, où la population est un besoin, a dû laisser au mariage toutes les facilités qui sont compatibles avec la loi naturelle ; tandis que la politique de chaque État, faisant à un peuple particulier l'application de ce principe, a pu, a dû même restreindre cette facilité, lorsqu'une population surabondante, rapprochant les hommes, les familles et les sexes, a forcé de placer l'intérêt des mœurs avant tout autre intérêt.

Ainsi nul doute que l'autorité politique ne puisse, pour l'intérêt public, celui des familles et de l'État, prohiber le divorce en permettant la séparation, et faire d'un premier lien, contracté par deux personnes actuellement vivantes, un empêchement formel et *dirimant* à un second mariage.

Mais y a-t-il des raisons suffisantes pour légitimer cet acte de la puissance civile? Voilà la question.

Il y a, en faveur de l'indissolubilité du lien conjugal, des raisons prises de la nature même physique de l'homme, des raisons prises dans sa nature morale, des raisons tirées de la loi civile, des raisons tirées des considérations politiques.

Nous parcourrons rapidement ces différents motifs.

1° La fin du mariage n'est pas les plaisirs de l'homme, puisqu'il les goûte hors du mariage.

La fin du mariage n'est pas seulement la production des enfants, puisque cet effet peut avoir lieu sans le mariage.

Mais la fin du mariage est à la fois la production de l'enfant et sa conservation; conservation qui, en général, n'est pas assurée sans le mariage et hors le mariage; et, dans ce mot *conservation*, j'entends la conservation morale et physique, le soin de l'éducation de l'enfant comme celui de sa vie.

La fin du mariage est donc la perpétuité du genre humain, qui se compose, non des enfants produits, mais des enfants conservés. On parle de population que le divorce favorise, et l'on ignore que si l'union des sexes favorise la population dans un pays inhabité, la seule société des époux maintient et accroît la population chez une nation formée; et que le divorce, là où le législateur a l'imprudence d'en introduire ou d'en maintenir la faculté, détruit autant de familles qu'il fait naître d'enfants. Les peuplades sauvages, où tous les individus se marient, sont faibles et misérables, et chez les peuples civilisés, où les besoins de la société condamnent au célibat une partie nombreuse de la nation, l'État est populeux et florissant.

La femme par le divorce n'est pas moins opprimée que l'enfant.

Dans cette société, les mises ne sont pas égales; l'homme y place sa force, la femme sa faiblesse. Les résultats, en cas de dissolution, ne sont pas égaux, puisque l'homme s'en retire avec toute son indépendance, et que la femme n'en sort pas avec toute sa dignité, et que de tout ce qu'elle y a porté, pureté virginale, jeunesse, beauté, fécondité, considération, fortune, elle ne peut reprendre que son argent.

2° Raisons morales. Ici, messieurs, permettez-moi de vous adresser les paroles que, citoyen obscur et proscrit, j'adressais, il y a quinze ans, à des législateurs moins dignes que vous de les entendre; j'en adoucirai quelques traits qui heureusement ne conviennent plus au temps où nous sommes. « La loi, dites-vous, n'ordonne pas le divorce. »

« Législateur, leur disais-je, chez un peuple peu avancé dans les arts, la « tolérance du divorce est sans danger, parce qu'elle est sans exemple; à « cet âge de la société, l'homme ne voit dans sa femme que la mère de ses « enfants et la gouvernante de sa maison; son amour pour elle est de l'es- « time, et l'amour de la femme pour son époux est du respect. La chas- « teté, la virginité même sont un honneur, et tous ces raffinements de « sensibilité, qui présentent un sexe à l'autre sous des rapports de jouis- « sance personnelle et d'affections sentimentales sont inconnus à leur sim- « plicité. Mais lorsqu'une société en est venue à ce point que les folles « amours de la jeunesse, aliment inépuisable des arts, sont devenus sous « mille formes l'entretien de tous les âges, lorsque l'autorité maritale y est « une dérision, et l'autorité paternelle une tyrannie; lorsque des livres ob- « scènes partout étalés, vendus ou loués à si vils prix qu'on pourrait croire « qu'on les donne, apprennent à l'enfant ce que la nature ne révèle pas « même à l'homme fait..... Lorsque la nudité de l'homme, caractère dis- « tinctif de l'extrême barbarie, s'offre partout à nos regards dans les lieux « publics, et que la femme elle-même, vêtue sans être voilée, a trouvé « l'art d'insulter à la pudeur sans choquer les bienséances; lorsque la re- « ligion a perdu toutes ses terreurs et que des époux philosophes ne voient « dans leurs infidélités réciproques qu'un secret à se taire mutuellement, « ou peut-être une confidence à se faire, tolérer le divorce, c'est légaliser « l'adultère, c'est conspirer avec les passions de l'homme contre sa raison, « et avec l'homme lui-même contre la société. Après cela, fondez des *Ro- « sières* pour récompenser la vertu des filles, faites des idylles pour chanter « la félicité des époux, accordez des primes à la fécondité, et mettez des « impôts sur le célibat : et vous verrez, avec tous ces moyens philosophi- « ques, les désordres de la volupté croître avec le dégoût du mariage, et « nos mœurs devenir, s'il est possible, aussi faibles que vos lois. »

Alors, messieurs, le divorce était permis même pour *incompatibilité* d'humeur; depuis il a été entouré de plus d'obstacles. Mais il ne s'agit pas de rendre le divorce difficile, il faut rendre le mariage honorable, et ne pas ajouter à toutes les causes de corruption qui agissent si puissamment dans une société avancée, cette provocation à l'inconstance naturelle à l'homme et dont l'indissolubilité du lien conjugal doit être le remède.

3° Mais si le divorce est en morale une source de corruption, il est aux yeux de la loi civile un acte d'injustice, et je peux le dire, cette raison parut démonstrative au célèbre jurisconsulte, feu M. Portalis, à la prière de qui celui qui a l'honneur de parler devant vous, messieurs, traita alors la question du divorce.

« Le pouvoir civil n'intervient dans le contrat d'union des époux, que « parce qu'il y représente l'enfant à naître, seul objet social du mariage, « et qu'il accepte l'engagement qu'ils prennent en sa présence et sous sa « garantie de lui donner l'être. *Dans les sociétés ordinaires*, disait le rap- « porteur du projet, présenté au conseil d'État, *on stipule pour soi; dans « le mariage, on stipule pour autrui.* Le pouvoir y stipule donc les intérêts « de l'enfant, puisque la plupart des clauses matrimoniales sont relatives à « la survenance des enfants, et que même il accepte quelquefois certains « avantages particuliers, stipulés d'avance en faveur d'un enfant à naître, « dans un certain ordre de naissance ou de sexe, et, ministre du lien qui « doit lui donner l'existence, il en garantit la stabilité qui doit assurer sa « conservation.

« L'engagement conjugal est donc réellement formé entre trois per- « sonnes présentes ou représentées, car le pouvoir public qui précède la « famille et qui lui survit, représente toujours dans la famille la personne « absente, soit l'enfant avant sa naissance, soit le père après sa mort.

« L'engagement formé entre trois, ne peut donc être rompu par deux, « au préjudice du tiers, puisque cette troisième personne est, sinon la pre- « mière, du moins la plus importante; que c'est à elle seule que tout se « rapporte, et qu'elle est la raison de l'union sociale des deux autres. Le « père et la mère qui font divorce sont donc réellement deux forts qui s'ar- « rangent pour dépouiller un faible; et le pouvoir public qui y consent est « complice de leur brigandage. Cette troisième personne ne peut, même « présente, consentir jamais à la dissolution de la société qui lui a donné « l'être, puisqu'elle est *mineure* dans la famille, même lorsqu'elle est « majeure dans l'État, par conséquent, toujours hors d'état de consentir « contre ses intérêts et à son préjudice : et le pouvoir civil qui l'a repré- « sentée, pour former le lien de la société, ne peut plus la représenter « pour le dissoudre, parce que le tuteur est donné au pupille, moins « pour accepter ce qui lui est utile que pour l'empêcher de consentir à ce « qui lui nuit. »

4° Les raisons politiques de l'indissolubilité du lien conjugal sont prises dans une théorie dont les bornes d'un rapport ne permettent pas le développement; mais il suffira de dire que telle est l'identité des principes et de la constitution de la société domestique et de la société publique; telle, par conséquent, l'analogie de nos idées sociales, que les pensées, les sentiments et les habitudes que fait naître l'indissolubilité de la monarchie domestique, conduisent naturellement aux pensées, aux sentiments, aux habitudes qui défendent et conservent l'indissolubilité, ou, ce qui est la même chose, la *légitimité* de la monarchie politique. Toutes les doctrines qui ont affaibli l'une ont attenté à l'autre; partout où le lien domestique a été dissous, le lien politique a été rompu ou relâché : la démocratie politique, qui permet au peuple, partie faible de la société politique, de s'élever contre le pouvoir, est la compagne nécessaire de la faculté du divorce, véritable démocratie domestique, qui permet aussi à la partie faible de s'élever contre l'autorité maritale, et d'affaiblir ainsi l'autorité paternelle; et pour retirer l'État des mains du peuple, comme dit Montesquieu, il faut commencer par retirer la famille des mains des femmes et des enfants.

Et ne croyez pas, messieurs, que ce soit la religion ou les peuples catholiques qui demandent seuls l'indissolubilité du lien conjugal; de vives réclamations se sont élevées dans le sein même de la Réforme. La question de l'abolition du divorce fut mise en délibération au parlement d'Angleterre, il y a quelques années, et l'évêque de Rochester, répondant à lord Mulgrave, avança que sur dix demandes en divorce, pour cause d'adultère, car on ne divorce pas en Angleterre pour d'autres motifs, il y en avait neuf où le séducteur était convenu d'avance avec le mari de lui fournir des preuves de l'infidélité de sa femme. Le même orateur remarqua que les hommes qui s'étaient montrés, en Angleterre, les plus indulgents pour le divorce, avaient été les partisans les plus outrés de la démagogie française. « En Angleterre, dit M. Malville, au nom de la cour de cassation : « le divorce était devenu si abusif, que quoique les frais d'un pareil acte « et d'une telle procédure soient énormes, cependant l'abondance de l'or « et la corruption des mœurs rendaient les adultères et les divorces si fré- « quents, qu'en 1779, ils excitèrent la sollicitude du parlement, et qu'il « y eut des avis, particulièrement celui du duc de Richmond, pour abolir « entièrement le divorce. On se contenta, cependant, d'y mettre de nou- « velles entraves. On défendit à l'homme et à la femme adultères de se ma- « rier avant un an; mais l'expérience a prouvé que ce remède ne remplis- « sait pas son objet, et dernièrement encore on a vu des plaintes se renou- « veler, à ce sujet, au parlement. »

Enfin, des écrivains protestants se sont eux-mêmes élevés contre la faculté du divorce; madame Necker, entre autres, dans un traité écrit sur cette question, admire la doctrine de l'Église catholique sur le mariage; et D. Hume, dans son 18e Essai, dit formellement : « L'exclusion de la poly- « gamie et du divorce fait suffisamment connaître l'utilité des maximes de « l'Europe, par rapport au mariage. »

Vous regretterez sans doute, messieurs, que la sévérité de vos règlements ne vous permette pas de rendre aux mœurs un hommage éclatant, en votant par acclamation l'abrogation de la faculté du divorce, et qu'il vous soit interdit de traiter cette loi désastreuse, comme les coupables de notoriété publique que la justice met *hors la loi*, et qu'elle condamne au dernier supplice sur la seule identité.

Hâtons-nous donc, messieurs, de faire disparaître de notre législation cette loi faible et fausse qui la déshonore, cette loi, fille aînée de la philosophie qui a bouleversé le monde et perdu la France, et que sa mère, honteuse de ses déportements, n'essaye plus même de défendre; cette loi, repoussée par la conscience du plus grand nombre, désavouée par les mœurs de tous, et dont ceux à qui elle est permise par leurs dogmes n'usent pas plus que ceux à qui elle est défendue; loi si faible et si fausse, que les législateurs qui l'ont portée, en voulant qu'elle fût possible, ont cherché à la rendre impraticable, et en l'entourant de difficultés et d'obstacles, n'ont pas craint de la flétrir à l'instant même qu'ils la proposaient. Les anciens, dans un état imparfait de société, plus avancés dans la culture des arts que dans la science des lois, ont pu dire : Que peuvent les lois sans les mœurs? *Quid leges sine moribus vanæ proficiunt?* Mais lorsque l'État, parvenu aux derniers confins de la civilisation, a pris un si grand empire sur la famille, et que le pouvoir public a envahi, ou peu s'en faut, tout le pouvoir domestique, il faut renverser la maxime et dire : Que peuvent les mœurs sans les lois qui les maintiennent ou même contre les lois qui les dérèglent? Osons le dire, l'État n'a de pouvoir sur la famille que pour en affermir le lien et non pas pour le dissoudre, et si l'État détruit la famille, la famille à son tour se venge et mine sourdement l'État. Je le disais au gouvernement qui pesait alors sur notre malheureuse patrie :

« Hélas, nous ne vous contestons pas le droit terrible d'anéantir nos fa-« milles en sacrifiant à la défense de l'État ceux que la nature destinait à « les perpétuer, et que nous avions élevés dans une autre espérance; mais « nous vous disputons le droit de les corrompre en y détruisant l'autorité « du mari, la subordination de la femme, la dépendance des enfants, et « en nous ôtant ainsi, contre la dépravation publique, l'asile des vertus « domestiques : et, puisqu'il faut le dire, on n'a que trop entretenu les « peuples du devoir de réclamer leurs droits, et on ne leur a jamais parlé « du devoir sacré de défendre leurs vertus.

« Législateurs, vous avez vu le divorce amener à sa suite la démagogie, « et la déconstitution de la famille précéder celle de l'État. Que cette expé-« rience ne soit perdue ni pour votre instruction ni pour notre bonheur. « Les familles demandent des mœurs, et l'État demande des lois. Renfor-« cez le pouvoir domestique, élément naturel du pouvoir public; et consa-« crez l'entière dépendance des femmes et des enfants, gage de la con-« stante obéissance des peuples.

« Pendant vingt ans les hommes, en France, ont fait des lois faibles et « passagères comme eux. Déclarez enfin ces lois éternelles que les hommes « ne font pas, et qui font les hommes; commandez-nous d'être bons et « nous le serons. Un peuple qui a tout enduré est capable de tout recevoir. « Songez que l'âge auquel la société est parvenue ne permet plus ces lois « faibles et les molles complaisances qui ne conviennent qu'à son en-« fance. Malheur et honte au gouvernement qui voudrait faire rétrograder « l'homme social vers l'imperfection du premier âge; il élèverait l'édifice « de la société sur le sable mouvant des passions humaines, et il sèmerait « le désordre, pour laisser aux générations suivantes des révolutions à re-« cueillir. »

Et nous, messieurs, dont un grand nombre est au moment de voir terminer, et peut-être pour toujours, une carrière à peine commencée, laissons du moins dans la loi fondamentale de l'indissolubilité du lien conjugal, un monument durable d'une existence politique si fugitive. Si le temps nous a manqué pour remplir une mission que nous avions reçue, que nous avions acceptée, résignés à en atteindre le terme, nous aurons du moins posé la première pierre, la pierre angulaire de l'édifice, que d'autres plus heureux achèveront de reconstruire.

Premiers confidents des malheurs sans nombre que l'invasion étrangère a attirés sur notre pays, et ministres des sacrifices rigoureux qu'elle lui impose, nous nous ferons pardonner par nos concitoyens cette douloureuse fonction ; nous en serons soulagés à nos propres yeux, si nous avons le temps de laisser plus affermies la religion et la morale.

Je propose qu'il soit fait une respectueuse adresse à Sa Majesté, pour la supplier d'ordonner que tous les articles relatifs à la dissolution du mariage et au divorce, qui sont contenus aux chapitres 7 et 8 du titre V, et dans les chapitres 1, 2, 3, 4, 5 du titre VI, soient retranchés du Code civil.

La proposition faite par M. de Bonald, tendant à l'abolition du divorce, et en faveur de laquelle M. de Trinquelagues, député du Gard, avait fait, le 19 février 1816, un rapport très-étendu au comité secret, fut soumise à l'appréciation de la Chambre des députés dans la séance du 27 avril 1816. Comme la discussion à laquelle donna lieu cette grave question est très-courte, nous la reproduisons textuellement. Voici d'abord le rapport présenté, au nom de la commission, par M. de Corbière, qui s'exprime ainsi :

Vous êtes enfin appelés à purger notre législation d'un principe pernicieux que la révolution y avait introduit, à révoquer une loi née du désordre et destinée à le perpétuer, qui ne répugnait pas moins aux mœurs publiques qu'à la religion de l'État, et dont vous avez provoqué l'abrogation, comme l'un des premiers vœux et des plus pressants besoins de la France.

Votre première discussion a complétement éclairci et la question principale et les questions subsidiaires qui s'y rattachent nécessairement ; elle a préparé suffisamment la décision définitive qu'il vous reste à rendre. D'après toutes les lumières que cette discussion vous a fournies, vous n'attendez pas de moi de nouveaux efforts pour fixer votre opinion, que vous avez depuis longtemps exprimée. Le projet de loi présenté au nom du roi se retrouve tout entier dans la résolution que vous avez prise les premiers ; mais votre résolution avait plus d'étendue, et proposait d'autres mesures que celles qui sont actuellement adoptées.

Nous nous bornerons à prévenir deux difficultés qu'il nous a semblé qu'on pourrait faire contre le projet. On pourrait dire, d'une part, qu'il ne contient pas tous les objets que présentait la première résolution; secondement, que les dernières dispositions du projet pourraient paraître rétroactives.

Vous avez demandé, en effet, la révision de la loi sur la séparation de corps et de biens, objet très-incomplétement traité dans le Code, et rejeté à la suite des chapitres très-longs et très-détaillés sur le divorce.

M. de Bonald vous avait présenté cette opinion au mois de novembre; on croyait alors avoir le temps de s'occuper de cette révision nécessaire; mais il faut pour cela une maturité et une sage lenteur que ne peut plus comporter la fin prochaine que vous avez droit d'espérer de votre session. Quant à la prétendue rétroactivité, elle consiste à interdire le divorce aux époux unis sous l'empire de la loi qui le permettait.

Dans tout ce qui est contrat de mariage, et en général dans tout ce qui concerne l'état des personnes, les citoyens demeurent toujours soumis aux lois telles qu'elles peuvent être successivement rendues. On n'a jamais élevé de difficulté à cet égard. Sans sortir de la matière, lorsque la loi de 1792 a été rendue, elle a, sans la moindre difficulté, régi les mariages antérieurement contractés. Si un époux, refusant le divorce, eût invoqué contre l'autre le statut matrimonial de l'époque de leur mariage, une pareille exception n'aurait pas été accueillie. Ainsi, il ne pourrait y avoir le vice de rétroactivité sérieusement opposé.

Une autre difficulté consiste en ce que l'article 3 propose d'interdire la faculté de divorce aux époux, même lorsqu'ils ont un jugement *qui statue sur les causes de divorce, et qui les admet.* On objecte que les jugements constituent un droit acquis et n'en confèrent pas un nouveau. Mais il n'en est pas ainsi lorsqu'il s'agit d'un divorce. Le jugement ne fait qu'accorder la faculté à l'époux demandeur de faire prononcer son divorce par l'officier de l'état civil, *s'il le juge convenable*, et la loi même fixe un délai pour accorder à la partie le temps d'une nouvelle délibération. La prononciation par l'officier de l'état civil ne peut donc être assimilée à l'exécution ordinaire d'un jugement.

Ainsi, à moins que le divorce n'ait été consommé, le mariage subsiste: la loi que vous allez rendre trouve les époux dans l'état du mariage, elle ne réagit point.

C'est d'après ces considérations, que votre commission vous propose l'adoption pure et simple du projet présenté.

On demande à aller aux voix.

D'AUTRES. — L'impression et l'ajournement.

M. LE PRÉSIDENT. — S'il ne s'agissait pas d'un objet qui a déjà fixé votre attention, si vous n'aviez pas délibéré sur cet objet, et si le gouvernement vous proposait autre chose que ce que vous avez décidé vous-mêmes, je crois que vous ne pourriez éviter un ajournement avant de passer à la délibération; mais, dans la Chambre de 1814 et dans celle-ci, il y a eu des occasions où vous avez délibéré sur-le-champ, lorsqu'il s'agissait de projets sur lesquels vous aviez déjà voté. Ce n'est point une obligation que votre règlement vous donne, mais c'est une faculté qu'il vous laisse; c'est à la Chambre à décider.

On demande à aller aux voix.

M. BLONDEL D'AUBERS. — Il me semble, messieurs, qu'on nous engage à nous hâter pour la confection d'une loi, comme s'il s'agissait de prendre les armes pour repousser une attaque ennemie. La loi a été présentée hier; le rapport est fait aujourd'hui, et l'on voudrait que dans cette séance la Chambre discutât et votât de suite : n'est-ce pas trop précipiter une telle délibération? n'est-ce pas se priver de la réflexion, de la méditation nécessaire: n'est-ce pas même manquer aux convenances? S'il s'agissait d'une loi due à un mouvement d'enthousiasme et de sentiment, tout ce qui la retarderait en affaiblirait l'influence et le pouvoir. Mais la loi proposée se tait sur des questions bien importantes. Par exemple, les personnes actuellement divorcées pourront-elles se remarier? Voilà une des nombreuses questions qui s'élèvent à la lecture du projet. Je demande l'impression et l'ajournement à lundi.

M. VOYSINS DE GARTEMPE. — On vous parle de l'usage de l'ancienne Chambre des députés, de votre propre usage. Je pense, messieurs, que, quelle que soit la source de la proposition, que la pensée du roi ait précédé la vôtre ou l'ait suivie, la question est la même. Le roi a toujours l'initiative, et il n'y a qu'une manière de délibérer, la Charte, les formules. L'article 65 de votre règlement dit que les rapports des commissions seront imprimés et distribués; et dans une question de cette importance, il doit être suivi. Je suis certainement d'avis d'abolir le divorce; mais, parmi les dispositions dont il s'agit, il y en a de nature à être examinées mûrement. Nous avions adopté une disposition qui n'était que la déclaration d'un principe; et ce n'est que la confirmation du même principe qu'on nous représente; et nous espérions qu'on nous présenterait un projet de loi complet sur la matière. Mais on ne reproduit que l'objet que nous avions délibéré. Je demande que le rapport soit imprimé et la discussion ajournée à lundi, afin que chaque membre puisse proposer les additions qu'il jugera nécessaires.

M. TRY. — M. le président a, je ne dis pas établi, mais prouvé qu'en délibérant la Chambre ne violera point son règlement. La loi qu'on vous propose ne fait que consacrer le principe émis par vous-mêmes, et cela après une longue et sérieuse discussion; mais, dit-on, la loi n'est pas complète : il en faudra une autre. M. le rapporteur a déjà répondu à cette objection. Les dispositions qu'on peut désirer comme développements du projet présenté recevront leur place dans la loi complète qui vous sera présentée, mais qui ne peut l'être dans cette session, relativement à la séparation de corps et de biens, à l'ordre, à la marche à suivre, aux effets qui doivent résulter de cette séparation. Quant au principe de l'abolition du divorce, il n'y a pas de division; nous sommes tous d'accord. Le mal fait des progrès, je dois vous le déclarer, et les fonctions que j'exerce à Paris m'en donnent malheureusement la preuve. Le scandale se propage. Il y a des personnes abusées qu'une prolongation de délai ne peut que mettre dans une fausse position. La loi proposée est un véritable bienfait; hâtez-vous de l'accorder à la nation et à la morale publique.

M. LE CONSEILLER D'ÉTAT DE BLAIRE, commissaire du roi. — Messieurs, en vous présentant la loi du divorce, il était inutile d'en développer les motifs, puisqu'elle est née, pour ainsi dire, dans le sein de cette Chambre.

Usant de la faculté que vous accorde l'article 19 de la Charte, vous avez pris l'initiative sur une question qui intéresse si essentiellement la religion, la morale et l'ordre social, en suppliant le roi de proposer une loi sur l'abolition du divorce.

Depuis longtemps l'opinion publique s'était prononcée contre cette institution créée dans des temps dont nous voudrions tous perdre le souvenir.

Depuis longtemps le roi désirait que la loi du divorce fut effacée du Code civil, aussi Sa Majesté s'est empressée de prendre en considération le vœu des Chambres, et elle vous propose en ce moment une loi qui est, en quelque sorte, la copie littérale de votre résolution.

Après l'excellent rapport qui vient de vous être présenté au nom de votre commission, je n'ai rien à ajouter. Vous êtes tous pénétrés, messieurs, de la nécessité de faire cesser le scandale des divorces, de prononcer sur toutes les demandes actuellement pendantes, de consacrer enfin le principe salutaire qui assure des père et mère aux enfants, des citoyens à l'État, le repos à toutes les familles.

La loi proposée atteint donc le but moral; c'est tout ce qu'il est possible de faire en ce moment. Le mal s'opère promptement; on le répare lentement.

Cette loi exigera sans doute un développement dans l'intérêt des familles, que les effets et les suites des divorces ont si douloureusement froissé.

Il faudra sans doute déterminer les cas où la séparation de corps pourra avoir lieu. L'article 306 du Code civil demande un commentaire. Il faudra régler les effets de la séparation soit par rapport aux époux eux-mêmes soit par rapport aux enfants. Ce sont des dispositions indiquées par votre résolution.

La morale et la politique demandent la suppression de l'article 295 du Code civil, afin d'ouvrir une porte au repentir et de rapprocher des époux égarés.

Cette loi demande à être méditée : est-ce au moment du prochain ajournement des Chambres qu'il est possible de s'en occuper.

Dans l'intervalle entre les deux sessions, on pourra se livrer à ce travail et le présenter aux Chambres au moment de leur réunion. Chacun de vous, messieurs, apportera le tribut de ses lumières et de ses réflexions, et cette partie de notre législation, qui a toujours été très-imparfaite, éprouvera les améliorations qu'amènent toujours le temps et l'expérience. Mais vous jouirez, messieurs, de la gloire d'avoir consacré un principe régénérateur, d'avoir rendu au mariage sa dignité et le repos à toutes les familles. C'est une des plus douces récompenses de vos travaux, de votre zèle et de votre dévouement.

On demande de toutes parts à aller aux voix.

La Chambre, consultée, décide qu'elle délibérera sur-le-champ.

M. le président demande alors si quelque membre veut prendre la parole.

Personne ne se lève.

M. le président donne lecture du projet de loi, et le met aux voix : il est adopté sans opposition.

On procède à l'appel nominal pour le scrutin sur le projet de loi ; en voici le résultat :

Il y avait 236 votants : il s'est trouvé 225 boules blanches et 11 boules noires.

M. le président proclame l'adoption de la loi.

Cette grave question fut discutée à la Chambre des pairs dans la séance du 12 avril 1816. Voici le rapport présenté par M. de Lamoignon, au nom de la commission spéciale chargée d'examiner le projet de loi, la discussion qui en suivit la lecture, et l'adoption de ses conclusions :

Messieurs, dit M. de Lamoignon, depuis longtemps l'opinion publique a flétri le divorce ; il appartenait à un gouvernement qui ne veut s'appuyer que sur les bonnes mœurs de le faire entièrement disparaître de notre législation.

Dès l'an VIII, le gouvernement consulaire, voulant réunir en un seul corps de lois celles que nos assemblées avaient faites sur toutes les matières, ordonna la confection d'un Code civil. On choisit, pour le rédiger, une commission composée des hommes les plus recommandables par leur morale et par leur doctrine. C'est du travail de cette commission, discuté ensuite au conseil d'État, qu'est sorti le Code civil. A cette époque, il était impossible de supprimer le divorce ; on s'occupa seulement de diminuer le nombre des motifs sur lesquels on pourrait en former la demande. De toutes les causes de divorce qui avaient été adoptées par la loi du 20 septembre 1792 on en retrancha quatre. Ainsi il ne fut plus permis aux époux de s'opposer :

L'incompatibilité d'humeur,

La démence,

L'absence de cinq ans sans nouvelles,

Et l'émigration.

Dans ce nouvel état de choses, il y eut deux sortes de divorce :

Le divorce pour causes déterminées,

Et le divorce par consentement mutuel.

Le divorce pour causes déterminées dut être nécessairement motivé par une des trois causes suivantes :

1° L'adultère de la femme, accompagné de scandale et prouvé par des écrits émanés d'elle ; et celui du mari qui tient sa concubine dans la maison commune ;

2° Les sévices, attentats ou mauvais traitements habituels, qui rendent la vie insupportable à l'une des parties ;

3° Enfin la diffamation publique.

Voilà l'état où se trouve maintenant notre législation; on vous propose d'en faire disparaître entièrement tout ce qui est relatif au divorce.

Parmi les objets qui tiennent essentiellement à l'État et à la religion, le mariage occupe sans contredit le premier rang.

Dans nos temps de délire, l'opinion égarée n'y attacha plus la même importance. L'Assemblée nationale, qui pouvait faire tant de bien, et qui a fait tant de mal, l'Assemblée nationale avait dit : *La loi ne considère le mariage que comme un contrat civil.* C'était, pour ainsi dire, déclarer qu'il cessait d'être indissoluble; mais nos habitudes et nos mœurs en disposaient autrement.

Il faut le dire, messieurs, l'indissolubilité du mariage est une des plus belles institutions qui existent sur la terre. C'est elle qui assure l'état et l'éducation des enfants; c'est elle qui attache les parents à leur famille et les citoyens à leur patrie; c'est elle enfin qui donne des mœurs à la société, et l'humanité lui doit ses plus doux sentiments.

Quel mal ne cause pas la loi qui favorise le divorce; si elle affaiblit le respect filial, et si elle refroidit l'amour paternel, ces premiers fondements de l'ordre public et particulier, il faut que le mariage soit un lien indestructible; il faut qu'il soit d'une éternelle durée pour que l'imagination y attache toute l'importance qui lui est nécessaire; s'il pouvait se rompre, les hommes ne seraient plus tentés de lui faire tous les sacrifices qu'il commande, et pourtant le respect filial, l'ordre dans la société, la responsabilité des parents, sont la suite des biens qui résultent de son indissolubilité. Si vous souffrez le divorce, la chaîne se rompt dès les premiers pas, car le divorce détruit nécessairement le respect filial. Il serait à désirer pourtant que des époux, véritablement malheureux, pussent se dérober à leur infortune; mais les lois ne sont pas faites pour les exceptions, et telle est l'imperfection des institutions humaines, que leurs modifications, avec quelque soin qu'on les combine, exigent même des sacrifices.

Chez les anciens, et particulièrement chez les Romains, le divorce était un châtiment. Chez nous, il n'a été qu'une simple convention.

Les Romains se vengeaient de leurs femmes coupables de deux manières : ou par la mort réelle, ou par la répudiation, espèce de mort civile. Ainsi les femmes étaient chez eux soumises en même temps et à la peine de mort, ce qui les assimilait aux esclaves; et à la peine du blâme, ou plutôt de l'opprobre, qui ne peut convenir qu'à des personnes libres.

Mais quel rapport pourrait-on trouver entre le divorce reçu chez les Romains et celui que nous avions adopté? L'un était une loi d'esclavage; l'autre n'a été qu'une loi d'audace et de licence. A Rome, le divorce était le gardien de la pudeur; en France, il en a été le corrupteur. La loi du divorce, telle qu'on nous l'avait faite, était à la fois contraire au bonheur des époux, à celui des enfants, et à la pureté des mœurs domestiques. Il faut honorer le mariage, au lieu d'en favoriser la dissolution; il faut l'honorer, parce qu'il est le lien d'union entre l'intérêt de l'homme et l'intérêt de la société.

Il est donc certain que le divorce est contraire à l'affection conjugale;

il est certain qu'il provoque l'inconstance; qu'il empêche de bien assortir les mariages; qu'il est souvent une source d'injustice; et qu'enfin il est contraire au bonheur des époux, au bonheur des enfants, au bonheur des familles, aux bonnes mœurs, et par conséquent à la population.

La séparation de corps, a dit quelque part un de nos nobles collègues, est bien moins nuisible que le divorce; les époux séparés n'en surveillent pas moins leurs enfants; les époux divorcés sont par cela même hors d'état de remplir à leur égard les devoirs dont la nature les a chargés : une nouvelle femme, un nouveau mari, rebutent et éloignent les enfants. C'est cependant pour les enfants que le mariage a été établi, et c'est surtout leur intérêt qu'il faut considérer dans toutes les questions relatives au mariage.

La séparation de corps laisse toujours une porte ouverte à la réconciliation. Une rencontre fortuite, l'isolement où se trouvent des époux habitués à vivre ensemble, surtout l'aspect des enfants communs, peuvent faire répandre autour d'eux les pleurs du repentir et ceux de la pitié.

Le divorce, au contraire, ferme toute issue à cette réconciliation si désirable; il ne laisse après lui que les remords et les regrets.

Tous ces motifs ont déterminé votre commission à vous proposer d'adopter la loi qui vous est présentée, sauf de très-légers changements, qui ne serviront qu'à rendre sa rédaction plus claire et son esprit plus facile à saisir.

Je v avoir l'honneur de vous en donner lecture :

« LOUIS, PAR LA GRACE DE DIEU, ROI DE FRANCE ET DE NAVARRE,

« Voulant rendre au mariage toute sa dignité dans l'intérêt de la reli-
« gion, des mœurs, de la monarchie et des familles, et, prenant en con-
« sidération le vœu qui nous a été manifesté par les Chambres,

« Nous avons ordonné et ordonnons ce qui suit :

« Art. 1er. Le divorce est aboli.

« Art. 2. Toutes demandes et instances en divorce pour causes détermi-
« nées sont converties en demandes et instances en séparation de corps.
« Les jugements et arrêts non exécutés par la prononciation du divorce
« sont restreints aux effets de la séparation. »

A ces mots : *Non exécutés par la prononciation du divorce*, qui ne nous ont pas paru assez clairs, nous vous proposons de substituer ceux-ci :

Restés sans exécution par le défaut de prononciation de divorce par l'officier civil, conformément aux articles 227, 264, 265 *et* 266 *du Code civil, sont restreints*, etc.

« Art. 3. Tous actes faits pour parvenir au divorce par consentement
« mutuel sont annullés. Les jugements et arrêts en ce cas non suivis de la
« prononciation du divorce sont considérés comme non avenus. »

Nous vous proposons d'ajouter à cet article, toujours pour la plus grande clarté de la loi :

Les jugements et arrêts rendus en ce cas, mais non suivis de la prononciation du divorce, sont considérés comme non avenus, conformément à l'article 294.

Vous voudrez bien remarquer, messieurs, que la loi qui vous est présentée est absolument conforme à la résolution que vous avez prise.

On demande l'impression du rapport qui vient d'être entendu; cette impression est ordonnée.

Le ministre, chargé de soutenir la discussion du projet de loi, déclare, au nom de Sa Majesté, qu'il adopte les deux amendements proposés par le rapporteur de la commission.

Plusieurs membres demandent en conséquence la mise aux voix de ce projet.

Elle est ordonnée par la Chambre.

Un de MM. les secrétaires fait, aux termes du règlement, une nouvelle lecture de la loi proposée. Chacun de ses articles est ensuite relu avec les amendements tendant à modifier la rédaction du 2e et du 3e.

La Chambre, consultée, adopte provisoirement le premier article dans les termes du projet.

le deuxième et le troisième sont adoptés, moyennant l'amendement de rédaction proposé sur chacun d'eux.

M. le président annonce qu'il va être voté au scrutin sur l'adoption définitive du projet modifié.

Avant d'ouvrir le scrutin, il désigne, par la voie du sort, deux scrutateurs pour assister au dépouillement des votes.

Les scrutateurs désignés sont :

M. le marquis de Mortemart,

Et M. le duc de Bellune.

On procède au scrutin dans la forme accoutumée. Le nombre des votants était de 110. Sur ce nombre, réduit à 109 par la nullité d'un bulletin, le projet modifié réunit 97 suffrages. Son adoption est proclamée, au nom de la Chambre, par M. le président.

Cette abolition du divorce, qui ne laissait plus aux époux malheureux que la ressource de la séparation de corps, rendait nécessaire, indispensable, une loi nouvelle sur la séparation de corps. Rien n'est, en effet, plus immoral que ce relâchement du lien conjugal qui, comme on l'a dit, le laisse trop souvent subsister, à la honte des époux, et contre leur intérêt, qui fait des maris et des femmes des veufs et des veuves, se détestant mutuellement au lieu de se regretter. La séparation de corps, d'ailleurs, n'empêche pas les enfants d'être ceux du mari; elle n'élève même pas un doute à cet égard. Elle ne peut donc être regardée que comme un palliatif; et lorsqu'on proposait la loi abolitive du divorce, on comprenait si bien qu'il restait une lacune à combler, et qu'il était, indispensable de faire une nouvelle loi, que le conseiller d'État de Blaire, commissaire du roi, déclarait à la Chambre des députés, dans sa séance du 27 avril 1816, qu'il faudrait déterminer par une loi nouvelle les cas où la séparation de corps pourrait avoir lieu et donner un commentaire à l'article 306.

« Dans l'intervalle entre les deux sessions, avait dit M. le commissaire du roi, on pourra préparer ce travail, et le présenter aux Chambres, au moment de leur réunion. Chacun de vous, messieurs, apportera le tribut de ses lumières et de ses réflexions, et cette partie de notre législation, qui a toujours été très-imparfaite, éprouvera les améliorations qu'amènent toujours le temps et l'expérience. »

C'est en présence de cette déclaration du commissaire du roi que fut votée la loi du 8 mai 1816, abolitive du divorce. Mais la loi promise ne fut pas présentée, et l'on se trouva dans cette situation étrange d'être obligé d'appliquer à la séparation de corps les articles du code qui déterminent les causes du divorce, situation qui, du reste, s'est continuée jusqu'à présent, et qui paraît devoir durer encore ; car il n'est pas question de proposer une loi nouvelle sur la séparation de corps.

Après la révolution de juillet, plusieurs propositions ont été faites pour le rétablissement du divorce. La première fut présentée à la Chambre des députés par M. de Schonen qui, dans la séance du 19 août 1831, la développa dans le discours suivant :

Messieurs, je viens développer les motifs qui m'ont porté à vous proposer l'abrogation de la loi du 8 mai 1816, et le rétablissement du Code civil en matière du divorce. Je serai aussi court que possible. Je crois n'avoir pas besoin d'un long commentaire à l'appui de ma proposition.

La Restauration était atteinte d'un vice incurable : elle en avait la conscience. C'était la superposition, sur le sol, de princes inconnus à la génération, ennemis de sa gloire et de sa liberté. La défaite nous les ramena en 1814 ; en 1815, ce fut l'étranger qui les imposa comme gage de sécurité pour lui, d'affaiblissement pour nous.

Pour ne pas tomber, ils s'appuyèrent sur une force matérielle, *la Sainte-Alliance*, et ils cherchèrent une force morale, *la légitimité*. Ce principe demande la station des esprits, repousse tout progrès ; il est inconciliable avec la dignité de l'homme. Seul il ne pouvait lutter contre la raison : on le sentit, et une autre alliance fut essayée avec le sentiment religieux des masses. La religion catholique fut déclarée la religion de l'État. Dès lors on prépara l'invasion du dogme dans le domaine de la loi. Elle fut prévue, annoncée, elle était nécessaire.

On commença par abolir le divorce aux acclamations d'une Chambre aussi peu française qu'elle était peu philosophe.

Ce n'était pas même un dogme qu'il s'agissait de faire triompher, ce n'était pas même un point de doctrine; c'était seulement une règle de discipline, axée par les conciles et adoptée pour l'Église catholique d'Occident, ainsi que le démontra vainement l'illustre Lanjuinais, ce qu'atteste la Pologne catholique, où le divorce est reçu. N'importe, le divorce n'avait pas lieu en France avant la révolution : il fut abrogé; et il le fut pour toutes les consciences, qu'elles fussent juives, mahométanes, protestantes; bien qu'un évêque déclarât dans la Chambre des pairs que les exigences de sa foi n'allassent pas jusque-là. Tout dut se soumettre devant la suprématie de la religion de l'État, dont les principes devenaient loi de l'État.

C'est ainsi qu'on devait procéder pour arriver plus tard à la loi du sacrilége.

Messieurs, le soleil de juillet a lui. Nous avons recouvré notre indépendance à l'étranger; à l'intérieur, nous devons rentrer dans la plénitude de nos droits d'hommes et de citoyens. Voilà les véritables conséquences de juillet, sur lesquelles nous ne pouvons jamais être divisés, parce qu'elles reposent sur des faits positifs et des besoins réels, et non sur de vagues spéculations, sur des conjectures plus ou moins heureuses, et dont l'accomplissement ne dépend de personne, pas même de ceux qui les forment.

Ainsi, messieurs, pour nous, hommes de la révolution de Juillet, l'origine de la loi de 1816 et son but suffiront pour en provoquer dès aujourd'hui l'abrogation.

Mais, cette loi abrogée, le divorce n'en est pas pour cela virtuellement rétabli; il faut donc vous proposer, par un second article, son rétablissement formel, les cas et les règles d'après lesquels il sera prononcé.

Messieurs, pour obéir à ma conscience, rassurer d'honorables scrupules, et pour qu'on ne pût pas donner à une opinion grave un but qu'elle ne saurait avoir, je me hâte de le déclarer hautement : L'indissolubilité du lien est le principe même du mariage, sans lequel il n'y aurait ni mariage, ni famille, et cela, abstraction faite de toute idée religieuse, et à plus forte raison, de tout sacrement.

Et malgré les paroles célèbres d'un philosophe du dernier siècle (Diderot), qui prétend qu'un serment éternel ne peut se prêter sous un ciel qui change, sur un autel qui tombe, par deux êtres qui doivent se quitter; je crois, au contraire, qu'il est de l'homme de promettre et de tenir, de vouloir au delà de lui-même: de placer cette volonté en face de sa faiblesse et de son inconstance, et de la faire triompher des infirmités de la nature. Voilà l'homme, l'homme moral, levant la tête vers le ciel, en même temps qu'il présente un bras fort et une main fidèle à la chaste compagne de son choix.

L'indissolubilité du lien tient à l'essence du contrat. Remarquez que les parties qui y stipulent ne sont pas les plus intéressées; d'autres êtres doivent y intervenir, et la garantie de leur bonheur, que dis-je? souvent de leur existence, repose sur la durée de ce lien.

Et cependant j'admets le divorce, car je ne veux pas le malheur des pères en contemplation du bonheur des enfants; encore s'il pouvait s'obtenir à ce prix! Mais les enfants deviendront pères à leur tour, et c'est ce qu'il ne faut pas oublier.

Et cependant j'admets le divorce, et je dis à l'orateur du gouvernement, qui présentait la loi au Corps législatif (M. Treilhard) : Le divorce est un mal, mais un mal nécessaire ; c'est un remède à des maux plus grands encore, lequel d'ailleurs respecte le principe d'indissolubilité. Le divorce ne vient proclamer légalement la rupture que lorsqu'elle est consommée de fait. C'est une exception qui, loin de la détruire, confirme la règle; car elle a pour but d'épurer le mariage et d'en rehausser l'honneur.

La séparation de corps, messieurs, ne peut empêcher le divorce. On l'a déjà dit, rien n'est plus immoral que ce relâchement du lien conjugal qui le laisse trop souvent subsister à la honte des époux et contre leur intérêt, qui fait des veufs et des veuves aux femmes et aux maris, se détestant mutuellement au lieu de se regretter, et qui met une vaine fiction à la place de la sainteté du devoir. La séparation de corps, d'ailleurs, n'empêche pas les enfants d'être ceux du mari, elle n'élève pas même un doute à ce sujet. Ce n'est qu'un palliatif qui favorise, au lieu de le réprimer, le désordre des mœurs, et dont on ne peut tolérer l'usage qu'en faveur de ceux dont les opinions religieuses repoussent le divorce.

Il faut bien le reconnaître, messieurs, le législateur ne peut pas rester insensible aux malheurs de la faible humanité. Des unions ont pu être légèrement contractées, les parents des époux, les époux eux-mêmes se tromper dans leur choix. Faut-il qu'ils soient à toujours les victimes d'un instant d'erreur? Des liens plus heureux ne peuvent-ils plus se former pour eux? Ne seront-ils jamais pères? Ou bien l'un des époux est coupable, et alors sera-ce l'innocent qui souffrira du crime de l'autre? Car, messieurs, telle est la question : l'un sera libre, il aura foulé aux pieds tous ses devoirs; l'autre enchaîné par sa vertu ne pourra jamais sortir d'esclavage.

Une considération plus grave encore : c'est le cri des époux. Ouvrez les greffes criminels, parcourez les archives depuis celles de la pénitencerie romaine jusqu'aux arrêts de nos cours d'assises. Lisez seulement la feuille quotidienne consacrée à nos tribunaux, et vous aurez une idée de l'urgence et de la nécessité de la mesure que je vous propose.

Le divorce est un besoin de la société actuelle; c'est ce qu'atteste énergiquement cette foule croissante de pétitions qui encombrent vos bureaux, et, si vous me permettez de le dire, une correspondance soudaine qui depuis ma proposition est survenue de tous les côtés pour m'apporter des conseils et des remercîments.

Le principe du divorce admis, quels seront les cas où il sera prononcé et les règles qui lui seront appliquées? Ici deux voies à prendre, si ce n'est même une troisième. Est-ce le régime de la loi de 1792, ou celui du Code civil, ou un régime nouveau qu'il faut choisir?

La loi du 20 septembre 1792 est jugée par les fruits qu'elle a portés; l'incompatibilité d'humeur ou de caractère, l'abandon d'un drapeau pendant deux ans, la démence, l'émigration étaient autant de causes de divorce. L'indissolubilité du lien n'était plus le principe, grâce à la loi et à une jurisprudence relâchée, mais l'exception; et l'homme, au lieu d'être obligé de faire un appel à la loi pour la briser, n'en faisait plus qu'un à ses passions. Aussi elle était tombée dans un discrédit tel, que qui se respectait et en avait le plus besoin n'osait plus y recourir.

Le Code civil, promulgué en 1803, loin de dissoudre ce qui devait rester uni, et par exemple de punir le malheur de la démence comme une faute personnelle, n'a prononcé le divorce que comme une peine infligée à celui qui l'a provoqué. Ainsi le divorce n'aura lieu que pour l'adultère de la femme, celui du mari qui aura tenu sa concubine dans la maison conjugale, des excès, des sévices ou injures graves, la condamnation de l'un des époux à une peine infamante, enfin un consentement mutuel et persévérant de leur part.

Il est impossible de ne pas reconnaître la sagesse du législateur dans le choix de ces cas déterminés de divorce, et de ne pas les admettre comme lui. Quant au consentement mutuel, qui paraît au premier coup d'œil une déviation du principe d'indissolubilité, il est facile de prouver le contraire. Le législateur a senti qu'il y avait des malheurs intérieurs, des situations intimes qui rendaient la vie commune insupportable, et dans lesquels il ne pourrait entrer. D'un autre côté, il a senti que certains préjugés sociaux ne permettraient pas à quelques personnes de recourir aux tribunaux pour cause déterminée : il a voulu secourir le malheur, le malheur honteux de se produire et d'autant plus malheur; et il s'est dit : J'environnerai ce consentement de telles précautions, je le soumettrai à de telles formalités gênantes, à des inconvénients si graves pour la fortune des époux, que le magistrat en prononçant dans ce cas le divorce sollicité, ne courra pas le risque de satisfaire un caprice, mais qu'il cédera à une nécessité impérieuse reconnue par les époux, par leurs parents, et que le temps aura même consacrée.

Ainsi le divorce par consentement mutuel ne peut être demandé par un mari mineur de vingt-cinq ans et une femme de vingt et un. Il n'est admis qu'après deux ans de mariage, plus après vingt ans, point lorsque la femme a quarante-cinq ans. Il faut qu'il soit autorisé par les pères et mères des époux, par leurs ascendants vivants.

Un an d'épreuve est exigé. Les époux divorcés ne peuvent se remarier qu'après trois ans écoulés depuis le divorce prononcé; et s'ils ont des enfants, à leur majorité ils sont obligés de leur abandonner la moitié de leur bien. Certes, messieurs, ces conditions sont sévères, et je crains plutôt que l'on n'accuse la rigidité que la faiblesse du législateur, bien justifiée au surplus par le tableau des désordres qu'il avait sous les yeux.

N'attendez pas de moi que j'insiste davantage sur les sages dispositions du Code, sur les formes de la procédure, les fins de non-recevoir qu'il a admises; je ferais injure à vos souvenirs et à vos lumières. Tous, vous vous rappelez le beau discours de M. Treilhard, chargé d'exposer les motifs de la loi : je ne pourrais que répéter ce qu'il a dit, car je ne puis le dire auss bien.

Ici, messieurs, se présente la dernière question : Est-ce le cas de faire des modifications au Code ou de le rétablir tel qu'il était, tel qu'il nous a régi pendant douze années? Cette dernière proposition est la mienne, et je vous avoue que je craindrais d'en faire une autre. Le titre VI du livre 1er du Code, *Du Divorce*, est un système tout entier, parfaitement d'accord avec lui-même, mûri dans le silence, accueilli et gardé avec l'approbation générale des tribunaux du royaume.

Je ne veux pas courir le risque d'en troubler l'harmonie par un de ces amendements improvisés, dont plus tard on sentira peut-être la nécessité, mais dont je ne veux pas à l'avance charger ma responsabilité. Mon but est d'effacer un des stigmates de la Restauration, et de revenir à une législation rationnelle et philosophique. Mais là je m'arrête. D'autres, plus hardis et plus éclairés que moi, pourront faire ce que je n'ose pas. L'occasion leur profitera.

Cependant, il faut le dire, une lacune m'a été signalée dans ma proposition. L'article 310 du Code porte : « Lorsque la séparation de corps, prononcée pour toute autre cause que l'adultère de la femme, aura duré trois ans, l'époux, qui était originairement défendeur, pourra demander le divorce au tribunal, qui l'admettra, si le demandeur originaire, présent ou dûment appelé, ne consent pas immédiatement à faire cesser la séparation. »

Cet article, fondé sur la défaveur méritée dont le législateur frappait la séparation de corps, aurait un singulier résultat par le rapport de la loi abrogative du divorce, car en accordant aux défendeurs, c'est-à-dire aux parties condamnées le droit de faire convertir la séparation en divorce, elle le refuserait aux demandeurs qui ont gagné leur procès, et qui, pendant tout le temps de l'existence de la loi de 1816, n'ont pu user que de la séparation de corps, le seul moyen que leur donne la loi; ce serait injuste, ce serait absurde. Si vous prenez, messieurs, ma proposition en considération, elle sera renvoyée à l'examen d'une commission, et un amendement d'une facile rédaction fera cesser cette disparate née du conflit de deux législations contraires,

Nous avons, messieurs, la liberté politique autant que nous sommes capables d'en jouir *quant à présent*.

C'est maintenant vers les applications qu'il faut nous diriger. Elles doivent surtout avoir pour but notre existence intérieure, le bien-être moral et physique de toutes les classes, opulentes comme pauvres. Les dernières ne sont pas les seules à améliorer, et l'amélioration des classes opulentes ne saurait rester étrangère aux classes inférieures.

Il faut parvenir à jouir de la liberté comme on jouit de la santé, de la vie, sans s'en apercevoir, sans s'en féliciter : et pour cela nous qui vivons moins sur la place publique que les anciens, occupons-nous sérieusement, moralement, de l'intimité du foyer domestique. Nous y trouverons amour de l'ordre, dédain de l'ambition et mépris de la calomnie.

M. LE PRÉSIDENT. — M. Taillandier a la parole pour appuyer la prise en considération.

DE TOUTES PARTS. — Personne ne s'y oppose! aux voix! aux voix!

M. TAILLANDIER renonce à la parole.

(La prise en considération est mise aux voix et adoptée.)

A la séance du 26 novembre 1831, M. Odilon Barrot, au nom de la commission chargée d'examiner la proposition de M. de Schonen, présenta à la chambre des Députés le rapport suivant :

Messieurs, dit-il, votre commission s'est livrée à l'examen de la proposition de l'honorable M. de Schonen sur le divorce. Elle s'est également occupée du renvoi que vous lui avez fait de diverses pétitions relatives aux mariages entre les beaux-frères et les belles-sœurs. Je viens vous faire connaître son opinion sur ces deux importantes questions.

Il est quelques dispositions de notre droit civil qui sont plus ou moins liées à l'ordre politique, et qui en ont subi les influences et les vicissitudes. De ce nombre est le divorce.

On s'est occupé du divorce en France à toutes les grandes phases de notre révolution : en 1792, au milieu de cette fièvre de philosophie et de liberté qui semblait vouloir ramener l'homme à l'état de nature ; en l'an V de la république, lorsque se manifesta au sein du corps législatif une réaction contre l'excès du principe réformateur de la révolution ; en l'an XI, lorsqu'un gouvernement réparateur, et cependant encore libre, s'occupa consciencieusement de jeter dans un Code civil les fondements de notre nouvelle société ; enfin, en 1816, lorsque la Restauration appela à son aide, à défaut du sentiment national, les croyances d'un culte, et dut faire au dogme religieux de ce culte le sacrifice des institutions civiles qui le contrariaient.

Et nous aussi, messieurs, à la suite de notre nouvelle révolution, nous sommes appelés à nous occuper de cette grande et importante question du divorce. Nous nous défendrons cependant dans cet examen de toute réaction contre le passé. Nous ne pensons pas qu'une question de droit civil qui touche à nos intérêts, à nos affections les plus intimes, doive être appréciée comme une mesure de circonstance, et sous l'influence des passions du moment. On a pu, en 1816, emporter l'abolition du divorce comme une victoire sur l'impiété et sur la révolution : pour nous, messieurs, ce n'est pas une victoire sur le droit divin de la Restauration que nous nous proposons de remporter ; c'est une œuvre de raison calme et de réflexions que nous venons vous soumettre. Nous avons apprécié le divorce en lui-même, dans ses seuls rapports avec le bonheur et la moralité des hommes et avec l'intérêt social. C'est aussi sous ce seul point de vue que vous l'envisagerez.

Jamais question n'a soulevé plus de débats, n'a été traitée par des hommes plus éminents, n'a été soumise à plus d'expériences successives, expériences assez rapprochées de nous pour être bien appréciées.

Cependant la commission éprouve le regret de ne pouvoir mettre sous vos yeux un tableau exact des divorces qui ont été prononcés depuis la promulgation du Code civil jusqu'à la loi du 8 mai 1816, et des séparations de corps ordonnées sous l'empire de cette dernière loi. Elle aurait voulu aussi pouvoir vous faire connaître combien de réunions d'époux se sont opérées après les séparations de corps; combien de condamnations pour attentat d'un époux sur son conjoint ont été prononcées, aux diverses époques où le divorce était, ou en vigueur, ou aboli. Du rapprochement de ces divers résultats aurait certainement jailli une nouvelle lumière sur la question qui nous occupe. Ce n'est malheureusement que depuis que la statistique des jugements criminels a été dressée, et c'est plus récemment encore que cette utile innovation a été étendue aux jugements civils. De toutes les sciences, la plus utile, la plus indispensable pour des législateurs, c'est celle des faits; car ce sont les faits qui seuls doivent motiver la loi et fonder sa puissance. A défaut de tableaux statistiques, une sorte de notoriété nous suffira peut-être pour apprécier les résultats positifs qu'a eus sur la société, soit l'établissement, soit l'abolition du divorce.

« Avant tout examen ultérieur, nous avons à apprécier un scrupule qui, s'il était fondé, devrait faire rejeter tout d'abord la proposition de notre collègue, M. de Schonen. Serait-il vrai que le rétablissement du divorce blesserait le principe de la liberté des cultes, et ferait violence à des croyances qui sont celles de la majorité des Français?

« Reconnaissons-le, disait le rapporteur de la loi du 8 mai 1816 (M. de « Trinquelagues), le Code peut être purgé de la souillure du divorce, sans « que la liberté assurée au culte protestant puisse être blessé; et, au con- « traire, le divorce ne peut être maintenu *sans porter la plus cruelle at-* « *teinte au culte catholique.*

Cette assertion est tranchante; mais est-elle vraie?

Si nous nous reportons aux dispositions du Code civil qui ont précédé l'établissement du divorce, nous y trouvons l'assertion positivement contraire, de la part d'hommes dont le témoignage n'est pas sans quelque autorité : les Portalis, les Tronchet, les Treilhard. Tous s'accordent en ce point que, bien loin de croire blesser le principe de la liberté des cultes, c'est surtout par respect pour ce principe qu'ils ont cru devoir proposer l'introduction du divorce dans notre législation civile.

« Nous avons cru qu'il ne fallait pas prohiber le divorce parmi nous « (disaient les membres de la commission chargée de rédiger le projet de « Code civil, MM. Portalis, Tronchet, Malleville, Bigot-Préameneu), parce « que nos lois seraient trop contradictoires avec les cultes qui l'autori- « sent, et qu'elles ne pourraient espérer, pour les hommes qui professent « ces cultes, de faire du mariage un lien plus fort que la religion même.

« Le véritable motif (ajoutait M. Portalis) qui oblige les lois civiles d'ad- « mettre le divorce, c'est la liberté des cultes. Il est des cultes qui auto- « risent le divorce; il en est qui le prohibent. La loi doit donc le permettre, « afin que ceux dont la croyance l'autorise puissent en user. » (M. Portalis, séance du 14 vendémiaire an X. V. Locré.)

« C'est pour nous (disait Treilhard dans son exposé des motifs au Corps

« législatif), pour un peuple dont le pacte social garantit à chaque individu « la liberté du culte qu'il professe, et dont le Code ne peut par conséquent « recevoir l'influence d'une religion particulière, que la question s'agite. « Cette question doit donc être discutée, abstraction faite de toute idée « religieuse. Elle doit cependant être décidée de manière à ne gêner en « rien aucune conscience. Il serait injuste de forcer le citoyen dont la con- « science repousse le divorce *à user de ce remède; il ne le serait pas « moins de le refuser, quand il est compatible avec la croyance de celui « qui le sollicite.* »

Il vous sera facile, messieurs, au milieu de ce conflit d'assertions contraires, de reconnaître où est la justice et la vérité.

La loi du divorce laisse au catholique la ressource de la séparation de corps, et par conséquent ne l'oblige pas, même indirectement, à user du divorce : tandis que la loi abolitive du divorce ne laisse au protestant aucune espèce de ressource légale pour faire ce que sa religion lui permet. Dans ce cas, il ne s'agit pour le catholique que de s'abstenir d'user de la loi; dans l'autre, il s'agit pour le protestant de la subir dans une rigueur que sa conscience désavoue. Il est impossible d'apercevoir une violation de la liberté des cultes dans une loi qui, non-seulement n'oblige aucun citoyen, soit directement, soit indirectement, à s'associer à un autre culte que le sien, ce qui serait intolérable ; mais qui ne l'astreint même pas à faire dans l'ordre civil une chose qui répugnerait à sa conscience religieuse, ce que les gouvernements doivent éviter autant que possible, mais ce qu'ils sont cependant quelquefois obligés d'exiger dans l'intérêt de leur propre conservation.

Ainsi, la loi a pu et pourrait encore interdire le divorce, même au protestant dont le culte l'admet, s'il était reconnu que le divorce est dangereux pour l'ordre social; elle ne commettrait pas en cela un attentat à la liberté religieuse, parce que, dans l'ordre civil, le législateur ne peut être enchaîné d'une manière absolue par les préceptes de tel ou tel culte ; à bien plus forte raison, n'y a-t-il pas violation de cette liberté à l'égard du catholique, auquel la loi qui rétablit le divorce ne prescrit rien, n'interdit rien.

Nous sommes bien éloignés cependant de rejeter le secours et la force que les croyances religieuses peuvent apporter aux lois, surtout dans ces actes de la vie civile qui, comme le mariage, établissent une lutte entre le devoir et des penchants naturels, qui n'ont par conséquent pas trop de la double sanction de la loi et de la conscience religieuse. Nul doute qu'il y aurait avantage à ce que les croyances et les lois fussent, à l'égard de ces actes, en parfaite harmonie.

Mais cet accord parfait, cette identité entre la loi civile et la loi religieuse, qui ferait que l'une s'arrêterait au point précis où l'autre s'arrêterait aussi, que l'une ne permettrait que ce que l'autre permet, ne défendrait que ce que l'autre défend, est-il toujours possible?

Les lois religieuses sont nécessairement immuables; les lois civiles sont variables et progressives. Ce que les unes ont dû régler à toujours et pour l'éternité, subit pour les autres l'influence du temps et des nécessités sociales. C'est là une première cause de désaccord qui se manifeste sur presque toutes ces questions mixtes, heureusement très-rares dans la religion chrétienne, que la loi religieuse et la loi civile règlent simultanément.

Ensuite, les mêmes sujets sont envisagés par la loi religieuse et par la loi civile sous deux points de vue tout à fait différents, et dans des prévisions diverses, ce qui rend de plus en plus difficile leur identité. L'une ne voit, ne poursuit que la pureté de la conscience individuelle et le bonheur d'une autre vie; l'autre se propose pour but l'intérêt social, et le bien-être de tous sur cette terre. L'une peut pousser ses prescriptions et ses défenses jusqu'à l'absolu de la plus grande perfectibilité humaine: car elle se borne à donner des conseils, et n'a au moins dans cette vie, qu'une sanction morale; l'autre est obligée de s'arrêter à la limite que l'intérêt de la société et la possibilité d'être obéie lui imposent.

Enfin, la loi religieuse ne régit qu'une croyance; elle n'a pas à s'occuper des autres croyances, auxquelles elle n'a par conséquent à faire aucune concession : la loi civile, au contraire, régit tous les membres de la société; elle est obligatoire pour tous ; c'est une mère commune qui doit s'accommoder aux besoins et même aux infirmités de tous ses enfants. Sa mission, comme son devoir, est d'adopter de préférence les dispositions qui lui permettent de garder la neutralité entre les croyances diverses qui sont sous sa tutelle.

Comment s'étonner, après cela, de la discordance que nos lois civiles offrent avec le dogme catholique, sur certaines matières, telles que les prescriptions, le prêt à intérêt, et spécialement le divorce? Cette discordance était naturelle et presque inévitable.

La loi religieuse, en effet, ne considérant le divorce que dans l'ordre purement moral, le proscrit comme un péché, comme une souillure de la conscience intime, comme une offense à la divinité, qui a formé elle-même par son ministre le lien conjugal. La loi civile ne peut, au contraire, l'envisager que d'une manière relative, comme un fait social que le temps et la civilisation, la diversité des croyances, la population, et mille autres causes purement humaines, peuvent modifier.

On ne peut pas même dire qu'il y ait, à proprement parler, une contradiction véritable entre le Code civil et le dogme catholique, alors que l'un permet et l'autre prohibe le divorce. M. Portalis expliquait très-justement que « la religion et la morale prennent l'homme là où la loi civile « cesse de le régir; que l'une poursuit le désordre dans le fond des cœurs; « l'autre se contente d'arrêter les désordres extérieurs. Il faut en con- « clure, comme lui, qu'il n'y a réellement pas plus de discordance, entre « les lois civiles et les lois religieuses, sur la question du divorce, qu'il ne « peut y en avoir sur toutes les autres questions morales, seulement les « unes vont plus loin que les autres, et cela est inévitable. »

Pour faire régir le divorce uniquement et exclusivement par tel ou tel dogme religieux, il aurait fallu faire sortir le mariage de l'ordre civil, l'enlever au domaine de la loi, ne le considérer que comme un sacrement assujetti, dans son essence, dans ses effets, dans ses conditions, aux seuls préceptes de la religion. Alors, il eut été parfaitement conséquent de repousser le divorce, par cela seul que le sacrement ne l'admettait pas.

Telle était bien la prétention du parti qui, sous la Restauration, s'efforçait de théocratiser nos institutions politiques et civiles ; mais au lieu de commencer par abolir le divorce, il eût été beaucoup plus logique de débuter par rendre l'état civil aux prêtres, et de faire des prêtres les seuls ministres du mariage, et de la sanction religieuse, le seul lien conjugal. C'est, au reste, ce que demandait un pair ecclésiastique à la chambre des pairs, lors de la discussion de la proposition de M. de Bonald. « L'abolition du divorce, disait-il, est insuffisante. L'Église ne reconnaît, entre « ses enfants, de mariage indissoluble que celui qui est contracté d'après « ses lois ; autoriser les mariages dissolubles, c'est perpétuer le divorce ; « il faudrait donc, en supprimant le divorce, revenir aux sages principes « consacrés par l'ordonnance de Blois, qui ne reconnait de mariage valide « que le mariage célébré par le curé des parties contractantes. » Il présenta un amendement conforme à ses vues.

Ce pair avait du moins le mérite d'être parfaitement conséquent avec ses principes ; mais dans l'état de notre législation civile, où le mariage est un acte de la vie civile, régi par la seule loi civile, proscrire le divorce, par pure obéissance au dogme religieux de tel ou tel culte, ce serait une haute inconséquence.

En résumé, nous respectons le dogme religieux dans tout son empire sur les consciences ; nous l'acceptons même comme un auxiliaire utile dans l'ordre civil ; mais nous ne voulons, nous ne pouvons pas l'ériger en loi absolue, et l'imposer au pays, en faisant abstraction de l'intérêt social et des croyances religieuses.

Ces principes rendaient sans importance les recherches auxquelles nous aurions pu nous livrer sur le dogme lui-même ; nous n'examinerons donc pas devant vous les différentes versions admises sur le texte de l'Évangile. Nous ne recherchons pas si l'Église primitive n'autorisait pas le divorce, et si, lors de la grande scission entre l'Église d'Orient et l'Église d'Occident, l'interprétation première de l'Évangile n'a pas prévalu et ne s'est pas conservée dans toute l'Église grecque. Ces circonstances ne peuvent plus exercer aucune influence sur votre décision, si vous reconnaissez comme nous la nécessité de ne vous occuper du divorce que dans ses rapports avec l'ordre civil, et si vous n'avez à vous déterminer que par des considérations purement humaines et sociales.

Mais, même dans cet ordre d'idées, la difficulté n'en reste pas moins très-grande et tout à fait digne de vos méditations.

En effet, si dans le dogme religieux l'indissolubilité du mariage est consacrée, comme la conséquence de l'intervention de la Divinité dans la formation d'un lien conjugal, cette indissolubilité peut, dans l'ordre purement civil, être aussi réclamée comme une garantie de la pureté du mariage, de sa durée, et des heureux effets que la société en attend pour le bonheur, la sécurité et la force de l'État.

Et qu'on ne dise pas, comme le portait le préambule de la loi de 1792, que toute idée d'indissolubilité et de perpétuité doive être repoussée de nos lois civiles, comme contraire à la loi naturelle. La liberté naturelle ne saurait être distincte et indépendante de la sociabilité, qui est aussi un des attributs de notre nature. Nous avons été créés libres et sociables ; et c'est avec ces deux éléments, la liberté et la sociabilité, que nous pouvons accomplir cette noble mission de perfectionnement humain que nous avons à remplir dans ce monde. Ne séparons donc jamais, et moins en cette matière de mariage qu'en toute autre, les droits de la liberté, des conditions de la sociabilité.

Toute la question se concentre donc, à nos yeux, en ce point : l'indissolubilité absolue du mariage exclusive de tout divorce pour quelque cause que ce soit, est-elle indispensable pour que le mariage produise tous les effets que la société a le droit d'en attendre, soit sous le rapport de la pureté des mœurs, soit sous celui de l'union et de la conservation des familles ?

Nous nous trouvons encore à cet égard combattus par les assertions les plus contraires : les uns proclament que le divorce, par cela seul qu'il offre aux époux l'éventualité d'une dissolution du mariage avec faculté d'en former un nouveau, est un véritable encouragement à tous les désordres intérieurs, une sanction légale à ces mêmes désordres. « On ne se plie pas, disent-ils, aux exigences d'une position qu'on peut changer ; bien loin de se résigner à subir tous les inconvénients de l'union conjugale, on se les exagère par la pensée même que l'on peut y mettre un terme. L'inconstance, le besoin de changer est malheureusement de notre nature. Pourquoi la loi civile, au lieu de réprimer fortement cette disposition en imprimant au mariage le caractère de la perpétuité, s'en rend-elle complice en lui promettant satisfaction ? Et puis, le mariage une fois dissous, que deviennent les malheureux enfants ? Leur père et leur mère ont contracté d'autres nœuds et d'autres affections. Les auteurs de leurs jours vivent encore, et il sont déjà orphelins. Ainsi les bonnes mœurs, l'union des familles, l'intérêt des enfants, tout repousse l'idée du divorce comme une institution funeste dans son principe, funeste dans ses effets. »

D'autres publicistes et moralistes, au contraire, avec toute l'autorité de la plus haute vertu, ont soutenu que le divorce devait être établi dans le double intérêt des mœurs et des familles. Ce n'est pas le divorce qui produit la corruption dans les mœurs, s'accordent-ils à dire, mais ce sont des causes tout à fait indépendantes, telles que les mauvaises institutions politiques, qui favorisent l'oisiveté, proscrivent le travail, qui établissent une trop inégale répartition des richesses, qui dégradent les esprits et les cœurs en leur enlevant l'aliment de la vie politique et intellectuelle, et les condamnant à chercher dans les jouissances physiques et dans la sensualité, un principe de vie et d'activité que le patriotisme et les sentiments généreux ne leur fournissent pas. La corruption des mœurs résulte aussi de circonstances purement physiques : la grande agglomération des populations sur un même point, la nature sédentaire de leurs occupations, la difficulté de satisfaire aux besoins de la vie, l'influence du climat, et mille
mblables, peuvent agir sur les mœurs. Le divorce, lorsque toutes
s de corruption se réunissent, est un remède au mal qui préexiste,

mais n'est pas le mal lui-même. Il est faux que le divorce provoque le désordre par la perspective du mariage; l'adultère est un crime qui se consomme dans l'aveuglement et la furie des passions, mais qui se concilie peu avec les calculs et les combinaisons d'une union légitime, bien éventuelle; union qui, si l'adultère est prouvé, devient même légalement impossible. Le divorce apporte, au contraire, un terme au divorce domestique, en permettant de nouvelles unions qui le font cesser, ou qui du moins font que les causes générales de corruption ne se combinent pas avec des incompatibilités individuelles.

Quant aux enfants, leur intérêt est compromis dès que le désordre s'introduit dans un ménage : leur intérêt moral, par les mauvais exemples qu'ils reçoivent; leur intérêt de fortune, par les dissipations qui en sont ordinairement la suite. Le mal est fait, soit que ces désordres amènent un divorce, soit qu'ils amènent une simple séparation, soit même que les époux continuent à vivre ensemble. Seulement, dans ce dernier cas, le désordre peut se prolonger et s'aggraver. Dans le second, le désordre est, en quelque sorte, légalisé par le jugement; il se perpétue sous la garantie de la justice et de la société; tandis que dans le premier cas, celui du divorce, le désordre vient s'absorber et se perdre dans un mariage nouveau qui permet au moins aux deux époux de s'honorer dans la nouvelle position qu'ils se sont faite, et d'y conserver l'estime publique et la considération de leurs enfants. Le divorce est donc favorable aux bonnes mœurs, il arrête les désordres et les empêche de se propager; il est favorable aux enfants, et aux rapports de moralité qui doivent exister entre eux et les auteurs de leurs jours. Il doit donc être adopté comme une disposition en quelque sorte nécessaire.

C'est, messieurs, entre des opinions aussi tranchées que vous avez à faire votre choix. La majorité de votre commission a pensé que toute loi humaine présentait une somme d'avantages et d'inconvénients; que la sagesse du législateur ne pouvait consister qu'à juger de quel côté penche la balance.

Si la faculté du divorce existait sans condition pour l'un ou l'autre des époux, et sur ses simples allégations, le mariage serait altéré dans son essence même. Ce ne serait plus qu'une union fortuite qui n'aurait plus de garantie que dans la persistance de la volonté des époux, et qui se confondrait bientôt avec le concubinage, dont il ne différerait que par de vaines formes. Aussi votre commission n'a-t-elle pas même eu la pensée de vous proposer le rétablissement de la loi du 20 septembre 1792, qui reconnaissait pour cause de divorce la simple incompatibilité d'humeurs, ou, en en d'autres termes, la répudiation réciproque. Nous avons pensé qu'il ne pouvait s'élever de débat sérieux qu'entre le système du Code civil et celui de la loi du 8 mai 1816; et c'est aussi dans ces limites que vous restreindrez sans doute la discussion.

Le système du Code civil nous a paru préférable à la loi du 8 mai 1816, comme offrant une conciliation heureuse entre les imperfections de notre nature, et la nécessité d'assurer au mariage, sinon l'indissolubilité absolue, au moins une intention de perpétuité. Votre commission a été frappée de cette considération, que les lois pour être obéies, ne doivent pas faire une violence trop absolue à notre nature, qui sait toujours se venger du despotisme des lois, soit par le crime qui est une réaction violente, soit par la corruption qui est une protestation lente et successive contre ce despotisme. La loi civile qui dit à deux époux : le lien qui vous unit est indissoluble, quelles que soient les circonstances dans lesquelles vous soyez placés ; alors même que le lit conjugal aura été souillé par les plus sales débauches, alors que le pain de vos enfants aura été prodigué pour alimenter l'adultère, alors que dans le délire de sa passion, l'un de vous aura attenté à la vie de l'autre, et que, saisi dans son crime par les ministres de la loi, il aura été flétri de l'infamie, vous resterez toujours unis ! Votre supplice durera jusqu'à votre dernier jour, et ce supplice sera un supplice de tous les instants. Votre cœur sera flétri, votre vie empoisonnée ; la misère et le vice, les maladies viendront assiéger votre foyer, et vainement vous demanderez à la loi de briser le lien qu'elle a formé, elle sera pour vous sans pitié?... Eh bien, cette loi est une loi violente contre laquelle la nature protestera toujours. Dans certains cas, ce sera le crime qui sera l'instrument de cette révolte de la nature, nos annales criminelles en font foi : dans d'autres, et ce sont les plus nombreux, ce seront le vice et la corruption qui, se jouant des prescriptions légales, substitueront avec scandale à l'union légitime, l'union adultère.

Ne vaut-il pas mille fois mieux que la loi, plus rapprochée de notre imperfection humaine, abandonne quelque chose de ses rigueurs, et qu'elle se départe d'un absolu qui enfante le crime ou propage la corruption?

Le dogme religieux lui-même, qui peut aller bien plus loin que la loi civile, puisqu'il ne s'adresse qu'aux consciences, n'a-t-il pas reconnu la nécessité de faire quelques concessions aux passions ? Ne parlons pas de ces nullités si multipliées du mariage qui n'ont servi si souvent qu'à dissimuler de véritables divorces, et qui ne différaient peut-être du système de notre Code civil que par un défaut de franchise. Je ne citerai pas non plus ces exemples fameux dont notre histoire abonde, et qui ont si souvent subordonné la sainteté du mariage à de pures convenances politiques. Je ne veux parler que d'une institution avouée par l'ancienne législation et par le dogme catholique, de la séparation de corps. Je le demande de bonne foi, non à des théologiens ou à des sophistes, mais à des hommes de sens, que reste-t-il du lien conjugal après la séparation de corps? Plus d'intérêt commun, plus de vie commune. Que reste-t-il? le droit, si la femme séparée est coupable, de déshonorer par l'adultère le nom qu'on lui laisse, à donner à un mari outragé des enfants qui ne sont pas de lui ; si la femme séparée est vertueuse, si elle est jeune, la douloureuse perspective d'un isolement éternel, d'un célibat qui ne finira qu'avec la vie. Mais, dites-vous, le mariage subsiste toujours de nom. Cruelle fiction, à laquelle on sacrifie deux existences ! Encore si l'on pouvait espérer que les deux époux se réuniront un jour ! Mais que l'on consulte les archives judiciaires, que l'on compte combien d'époux, après avoir fait prononcer leur séparation de corps, se sont réunis ensuite ; que l'on demande aux hommes de pratique si ces cas de réunion ne sont pas tellement rares qu'on les considère comme une espèce de phénomène. Le mariage n'existe donc plus que de nom, et on appelle cela respecter l'indissolubilité du mariage! C'est un mensonge légal; il peut y avoir interdiction légale aux époux de se remarier; mais certes, il n'y a plus pour eux de mariage dès qu'ils ont été séparés par la justice, à la face du public, et après un débat solennel, qui ne fait que rendre de plus en plus impossible tout rapprochement.

La question reste donc pour les époux ainsi séparés entre la faculté ou la prohibition légale de se remarier. Ainsi posée, la question ne semble plus douteuse. Il a paru évident à la majorité de votre commission que la justice, les bonnes mœurs, la sainteté du mariage, l'intérêt même des enfants, réclament pour les époux que la loi a reconnu la nécessité de séparer, la faculté de contracter une autre union légitime.

La justice; car il y aurait souveraine injustice à punir d'un célibat éternel celui des époux qui, poussé peut-être par le besoin de sa conservation, ou, ce qui est plus impérieux encore, par les sentiments de l'honneur, a dû réclamer les secours de la loi. La société doit secours au malheur : elle ne doit pas le lui faire expier par une peine perpétuelle.

Les bonnes mœurs; car elles ne peuvent qu'être profondément offensées par des séparations qui, à défaut de la possibilité d'une nouvelle union légitime, se convertissent trop souvent en adultères publics et permanents;

La sainteté du mariage; car il ne faut pas introduire dans nos habitudes ces mariages qui ne conservent du mariage que les apparences, et qui ne font que couvrir et légaliser en quelque sorte l'adultère. La séparation, suivie d'un éternel célibat, avait moins d'inconvénients sous l'ancienne législation qu'elle ne peut en avoir sous la nouvelle. Autrefois il restait des couvents toujours prêts à recevoir les femmes, soit que, malheureuses, elles vinssent y chercher un asile volontaire; soit que, criminelles, elles fussent condamnées par la justice à y ensevelir leur honte. Aujourd'hui ces infortunées restent dans la société, environnées de toutes les séductions, s'habituant et habituant les autres au spectacle d'unions illégitimes.

Il est des pays où le dogme religieux constituant la loi elle-même a établi, de la manière la plus absolue, l'indissolubilité du mariage. Ce n'est pas dans ces pays que les mariages sont les plus respectés; ils y sont en quelque sorte purement nominaux, et des unions illégitimes s'y sont emparées de ce que le mariage a de réel et de sérieux. Dans ces pays, le divorce ne sera certainement pas réclamé; il y est sans intérêt. C'est le concubinage qui est devenu le véritable mariage, c'est-à-dire l'union des affections et des existences. Ce qui est déplorable, c'est que les mœurs se sont tellement façonnées à cet état de choses, qu'il n'y a plus dans les cœurs ni indignation, ni réaction contre un tel désordre. Que si la loi moins absolue eût offert aux époux la possibilité d'échapper aux conséquences d'une union mal assortie, par le divorce et par de nouveaux mariages, le mariage eût peut-être recouvré la sainteté et le respect qui lui appartiennent, en recevant un peu de liberté. Le désordre eût au moins paru plus coupable et plus odieux, en perdant l'excuse d'une apparente nécessité.

Relativement aux enfants, ils peuvent avoir deux espèces d'intérêts compromis par la désunion de leurs parents : celui de leur fortune, et il est douteux que cet intérêt soit plus compromis par une séparation et par les désordres qui peuvent en être la suite, que par une union légitime, qui, si, dans certains cas, elle peut diminuer le patrimoine par la survenance de nouveaux enfants, dans d'autres, peut l'augmenter par les éventualités d'une nouvelle alliance. On a vu des parents se remarier dans l'intérêt même de leurs enfants. L'autre intérêt, qui domine de beaucoup l'intérêt de fortune, c'est l'intérêt moral, c'est l'estime que les enfants doivent continuer à porter à leurs parents; c'est l'influence que doivent avoir sur leur éducation et leur avenir de bons exemples. Eh bien! sous ce rapport, il vaut mieux qu'une marâtre entre dans la famille que s'il y entrait une concubine. Il est possible que l'éducation des enfants soit plus sévère dans le premier cas que dans le second; mais ils ne recevront du moins pas des germes de corruption, d'où ils doivent recevoir tous les encouragements et toutes les leçons de moralité.

Ce sont, messieurs, ces considérations puisées dans les plus simples données du bon sens, et fondées sur l'expérience de peuples voisins et sur notre propre expérience, qui ont déterminé la majorité de votre commission à vous proposer de rendre aux époux que la loi s'est vue obligée de séparer, la faculté de contracter une nouvelle union.

Le principe du divorce une fois admis, il ne nous restait plus qu'à en déterminer les causes; et celles qui sont tracées dans les articles 229, 230, 231, 232 du Code civil nous ont paru devoir être conservées. Nous aurions pu cependant désirer quelque chose de plus précis que cette cause puisée dans les excès, sévices, ou injures graves de l'un des deux époux envers l'autre; mais nous avons reconnu que la jurisprudence des tribunaux avait autant que possible remédié au vague de ces expressions, en en restreignant l'acception avec une salutaire sévérité.

Restait la cause de divorce improprement qualifiée *par consentement mutuel;* car le consentement seul des époux ne suffit pas dans nos lois pour motiver le divorce; c'est là surtout que dans les discussions du conseil d'État et du tribunal s'est établie une controverse rendue célèbre par le talent des publicistes qui y ont pris part, La majorité de votre commission s'est encore déterminée en faveur du système du Code civil. Elle a été surtout déterminée par la considération qui avait paru toute puissante aux rédacteurs de ce Code, et qui n'a rien perdu de sa puissance, celle puisée dans la susceptibilité de nos mœurs et dans ce point d'honneur qu'on ne détruirait pas impunément en France.

Aujourd'hui que la presse périodique produit au grand jour, même les débats les plus intimes, il se rencontrerait une répugnance plus vive que jamais à traduire en public des malheurs domestiques; ou si ce sentiment de pudeur venait à être surmonté, la multiplicité des débats plus ou moins scandaleux qu'entraînerait la nécessité de prévenir et de prouver les causes du divorce ne tournerait certainement pas au profit des mœurs publiques.

Il y a d'ailleurs des cas, et ce sont les plus graves, où il est absolument impossible que l'époux dénonce à la justice les attentats dont il est victime, au risque de faire monter sur l'échafaud le père ou la mère de ses enfants. Il fallait donc bien que la loi permît aux époux de cacher les causes réelles du divorce; mais elle a dû aussi multiplier les épreuves de manière à obtenir la presque certitude que le divorce ne sera demandé dans cette forme que lorsqu'il existera des causes tellement graves, que le silence permis à l'époux demandeur est commandé par leur gravité même. Les épreuves longues et successives auxquelles la demande est soumise, la nécessité du consentement persistant, et des deux époux, et de leur famille respective, l'intervention et l'appareil de la magistrature à chacune des épreuves, et surtout le partage de présuccession qui saisit les enfants de la moitié du patrimoine au moment même du divorce, toutes ces garanties nous ont paru suffisantes, et il ne paraît pas que l'expérience ait démenti pendant près de quinze ans les sages précautions du législateur. Il n'y avait pas, lors de la Restauration, de clameur publique contre le divorce, tel que le Code civil l'avait institué : l'influence irrésistible du dogme religieux et l'entraînement politique en ont seuls déterminé l'abrogation.

C'est, messieurs, cette nécessité sociale du rétablissement du divorce, nécessité que les rédacteurs du Code civil ont reconnue après de longues et solennelles discussions, et de l'avis presque unanime des cours royales consultées à cette époque, que nous venons vous proposer de reconnaître vous-mêmes. C'est vous dire assez que nous ne voyons dans le divorce qu'un remède nécessaire à un désordre malheureusement inséparable de notre nature, et tout en vous proposant de consacrer ce remède par nos lois, nous faisons des vœux bien sincères pour que l'empire des mœurs en prévienne la nécessité et en combatte l'abus.

Du reste, ce retour à notre Code civil, après l'expérience des temps, après un nouvel examen, sera un nouvel hommage à la sagesse de ce grand monument élevé par la raison humaine, et auquel tant de nations ont rendu un si éclatant hommage, sera une nouvelle garantie de la solidité et de la durée de nos lois civiles.

Votre commission a dû aussi étendre son examen sur la séparation de corps, à raison de ses relations intimes avec le divorce.

L'article 310 du Code civil porte : « Lorsque la séparation de corps, pro-« noncée pour toute autre cause que l'adultère de la femme, aura duré « trois ans, l'époux qui était originairement défendeur pourra demander « le divorce au Tribunal, qui l'admettra, si le demandeur originaire, pré-« sent ou dûment appelé, ne consent pas immédiatement à faire cesser la « séparation. »

Devons-nous laisser subsister cette nouvelle cause de divorce, et, dans le cas d'affirmative, ne devons-nous pas faire subir à la procédure de la séparation certaines modifications? Telles sont les deux questions que s'est posées votre commission.

La séparation ne pouvant être prononcée que pour les causes qui déterminent le divorce, on ne s'expliquerait pas cette double voie légale pour arriver au même résultat, si la séparation ne devait être considérée dans nos lois comme une concession faite au culte dont le dogme repousse le divorce ; c'est le divorce des catholiques Mais cette concession ne pourrait elle-même entreprendre sur la liberté des autres cultes, et par cela que l'un des époux serait empêché par ses scrupules religieux de recourir à une voie qui lui permettrait de contracter de nouveaux liens, il ne pouvait en résulter le droit pour cet époux d'imposer d'une manière indéfinie la même prohibition, la même gêne à son conjoint, qui ne partagerait pas ces scrupules. La liberté de l'un ne pouvait être sacrifié à la croyance de l'autre ; et surtout l'intérêt social, qui veut que de nouvelles unions légitimes puissent réparer les malheurs et les désordres des séparations forcées, ne pouvait indéfiniment céder à des convenances privées.

C'est dans cet esprit que l'article 310 du Code civil avait été porté, et nous ne pouvons que vous proposer de le maintenir.

Le délai de trois ans est assez considérable pour que la société ait la garantie que les époux ne peuvent pas se rapprocher, et que la séparation est devenue un véritable divorce ; et pour qu'il devienne juste de rendre à l'époux défendeur le droit de contracter une nouvelle union, sauf au demandeur à persister dans ses scrupules, et à ne pas profiter de la faculté que le divorce prononcé lui laisse.

Mais puisque la séparation conduit au divorce et ne sera dans la plupart des cas qu'une épreuve préalable au divorce, il nous a paru convenable et juste que cette séparation, qui ne peut reposer que sur des causes identiques à celles qui déterminent le divorce, fût, quant à la procédure, environnée des mêmes garanties. Nous ne nous sommes pas suffisamment expliqué cette disposition du Code civil qui porte que « les séparations « seront instruites dans les mêmes formes que les demandes ordinaires. » Le Code de procédure civile n'a remédié qu'imparfaitement à cette inconséquence de la loi civile. Nous vous proposons en conséquence de substituer à l'article 307 du Code civil, qui est ainsi conçu :

« Elle (la demande en séparation) sera instruite et jugée de la même « manière que toute autre action civile ; elle ne pourra avoir lieu par le « consentement mutuel des époux... »

La rédaction suivante :

« Elle sera instruite et jugée de la même manière que les demandes en « divorce. Elle ne pourra cependant avoir lieu par le consentement mutuel « des époux. »

L'un des avantages du rétablissement du divorce, et spécialement de l'article 310 qui, après trois ans, permet de convertir la séparation en divorce, sera certainement de rendre les juges beaucoup plus rigoureux qu'ils ne l'ont été jusqu'à ce jour dans la prononciation des séparations. Les formes lentes et solennelles du divorce contribueront également à ce résultat, qui est très-désirable ; car, nous l'avons déjà dit, l'ordre social et les mœurs sont gravement compromis par les séparations de corps.

Il nous reste, messieurs, à vous entretenir de quelques dispositions transitoires que nécessitera le rétablissement du divorce dans nos lois civiles.

La Restauration avait poussé sa haine contre le divorce, et sa réaction contre des institutions sur lesquelles la révolution avait apposé son sceau, jusqu'à ce point que non-seulement les jugements qui prononçaient des divorces et qui constituaient par conséquent un droit acquis, furent annulés, alors qu'ils n'avaient pas été suivis de la déclaration de l'officier civil, mais qu'il y eut même un projet de loi adopté à la Chambre des pairs qui enlevait aux époux divorcés le droit d'user du bénéfice de la loi sous l'empire de laquelle leur divorce avait été prononcé, celui de se remarier. C'était là une monstrueuse rétroactivité qui, bien que privée d'une sanction définitive, n'en a pas moins exercé une grande influence sur quelques époux divorcés; ces époux, se croyant interdit tout autre lien légitime, se seraient rapprochés et auraient eu des enfants par suite de ce rapprochement. Les exemples en sont sans doute peu nombreux; mais, quelque rares qu'ils puissent être, encore paraît-il juste d'autoriser ces époux, par dérogation tout exceptionnelle à l'article 295 du Code civil, de faire sanctionner l'espèce de nouvelle union qu'ils ont contractée.

Une autre question transitoire beaucoup plus grave, parce qu'elle intéresse beaucoup plus de personnes, et qu'elle affecte beaucoup plus la moralité de la loi, c'est celle relative aux époux qui, durant les quatorze années pendant lesquelles la séparation a été, à l'exclusion du divorce, le seul remède légal qu'ils pussent invoquer, ont fait prononcer la séparation. La loi nouvelle doit-elle venir à leur secours, autoriser ceux de ces époux qui auraient recouru au divorce, si le divorce eût été permis, à convertir la séparation en divorce; et dans ce cas, quelles conditions seraient opposées à cette conversion? Ou au contraire, la loi nouvelle ne doit-elle s'occuper que de l'avenir, et laisser aux jugements de séparation les effets que la loi sous l'empire de laquelle ils ont été prononcés leur attribuait, sauf à appliquer à ces séparations l'article 310 du Code civil, qui autorise la conversion de la séparation en divorce au bout de trois ans?

De hautes considérations de justice peuvent être invoquées en faveur de la première de ces propositions.

C'est une loi de secours et d'humanité que celle qui rétablirait le divorce. Pourquoi ne pas en étendre le bienfait aux malheureux qui en ont été privés sous la Restauration? Parce que l'interdit, jeté sur eux par une loi de réaction religieuse, a déjà eu une certaine durée, est-ce une raison pour la prolonger encore, pour les enchaîner indéfiniment dans un célibat forcé? Leur malheur toujours subsistant ne sera-t-il pas une protestation continuelle contre la dureté de la nouvelle loi?

Mais quelque puissantes que soient ces considérations, il en est d'un ordre plus élevé qui ont déterminé l'opinion de votre commission.

D'abord, le principe le plus inviolable de la législation est celui de la non-rétroactivité des lois. La loi qui rétablit aujourd'hui le divorce ne peut pas rétroagir sur le passé, en ce sens que deux époux simplement séparés se trouvent divorcés par le seul empire de la nouvelle loi. Les droits de l'un des deux époux en seraient blessés, puisque la position légale que lui avait fixée un jugement se trouverait modifiée par une loi postérieure, et, d'autre part, l'intérêt social pourrait lui-même en être compromis; car, malgré l'identité qui existe entre les causes de séparation et celles du divorce, on sait que les tribunaux ne se sont montrés que beaucoup trop faciles à accorder des séparations.

Enfin, la multiplicité des divorces, prononcés par suite de cette conversion de séparation en divorce, ne pourrait-elle pas alarmer les familles, et jeter sur la nouvelle loi une prévention d'immoralité qui ne lui serait pas propre?

Tels sont les motifs qui nous ont déterminés à rejeter de la loi nouvelle toute rétroactivité sur le passé. Seulement nous vous proposons d'étendre au demandeur la faculté que donne au défendeur l'article 310 de convertir la séparation en divorce trois ans après la séparation. Le délai de trois ans courra pour les séparations prononcées avant la nouvelloi loi à partir de sa promulgation. Cette extension de l'article 310 nous paraît juste, parce que les demandeurs en séparation, sous la loi du 8 mai 1816, n'ont pas fait un choix libre de cette voie légale, mais y ont été contraints par l'abolition du divorce : ce qui les place identiquement dans la position où sont les défendeurs contre lesquels la séparation était prononcée sous la loi du rétablissement du divorce, et qui subissaient la séparation, non par choix, mais par nécessité.

Enfin, il a paru également juste à votre commission de ne pas appliquer rigoureusement l'article 277 du Code civil, lequel dispose que le divorce par consentement mutuel ne pourra plus être demandé après vingt ans de mariage, ni lorsque la femme a plus de quarante-cinq ans, aux époux qui, pendant les quatorze années pendant lesquelles la loi du 8 mai 1816 a subsisté, n'ont pu user du secours légal que leur aurait offert le divorce, Il y aurait injustice à se faire un titre contre eux de leur impuissance légale à agir, et c'est le cas de faire l'application de cette maxime de droit et d'équité tout à la fois que *nulle prescription ne court contre qui ne peut agir*.

Déterminée par ces divers motifs, votre commission vous propose les résolutions suivantes :

« Article premier. — La loi du 8 mai 1816 est abrogée, et les dispositions du titre VI du livre Ier du Code civil sont remises en vigueur, en tout ce qu'elles n'ont pas de contraire à la présente loi.

« Art. 2. — Désormais les demandes en séparation seront instruites et jugées de la même manière que les demandes en divorce. Cet article ne s'applique pas aux demandes déjà instruites.

« Néanmoins ces demandes pourront être converties en demandes en divorce.

« Art. 3. — Les jugements qui avaient prononcé le divorce, avant la loi du 8 mai 1816, et que cette loi frappait de nullité, faute de prononciation des divorces par l'officier de l'état civil, recevront leur plein et entier effet, et le délai prescrit par le Code pour cette prononciation ne courra qu'à partir de la promulgation de la présente loi.

« Art. 4. — Il sera facultatif aux époux qui, divorcés avant la loi du 8 mai 1816, se seraient réunis depuis cette loi, de faire, dans les six mois de la promulgation de la présente loi, une renonciation aux effets de leur divorce devant l'officier de l'état civil du lieu de leur domicile. Cette renonciation sera inscrite en marge de l'énonciation du divorce et en détruira les effets, sauf les droits des créanciers.

« Art. 5. — Les époux, dont la séparation de corps a été prononcée sous l'empire de la loi du 8 mai 1816, pourront, trois ans après la promulgation de la présente loi, et sans aucune distinction entre les demandeurs et les défendeurs, invoquer l'application de l'article 310 du Code civil, et, aux termes de cet article, faire convertir la séparation en divorce.

« Art. 6. — L'article 277 du Code civil, qui interdit toute demande en séparation après vingt ans de mariage, et lorsque la femme a quarante-cinq ans, ne sera pas applicable aux demandes qui seront formées dans les six mois de la promulgation de la présente loi. »

Une autre question non moins importante de notre droit civil nous a été renvoyée par la Chambre ; c'est celle relative aux mariages entre beaux-frères et belles-sœurs ou entre alliés en ligne collatérale.

L'article 162 du Code civil porte : « En ligne collatérale, le mariage est « prohibé entre le frère et la sœur, légitimes ou naturels, et les alliés au « même degré. »

La prohibition en elle-même n'a excité aucune réclamation : c'est l'impossibilité de lever par des dispenses cette prohibition à l'égard des beaux-frères et belles-sœurs entre lesquels n'existe aucune consanguinité, mais seulement une alliance purement conventionnelle et qui n'est même qu'accidentelle, qui est le sujet des pétitions dont la Chambre a été saisie, et qu'elle nous a renvoyées.

Modifierez-vous l'article 164 du Code civil, et étendrez-vous aux alliés en ligne collatérale la faculté de dispense que cet article établit pour la prohibition de mariage entre l'oncle et la nièce, la tante et le neveu ? Telle est la question. Depuis que le droit de pétition existe, il ne s'est pas écoulé une session sans que la question ait été soulevée et portée à cette tribune.

Déjà, en 1814, et sous le ministère de M. d'Ambray, plusieurs milliers de réclamations avaient éveillé l'attention du gouvernement et provoqué la présentation d'un projet de loi délibéré en conseil d'État, et qui aurait été présenté aux Chambres sans l'événement des Cent-Jours.

Une juste appréhension de toucher à notre Code civil et de rendre variables et précaires des lois qui semblent devoir être permanentes et stables, comme les intérêts de familles qu'elles règlent, ont toujours fait passer à l'ordre du jour sur ces nombreuses pétitions, qui, tous les ans, depuis l'établissement du gouvernement représentatif, viennent assiéger la tribune. Mais il vient un moment où la persistance et la multitude des réclamations sont telles, qu'il y a sagesse et non légèreté ou inconstance à soumettre à un nouvel examen l'objet qui les excite.

C'est par ce motif, sans doute, que la Chambre a renvoyé cette fois à sa commission du divorce la question tant de fois vainement soulevée de la prohibition du mariage entre les alliés en ligne collatérale. Elle a voulu que cette question fût enfin législativement examinée et discutée à l'occasion de celle du divorce, avec laquelle elle a en effet quelque affinité.

Sur cette question, nous n'avons pas, comme sur celle du divorce, à examiner si la loi civile peut permettre ce que le dogme religieux défend ; car ici la sévérité de la loi civile va plus loin que celle de la loi religieuse; elle défend ce que celle-ci autorise; elle repousse toute dispense là où celle-ci admet au contraire des dispenses.

Nous ne nous préoccuperons pas davantage de cette dissemblance entre la loi civile et le dogme catholique que nous ne l'avons fait à l'égard du divorce. L'indépendance de la loi civile est pour nous une maxime fondamentale qui ne peut pas plus fléchir dans un cas que dans l'autre.

Cependant, considérant la faculté de dispense reconnue par l'Église et par tous les peuples qui nous environnent, comme un fait, nous en tirerons cette conséquence que la prohibition à laquelle cette dispense s'applique n'a jamais été considérée, ni dans l'ordre naturel, ni dans l'ordre religieux, comme identique avec la prohibition établie entre les frères et sœurs, unis par les liens du sang.

Cette identité, que le Code civil a établie, est nouvelle. Elle n'a pas son principe dans la nature, cela est évident. Trouve-t-elle une raison déterminante dans les intérêts sociaux? c'est là qu'est toute la question.

Si nous nous reportons à la discussion du Code civil, nous y voyons que la prohibition a été fondée :

1° Sur l'intérêt de la société à multiplier les alliances et à ne pas laisser dégénérer les races;

2° Sur le danger de ces préliminaires d'amour et par conséquent de séduction, que la perspective du mariage établirait au sein même de la famille, et jusque dans le sanctuaire domestique;

3° Sur l'encouragement que donnerait à cette séduction domestique la possibilité du divorce.

Nous ne nous arrêterons pas à la première considération, sans examiner si l'utilité physique du croisement des races n'est pas plus que balancée par l'utilité morale et sociale de la conservation de l'esprit et des affections de famille, et si, sous ce rapport, les alliances entre parents ne doivent pas plutôt être encouragées que contrariées par les lois, lorsqu'elles ne se font pas à un degré trop rapproché; nous nous bornerons à faire remarquer que les personnes qui ne sont rapprochées que par l'accident de l'alliance qui se forme entre deux familles, ne sont pas pour cela de même race; que si elles viennent à contracter une nouvelle alliance, c'est toujours un sang étranger qui vient se mêler à un sang étranger. Cette considération physiologique aurait pu avoir quelque influence sur le mariage des oncles et tantes avec les nièces ou neveux; des cousins et cousines; car il y a là mélange du même sang. Mais elle ne peut en avoir aucune sur le mariage des alliés en ligne collatérale.

Le dernier des trois motifs que nous avons rappelés, celui tiré de l'encouragement à la séduction domestique par la perspective d'un divorce suivi de mariage, peut avoir quelque gravité; mais il sera facile de le faire disparaître complétement en ajoutant à l'article 164 un paragraphe ainsi conçu :

« Dans aucun cas, les dispenses, dont il est parlé dans cet article, ne

« pourront être accordées, lorsque le précédent mariage aura été dissous « par un divorce. »

Il n'est pas inutile que cette disposition soit étendue aux dispenses accordées à l'oncle et à la tante; car le danger des séductions est au moins aussi grand que pour les alliés en ligne collatérale.

Reste la considération puisée dans cette sollicitude pour les mœurs domestiques, si éloquemment exprimée par M. Portalis dans son exposé des motifs au Corps législatif. Nous le laisserons parler :

« L'horreur de l'inceste du frère avec la sœur et des alliés au même degré dérive du principe de l'honnêteté publique. La famille est le sanctuaire des mœurs ; c'est là que l'on doit éviter avec le plus de soin tout ce qui peut les corrompre. Le mariage n'est sans doute pas une corruption; mais l'espérance du mariage entre des êtres qui vivent sous le même toit, et qui sont déjà invités par tant de motifs à se rapprocher et à s'unir, pourrait allumer des désirs criminels, et entraîner des désordres qui souilleraient la maison paternelle, et en banniraient l'innocence en poursuivant ainsi la vertu dans son dernier asile. »

C'est, il faut le dire, ce motif énergiquement présenté par plusieurs Cours royales, et si éloquemment développé dans le sein du Conseil d'État, et en présence du Corps législatif, qui a déterminé cette prohibition absolue par dérogation au projet primitif du Code, lequel ne présentait pas même de prohibition entre alliés en ligne collatérale.

Toutefois, il faut reconnaître que ceux qui, dans la discussion au conseil d'État, insistèrent le plus pour établir la prohibition de mariage entre alliés en ligne collatérale, étaient bien éloignés d'exclure la possibilité d'une dispense. Ainsi la minorité de la commission chargée de rédiger le projet du Code, qui avait été d'avis d'introduire dans ce projet la prohibition dont il s'agit, s'exprimait ainsi :

« La minorité n'a vu aucun intérêt à limiter des prohibitions consacrées par tant de siècles, *ni à priver le gouvernement du droit d'en dispenser.* »

Le second consul Cambacérès, qui, déterminé surtout par les dangers du mariage après divorce, s'efforçait de faire consacrer la prohibition, terminait ainsi son opinion :

« D'ailleurs, avec l'usage des dispenses, tous les inconvénients de la prohibition disparaissent. »

Nous n'avons trouvé ni dans la discussion, ni dans l'exposé des motifs, les causes qui ont fait renoncer à cette faculté de dispense, qui paraissait être dans la pensée de ceux qui ont fait prévaloir la prohibition ; à moins que la cause déterminante n'ait été dans l'assimilation qui aurait été faite entre les frères et sœurs, et les alliés au même degré.

La loi est toute puissante sans doute; car elle peut toujours permettre ou défendre, et appuyer ses prescriptions de contraintes ou de sanctions pénales. Toutefois il n'est pas donné à l'homme de substituer ses lois à celles de la nature ; ainsi le Code civil mettra vainement sur le même rang, confondra vainement dans la même disposition un frère et un beau-frère, le lien du sang avec celui de l'alliance, et proclamera incestueuse l'union entre alliés comme l'union entre frères et sœurs, la nature ne se prêtera jamais à cette fiction légale. C'est un de ces cas où la nature est impuissante à refaire l'œuvre de la nature. Vous pouvez prohiber et punir l'inceste légal entre alliés en ligne collatérale à l'égal de l'inceste naturel entre frères et sœurs, mais vous ne transporterez jamais à l'un l'horreur naturelle qu'inspire l'autre. Reconnaissons-le, l'assimilation du frère au beau-frère, de la sœur à la belle-sœur, est fausse, la nature et la raison ne sauraient l'avouer. La même prohibition peut frapper les uns et les autres; mais cette prohibition sera toujours d'espèce toute différente : l'une sera naturelle, et par conséquent permanente et invariable comme toutes les lois de la nature; l'autre sera purement sociale et variable comme les besoins et les intérêts de la société.

Ainsi, dans un temps reculé, lorsque les familles vivaient sous le même toit, et que le mariage établissait une sorte de communauté d'existence, non pas seulement entre les époux, mais entre les familles, on conçoit que le législateur ait éprouvé le besoin de combattre le danger d'une pareille cohabitation, par l'effet moral de l'inceste légal.

Mais nos mœurs, nos habitudes ont bien changé; l'égalité des partages, la division de la propriété, le besoin d'indépendance et de bien-être, rendent de plus en plus rares les cohabitations entre beaux-frères et belles-sœurs.

En outre, le législateur ne s'est-il pas abusé sur sa puissance, lorsqu'il a espéré qu'il lui suffirait d'inscrire dans le livre de la loi la prohibition absolue de tout mariage entre le beau-frère et la belle-sœur pour étouffer dans leurs cœurs tout germe d'amour, et placer entre eux la barrière que la nature élève entre le frère et la sœur.

Répétons-le, il a pu interdire le mariage; mais il n'interdira pas les passions : il ne fera peut-être que les rendre plus vives par l'obstacle purement conventionnel qu'il y oppose.

Du reste, il ne s'agirait pas de faire disparaître la prohibition elle-même; mais seulement de permettre des dispenses pour les cas rares où le mariage entre beaux-frères et belles-sœurs, loin d'être un mal, est un bien, en ce qu'il continue la famille prête à se dissoudre, et donne à une femme pour protecteur, à des enfants pour pères, celui qui, dans l'ordre des devoirs et des affections, est le plus capable d'accomplir les obligations qui se rattachent à cette double qualité.

Par la disposition restrictive qui sera apportée à ces dispenses pour le cas du divorce, la perspective du mariage ne pourra pas se présenter du vivant du frère ou de la sœur. Lorsque le mariage est dissous par la mort, cette possibilité d'union entre le beau-frère et la belle-sœur est sans aucun danger; car celui ou celle qui établissait l'alliance ayant disparu, la cause même de la prohibition n'existe plus.

Les pays qui entourent la France reconnaissent la possibilité du mariage entre les beaux-frères et belles-sœurs, et ce fait doit être pris en grande considération, non-seulement comme autorité morale, mais comme raison politique. En effet, pour échapper à la prohibition de la loi française, plusieurs individus ont été se marier à l'étranger, et, comme la loi française les y suivait, ils ont pris le parti de se faire naturaliser à l'étranger : naturalisation qui pourrait avoir des conséquences fâcheuses, et dans l'ordre civil, et dans l'ordre politique, si elle venait à se multiplier.

Ces motifs, messieurs, nous détermineraient peut-être à vous proposer la modification de l'article 164 du Code civil.

Mais nous nous sommes demandé si, institués seulement pour vous faire un rapport sur le divorce, et saisis de la pétition relative aux mariages de beaux-frères et belles-sœurs par un simple renvoi, nous avions pouvoir, nous qui n'avons qu'un pouvoir délégué, pour vous proposer une modification à l'une des dispositions du Code civil, concernant le mariage.

Arrêtés par ce scrupule, nous nous abstiendrons de toute proposition formelle, nous contentant de vous avoir fait connaître notre avis sur les questions dont vous nous avez saisis, sauf à l'un des membres de la Chambre à faire, par voie de proposition ou d'amendement, ce que nous ne nous sommes pas crus autorisés à vous proposer.

La Chambre ordonne l'impression et la distribution du rapport.

M. LE PRÉSIDENT. — Quel jour la Chambre entend-elle fixer pour la discussion de ce rapport? Veut-elle la fixer après la discussion du Code pénal?

VOIX DE LA DROITE. — Après le budget.

UN MEMBRE. — La Chambre n'étant pas en nombre, je demande que la question soit mise aux voix à lundi. (Non, non!)

M. DEBELLEYME. — La proposition de notre honorable collègue M. de Schonen intéresse essentiellement l'état de nombreuses familles, et réclame tout votre intérêt. La question est grave sans doute, mais elle est simple; il s'agit de rétablir la loi du divorce et de rentrer dans le système du Code civil.

Le rapport si lumineux de notre honorable collègue, M. Odilon Barrot, rendrait la discussion plus facile et plus courte.

Président du tribunal de première instance de la Seine, je suis témoin journellement de l'affliction de familles intéressantes et malheureuses.

Je demande en conséquence que la discussion s'ouvre immédiatement après celle du Code pénal.

(VOIX NOMBREUSES. — Appuyé, appuyé!)

Par ces considérations, je prie la Chambre de ne pas renvoyer la discussion après celle du budget.

Dans la séance du 14 décembre 1831, et conformément aux conclusions de ce rapport, la chambre des Députés, après une discussion approfondie, adopta le projet de loi tendant au rétablissement du divorce, par une majorité de 194 voix contre 70 sur 262 votants.

Mais à la chambre des Pairs la proposition tendant au rétablissement du divorce, eut un tout autre sort. Elle fut repoussée, à la séance du 28 mars 1832, par 78 voix contre 45, conformément aux conclusions du rapport de M. Portalis, qui s'exprima ainsi :

Messieurs,

La chambre des députés a adopté, le 14 décembre dernier, un projet de loi portant abrogation de la loi du 8 mai 1816, qui a aboli le divorce. Vous avez renvoyé ce projet à l'examen d'une commission : je viens vous rendre compte du résultat de cet examen.

En une matière si importante, et lorsqu'il s'agit de la constitution de la famille, qui est elle-même l'élément constitutif de la société, nous avons dû procéder avec lenteur et maturité.

Si notre conscience ne nous l'avait dit, nous aurions été suffisamment avertis par l'honorable rapporteur de l'autre chambre, qu'un tel projet de loi ne devait pas *être apprécié comme une mesure de circonstance et sous l'influence des passions du moment*; qu'il fallait le considérer comme *une œuvre de raison calme et de réflexion*[1].

Ce n'est donc pas sans étonnement que nous avons entendu, à cette tribune, comprendre le projet de loi, portant rétablissement du divorce, au nombre de ces *propositions législatives, compléments nécessaires, indispensables de la révolution de* 1830, *dont le rejet ou la modification ébranlerait le gouvernement nouveau, et pourrait donner des armes à ceux qui désirent son renversement*[2].

Une telle manière de présenter les questions de législation sort des usages parlementaires. Elle aurait, de plus, l'inconvénient de faire céder tous les principes du droit à des considérations politiques, ou même à une mystérieuse raison d'État. En fait de lois, il n'y a que ce qui est bon et juste, ce qui est conforme à la nature des choses, qui soit utile. De nouvelles dispositions législatives peuvent être des compléments désirables de nos Codes, et des conséquences salutaires de la révolution de 1830, si elles sont sages et conçues dans un esprit de conservation et de stabilité ; mais il n'en est aucune, à notre connaissance, qui se lie nécessairement aux événements politiques, auxquels on a fait allusion, comme mesure de circonstance ou de sûreté ; il n'en est aucune surtout qu'on doive voter, par voie d'urgence, comme une satisfaction due à telle ou telle nuance d'opinion, que l'on ne dit dominante, peut-être, que parce qu'on voudrait assurer sa domination.

Nous voudrions qu'en matière de législation on ne s'attachât qu'au fond des choses ; qu'on ne crût pas le gouvernement actuel intéressé à refaire tout ce qu'avait fait la Restauration ; qu'on ne contestât point le bien, quand il existe, et qu'on en jouît sans ingratitude; qu'on se souvînt qu'une révolution est une conquête, et que l'esprit de conquête, ni l'esprit de révolution ne consolident, ni n'affermissent les gouvernements.

Nous voudrions enfin qu'on examinât les questions pour elles-mêmes; et quand il s'agit de balancer les avantages et les inconvénients du di-

[1] Rapport fait au nom de la commission chargée de l'examen de la proposition de M. le baron de Schonen sur le divorce, par M. Odilon Barrot, député du Bas-Rhin, page 5.

[2] Séance du 12 janvier 1832, premier supplément au n° 13 du *Moniteur*, page 113.

vorce, qu'on ne tînt pas plus de compte de l'époque où l'abolition fut portée, que de celle où l'établissement eut lieu, du 8 mai 1816 que du 20 septembre 1792, et qu'on déclarât également non recevables ceux qui repousseraient le divorce, sans examen, à cause des sinistres et sanglants auspices sous lesquels il fut introduit dans nos lois, et ceux qui voudraient révoquer son abolition uniquement parce qu'elle fut l'ouvrage d'une assemblée qui céda trop souvent aux inspirations de l'esprit réactionnaire.

Votre commision s'est appliquée à demeurer inaccessible à toutes les considérations extérieures, et à ne voir, dans l'objet de ses méditations, que ce qui s'y trouve naturellement renfermé.

Elle s'est proposé les questions suivantes :

Le divorce est-il le complément nécessaire de l'institution du mariage ?

Dans le cas où l'on ne pourrait le considérer que comme une dérogation exceptionnelle aux lois de la famille, le rétablissement du divorce serait-il impérieusement commandé par l'état actuel des mœurs et de la société françaises, ou par les dispositions de nos lois sur la liberté des cultes ?

S'il en est ainsi, le moment est-il opportun et bien choisi pour effectuer ce rétablissement ?

Enfin, le projet de loi par lequel on veut l'opérer prévient-il les inconvénients et remédie-t-il aux maux qu'une telle institution entraîne à sa suite ?

Nous allons reprendre successivement chacune de ces questions. La Chambre nous pardonnera de ne pas lui en dissimuler l'étendue. Nous croirions les envisager sous un faux jour, si nous ne les traitions que dans leur rapport avec le droit civil, lorsqu'elles tiennent aux racines mêmes de l'ordre social.

Institué par le Créateur pour continuer le genre humain, le mariage a commencé avec l'homme. Il constitue la famille ou la société naturelle. Il précède la société civile, comme le droit naturel et des gens auquel il appartient, précède lui-même les lois positives qui ont réglé ultérieurement les conditions du mariage.

C'est un engagement naturel qui complète l'existence physique et morale de l'homme et de la femme, par l'union des sexes et le mélange intime des cœurs, et qui a pour effet d'assurer la succession non interrompue des générations.

Suivant la belle définition des jurisconsultes romains, c'est une association par laquelle deux époux, confondant inséparablement leur vie, entrent en participation de tous les droits divins et humains, et mettent en commun leurs personnes, leurs affections, les biens et les maux que leur réserve la fortune adverse ou prospère[1]. Ses conditions et ses lois se déduisent de la nature même des parties qui la contractent. A la fois si sem-

[1] *Nuptiæ conjunctio maris et fæminæ, consortium omnis vitæ, divini et humani juris communicatio*. Dig. lib. XXIII, tit. I. *Individuam vitæ societatem continens*, Justin. Instit. lib. I, tit. IX, § 1.

Nihil tam humanum esse quam fortuitis casibus, mulieris maritum, vel uxorem vir participem esse. Dig. lib. XXIV, tit. III et XXII, § 7.

blables et si divers, l'homme et la femme, divisés par la distinction des sexes, sont rapprochés par l'attrait mutuel qui les entraîne l'un vers l'autre. Intelligents et moraux, leur union résulte surtout de l'exercice simultané des deux facultés qui les distinguent : la volonté et la liberté du choix. Le consentement qui les unit[1] est le plus doux et le plus fort de tous les pactes, puisqu'il est le résultat combiné du libre arbitre et d'un secret instinct, de la raison et d'un penchant impérieux. Avec lui naît un nouvel ordre de rapports, de vertus et de plaisirs. Le sentiment de préférence qui détermine deux époux à s'unir indique assez la fidélité qu'ils se vouent et qu'ils se doivent.

Également doués de conscience et de raison, mais inégalement partagés en forces physiques, et destinés aux fonctions différentes de la paternité et de la maternité, s'ils ont des droits et des devoirs communs, ils en ont de spéciaux, qui naissent de la diversité de leur être. L'autorité, la décision et l'action sont naturellement dévolues à celui auquel la protection appartient, et que la nature affranchit de cet état de dépendance et de faiblesse qui réduit la femme à ne pouvoir se passer de secours et d'appui durant la gestation de l'allaitement. A mesure que le mariage devient fécond, les liens qui unissaient les époux se resserrent ; un nœud puissant et indivisible se forme entre eux; ils se sentent revivre l'un et l'autre dans leur jeune postérité, où tout l'amour d'eux-mêmes vient se confondre et qui soude à jamais, si j'ose ainsi parler, leurs deux existences. La naissance des enfants rendrait le mariage indissoluble, si les deux volontés qui s'étaient livrées l'une à l'autre, sans réserve, avaient pu retenir ce qu'elles donnaient, ou ne le donner que sous condition.

Avec le mutuel attachement des époux, la touchante énergie de l'amour maternel, la tendresse généreuse et désintéressée des pères, la piété respectueuse des enfants, l'autorité domestique se développe et s'accroît. L'éducation et le gouvernement de la famille rendent de plus en plus nécessaires l'harmonie et l'accord entre les parents. Lors même que le père et la mère se sépareraient, ils ne pourraient détruire les relations nécessaires que leur mariage a fait naître : vainement cesseraient-ils d'être époux, ils se trouveraient rejoints malgré eux, dans les enfants nés de leur union, et dont ils seraient toujours les parents communs. Plus tard et dans la vieillesse, la reconnaissance, la bonne foi, la pitié, tout ce qu'il y a d'humain dans le cœur de l'homme, rendent impossible une séparation qui n'aurait pu s'effectuer plus tôt sans tromper le vœu de la nature.

En effet, l'union conjugale a précisément pour but de lier indivisiblement deux êtres intelligents et sensibles, afin que, durant le cours d'une existence précaire et souvent orageuse, ils trouvent l'un dans l'autre un auxiliaire certain, dans l'état de santé comme dans l'état de maladie, dans les succès comme dans les revers, et qui allége, en le partageant, le poids d'une destinée commune.

Sous l'empire du droit naturel et des gens, c'est-à-dire des principes qui régissent l'homme considéré comme être moral, le mariage est donc un engagement perpétuel par sa destination.

[1] *Nuptias non concubitus sed consensus facit.* Dig. lib. L, tit. XVII et XXX.

Et s'il est vrai que les lois positives de chaque État règlent les formes extérieures de cet engagement, comme elles ne l'ont ni établi, ni institué, elles ne sauraient en altérer ni l'essence ni la nature.

Aussi la législation du mariage, qui doit exercer une si grande influence sur les autres parties du droit civil, est-elle longtemps restée stationnaire et étrangère à leurs progrès; elle ne s'est perfectionnée que dans les temps et dans les lieux où elle a consacré le principe de l'indissolubilité.

L'histoire de notre droit national en fait foi.

Néanmoins les controverses qui s'élevèrent durant le siècle dernier, entre les théologiens et les jurisconsultes, sur ce sujet important, accréditèrent de fausses notions. Pour repousser les prétentions des docteurs qui n'envisageaient le mariage que comme un sacrement, et qui, dès lors, voulant attribuer exclusivement toutes les matières matrimoniales à la juridiction et à la législation ecclésiastique, on tomba dans un autre excès. On alla jusqu'à soutenir que les lois du mariage étaient purement positives, et qu'il était au pouvoir du législateur de régler arbitrairement les conditions et les effets, puisqu'il n'était, après tout, qu'un simple contrat civil.

Cette erreur a été la source de beaucoup d'autres. C'est en partant de ce faux principe qu'on a voulu appliquer au mariage les règles des contrats, et prouver que le divorce est légitime de sa nature, puisque aucune société n'est éternelle.

Mais le mariage n'est point un contrat proprement dit; de savants jurisconsultes l'ont démontré jusqu'à l'évidence[1]. Il suffirait, pour le prouver, de rechercher dans nos lois civiles les règles et les définitions des contrats. Les choses qui sont dans le commerce en constituent seules la matière, et l'inexécution ou la violation des engagements personnels qui s'y rencontrent se résolvent toujours en dommages et intérêts.

L'union des volontés, l'affection conjugale, l'abandon réciproque de soi-même, la solidarité des destinées, sont d'une tout autre nature que les choses dont s'occupe le Code civil, au titre *de la Distinction des Biens*, et qui seules peuvent être l'objet des conventions purement civiles. La violation des obligations réciproques, contractées par deux époux, pourrait-elle, comme un simple préjudice matériel, être appréciée d'après une froide balance de la *perte éprouvée* ou du *lucre cessant*, et se résoudre en une réparation pécuniaire, calculée d'après les bases purement arithmétiques, données par la loi civile, pour déterminer les dommages et intérêts résultant de l'inexécution des obligations?

Tous les peuples ne nous avertissent-ils pas, d'un concert unanime, que lorsqu'il s'agit d'une transaction, dont l'homme et toute son existence morale, la société et ses éléments, sont la matière, il faut appliquer d'autres règles et d'autres lois, et qu'on ne saurait, sans contrarier toutes les notions reçues, assimiler à un simple contrat du droit civil, *la plus digne*

[1] Huber, *ad Instit.* tit., *de Nuptiis*, § 2. Méerman, d'Avezan, Domat.

et la plus sainte liaison qui puisse être entre les hommes, pour parler comme Plutarque [1].

Si l'exercice des droits et des devoirs qui procèdent de cet engagement est subordonné aux dispositions de la loi civile sur la validité et la célébration des mariages, c'est qu'il appartient au législateur de veiller à ce qu'ils soient librement et volontairement contractés, d'une manière conforme aux règles du droit naturel et de l'honnêteté publique : c'est pour cela que la loi détermine la capacité absolue et relative des parties contractantes, et qu'elle prépose les magistrats chargés de constater la consécration des époux, la donation mutuelle qu'ils se font d'eux-mêmes, en un mot, leur consentement.

Au surplus, « le principe que nulle société n'est éternelle cesse, toutes « les fois que l'on voudrait rompre une société quelconque dans un « temps inopportun, c'est-à-dire dans un temps où l'on ne pourrait « dissoudre cette société sans nuire aux droits acquis et au bien commun « des associés.

« Or, dans la vie de deux époux, quel instant pourrait-on choisir pour « rompre leur union, sans violer la foi promise, sans blesser l'intérêt des « enfants, sans porter préjudice à l'un ou à l'autre époux, sans renverser « le gouvernement de la famille, sans produire un scandale public ?

« Les maximes qui régissent les contrats ordinaires ne sont donc pas ap- « plicables au mariage [2]. »

Le mariage, considéré en tant qu'engagement naturel, ne comporte donc point de condition résolutoire. Il est en lui-même perpétuel et indissoluble.

Mais le mariage, considéré comme engagement civil, est d'ordre public. « Les autres lois, dit un empereur grec [3], ne sont faites ni pour tous « les hommes, ni pour toutes les choses, ni pour tous les temps. Les « lois du mariage offrent ce caractère de généralité dans leur applica- « tion, qui doit distinguer une institution établie pour conserver l'espèce « humaine et pour lui donner une sorte d'immortalité par la régénération « des familles. »

C'est que le mariage ne sanctionne pas seulement l'union de deux individus, mais l'alliance de deux familles et l'introduction d'une troisième dans la société ; et l'établissement des familles, en perpétuant l'espèce, donne encore naissance à la propriété.

En effet, la société conjugale a pour moyen de conservation et de subsistance le travail et l'industrie. Aussi, par les premiers et les plus énergiques efforts de l'esprit d'association, les familles s'approprient originairement et répartissent entre elles le sol et les choses qui entrent dans la composition des richesses mobilières. C'est ainsi que les biens naissent avec les familles et deviennent leur dotation. Avec le temps, leur patrimoine s'en-

[1] *Œuvres mêlées : de l'Amour*, n. 2, traduction d'Amyot.

[2] Portalis, *Rapport sur la résolution du 29 prairial relative au divorce*. Conseil des anciens, séance du 27 thermidor an XI, page 7.

[3] *Nov.* 22, tit. Ier, préface.

richit et s'accroît. Elles ont des souvenirs, des traditions, des affections éréditaires; elles ont la maison paternelle, le foyer domestique, le tombeau des ancêtres. On ne saurait abandonner au caprice des vains désirs et à l'inconstance des passions, les éléments de la société civile et les bases de toute hiérarchie et de tout pouvoir politique. De là vient qu'à Rome, lorsque le mariage avait été célébré selon les solennités de certains rites, Denys d'Halicarnasse [1] nous apprend que le lien en était indissoluble. « Ainsi, « ajoute-t-il, cette loi qui obligeait absolument les femmes à s'accommoder « à l'humeur de leurs maris, n'obligeait pas moins les hommes à traiter « leurs femmes comme des compagnes nécessaires, et il en résultait qu'une « femme sage et vertueuse partageait l'autorité domestique et était aussi « maîtresse dans sa maison que son époux lui-même. »

De là cette antique maxime du droit français, selon laquelle toutes les clauses des contrats de mariage sont immuables, parce que, disait, en la rappelant, un capitulaire du septième siècle [2], « les pactes doivent imiter « la nature des contrats dont ils font partie. »

Aussi nos lois et nos coutumes élevèrent-elles les conventions matrimoniales au-dessus des autres contrats, en admettant les institutions contractuelles.

« Dans les contrats civils, dit un jurisconsulte qui a approfondi cette « matière [3], l'intérêt fait la substance et le principal objet des conventions; « les parties ne peuvent stipuler que pour elles seules, et toutes les dispo- « sitions de dernière volonté sont interdites. Le contract de mariage est un « contrat d'honneur et d'affection, établi dans des vues bien relevées. Il est « destiné à cimenter l'union des cœurs autant que l'association des biens. « Il n'oblige pas seulement l'époux et les parents qui ont stipulé dans le « contrat, il fait la loi des enfants qui n'ont pas encore reçu l'existence: « ses dispositions ont, à la fois, pour objet la naissance et la mort, et em- « brassent ainsi les deux extrêmes de toutes les choses humaines. » Et, chose remarquable, l'irrévocabilité des clauses du contrat de mariage a survécu à l'indissolubilité de l'engagement, lors de l'établissement du divorce par nos lois nouvelles, tant la perpétuité d'un tel pacte importe à la société!

En effet, les conventions matrimoniales sont la charte et comme le droit public de la famille, et la société n'est, après tout, que la famille répétée une infinité de fois. « Le public est donc toujours partie dans les questions « de mariage. Dans ce contrat, on ne stipule pas seulement pour soi, mais « pour des tiers qui méritent la plus grande faveur, et dont on ne peut « avoir ni la volonté, ni le pouvoir de faire le préjudice; on stipule pour « l'État, on stipule pour la société générale du genre humain [4]. »

Quand la perpétuité ne serait pas de l'essence du mariage, considéré comme engagement naturel, elle serait donc de l'essence du mariage, considéré comme engagement civil.

[1] Liv. II, chap. VIII.
[2] Capitul. de 630, chap. XXXVII.
[3] Testard, *des Contrats de mariage*, chap. II.
[4] Portalis, rapport précité, *ibid*.

Le divorce n'est donc pas le complément nécessaire de cette institution et il ne saurait être considéré que comme une dérogation à sa condition essentielle, une *exception contraire à sa nature.*

Il faut se hâter de le dire pour l'honneur de l'époque où nous vivons, bien peu d'esprits aujourd'hui contestent d'une manière directe les vérités que nous venons d'établir. Les paradoxes insociaux qui furent si scandaleusement produits durant la seconde moitié du dernier siècle n'ont plus de défenseurs avoués. Même parmi les partisans d'une secte nouvelle, qui ne tend à rien moins qu'à l'abolition de l'ordre social actuel, il en est qui professent sur l'indissolubilité du mariage une doctrine louable, et qui ne considèrent le divorce que comme une institution transitoire, que chasseront, devant eux, les progrès de la raison et des mœurs. On ne réclame plus de nos jours, comme on osa le faire à la tribune législative, lors de la discussion de la loi du 20 septembre 1792, la faculté de contracter des mariages à temps, ou, en propres termes, la liberté de prendre une femme comme on prend une chambre, dans un hôtel garni, pour un jour, si l'on veut. On n'oserait même plus soutenir, avec le préambule de cette loi, que « la « faculté du divorce résulte de la liberté individuelle, dont un engagement « indissoluble serait la perte, et qu'elle est un des avantages de la disposi- « tion constitutionnelle, selon laquelle le mariage n'est qu'un contrat « civil. »

Les savantes et profondes discussions qui ont préparé l'adoption du Code civil ont fait justice de ces doctrines, et elles sont abandonnées malgré l'autorité de Bentham.

Les jeunes professeurs qui renouvellent parmi nous d'une manière si brillante et si ingénieuse l'enseignement du droit, sont revenus à une philosophie plus élevée et plus conforme à la dignité de la nature humaine. Ils sont loin de considérer l'établissement du divorce comme un *progrès*, une *conquête de raison* et *de liberté*, ou même comme *un droit*; ils ne voient en lui, avec le docte jurisconsulte qui présenta cette partie du Code civil au Corps législatif[1], qu'une condescendance pour la légèreté des esprits, la perversité du cœur, la violence des passions et la corruption des mœurs : une concession de la loi qui, désespérant de la morale et de la vertu, applique un remède douloureux au mal qu'elle ne saurait extirper.

L'honorable rapporteur de la chambre des députés reconnaît lui-même « que l'indissolubilité de l'union conjugale peut, dans l'ordre purement « civil, être réclamée comme une garantie de la pureté du mariage, de sa « durée et des heureux effets que la société en attend pour le bonheur, la « sécurité et la force de l'État[2]. » Il convient même qu'il « faut assurer au « mariage, sinon l'indissolubilité absolue, au moins une intention de per- « pétuité. »

Mais ne se méprend-il pas sur la manière dont la question doit être posée, lorsqu'il se demande « si l'indissolubilité absolue du mariage, exclu- « sive de tout divorce pour quelque cause que ce soit, est indispensable

[1] Exposé des motifs de la loi sur le divorce, par le conseiller d'état Treilhard, Corps législatif, séance du 19 ventôse an XI.

[2] M. Odilon Barrot, rapport précité, page 12.

« pour que le mariage produise tous les effets que la société a le droit d'en « attendre, soit sous le rapport de la pureté des mœurs, soit sous celui de « l'union et de la conservation de la famille [1]. »

En effet, une fois que l'on est forcé de reconnaître « que le divorce en « lui-même ne peut pas être un bien ; que c'est uniquement le remède d'un « mal [2], » il s'agit beaucoup moins de savoir si « l'indissolubilité est in- « dispensable au mariage, » que de s'enquérir si le divorce est nécessaire à la société.

Toutefois, avant d'interroger les faits et l'état actuel de nos mœurs nationales, il n'est pas inutile de se demander ce que c'est que le divorce en lui-même, et quels en sont les effets.

Le divorce est la dissolution du mariage de deux époux vivants, prononcée dans les cas et selon les formes que la loi a déterminés. Son effet est de rendre ces époux à leur liberté primitive, et de leur donner la capacité de contracter un nouvel engagement.

Si le divorce était établi sans condition, il est évident que le mariage ne serait plus qu'un lien fragile et temporaire. Il n'aurait rien de commun avec cet engagement qui fait qu'il n'y a sur la terre pour chaque homme qu'une seule femme, et pour chaque femme qu'un seul homme. Il faudrait inventer un autre mot pour exprimer une liaison d'une nature si différente, ou la loi serait désavouée par le langage. Ce ne serait pas même la polygamie successive, puisqu'il n'y aurait pas seulement pluralité des femmes, mais pluralité des maris.

Aussi ne réclame-t-on le divorce parmi nous, en faveur des imperfections humaines, que comme une dérogation miséricordieuse aux rigueurs d'une loi inflexible qui enfante le crime, ou propage la corruption. On veut que la loi brise les nœuds de deux époux, lorsque « l'un d'eux aura souillé « le lit conjugal par les plus sales débauches, ou prodigué le pain de ses en- « fants pour alimenter l'adultère ; lorsque, dans le délire de la passion, il « aura attenté à la vie de son conjoint, » ou enfin lorsque « saisi dans son « crime, il aura été flétri de l'infamie. »

On veut faire cesser *un mensonge légal*, une cruelle fiction, à laquelle on sacrifie deux existences, en supposant que le mariage subsiste encore, entre deux époux, lorsqu'ils ont été séparés par la justice, à la face du public, et après un débat solennel, qui a rendu tout rapprochement impossible.

Telles sont, à peu de choses près les éloquentes paroles de l'honorable rapporteur de l'autre chambre.

Mais comment ne pas s'apercevoir qu'en cédant à de si pressantes instances, le législateur accorderait bien plus qu'on ne lui a demandé ? C'est une exception que l'on sollicite, et il ne peut la concéder qu'en modifiant la règle, toujours et dans tous les cas, c'est-à-dire en l'abrogeant, car on ne saurait faire fléchir l'indissolubilité sans la détruire. Ce sera en présence du divorce, et j'allais presque dire, sous les auspices d'un divorce futur, que tous les mariages seront contractés.

[1] M. Odilon Barrot, rapport précité, page XIII.
[2] Treilhard, exposé précité.

On ne voulait briser que des chaînes accablantes, et on relâche les nœuds les mieux assortis ; on ne parlait que de quelques situations rares et déplorables, propres à exciter la sympathie des cœurs sensibles et généreux, et on réagit sur la destinée de tous. Pour empêcher que quelques mariages ne soient malheureux par leur indissolubilité, on modifie l'état de l'universalité des familles, en déclarant toutes les unions dissolubles.

Ainsi, dans l'intérêt d'un petit nombre de personnes, auxquelles on ne rendra ni le calme ni la paix, parce que la cause de leurs maux est dans les passions qui les dévorent, ou dans les vices qui les dégradent, on compromet la tranquillité de tous, on se met en contradiction avec soi-même, et on dément jusqu'aux lois que l'on est forcé de respecter ; car, nous l'avons déjà dit, au moment où l'on déclare dissoluble cet engagement inviolable et sacré qui rendait deux existences indivisibles, on est obligé de maintenir, dans l'intérêts des enfants, les conventions matrimoniales qui n'en étaient que l'accessoire.

Messieurs, vous êtes pour la plupart pères de famille : interrogez vos cœurs. Dans cet instant solennel, où vous conduisîtes votre fille à l'époux dont vous aviez fait choix pour elle ; lorsque, saisis d'un si vif et si profond tressaillement, vous abdiquâtes vos droits paternels pour la faire passer sous l'autorité d'un mari, que, pâle et tremblante, elle acceptait d'une voix si timide et si émue, dites-le, fûtes-vous effrayés ou rassurés par la perpétuité de l'engagement qu'elle contractait ? Au milieu des sentiments si divers qui vous agitaient, cette pensée consolante ne portait-elle pas la sécurité dans votre âme ? Ne vous représentiez-vous pas avec complaisance la jeune épouse faisant à toujours la joie et l'ornement de sa nouvelle famille ; et ne vous semblait-il pas que désormais vous pouviez mourir en paix, puisque sur cette terre, où la Providence ne nous dispense que peu de jours pleins de trouble, ses destinées étaient irrévocablement fixées ?

En serait-il de même avec le divorce ? Et quel est le père qui, sous son empire, ne redoute, en mariant sa fille, ce terrible hasard ? On nous dit, pour nous rassurer sur le sort des femmes, que la loi sera égale pour les deux sexes ; qu'elle ne consacrera aucun privilége, et qu'elle ne sera pas moins favorable à l'épouse qu'à son époux. La loi sera égale pour les deux sexes ; mais la nature se ploiera-t-elle au vœu de la loi ? L'épouse pourra demander le divorce comme son époux, et se servir à volonté de l'arme à deux tranchants, destinée à désunir ceux que les nœuds les plus forts avaient joints ; mais en quel état reviendra-t-elle s'asseoir au foyer paternel ? Elle l'avait quitté belle de son innocence, parée de jeunesse et de fraîcheur ; elle y reviendra dépouillée de sa grâce première, attristée par d'amers souvenirs, épuisée peut-être par les devoirs de la maternité et fanée avant l'âge ; elle y reviendra, mais comment s'y retrouvera-t-elle ?

Le divorce a, dit-on, pour but, de faire cesser un mensonge légal, une fiction cruelle ; mais ne les remplacerait-il pas par un mensonge plus cruel encore, par une fiction morale plus décevante ? Il rend les époux qu'il délie à leur liberté primitive, à la faculté de former de nouveaux nœuds ; il les restitue dans leur premier état.

Mais recommence-t-on la vie?

Ce sentiment moral qui élève l'espèce humaine si fort au-dessus de tous les êtres, que la différence du sexe rapproche; cette idée de préférence exclusive, cet instinct de délicatesse et de pudeur qui ajoutent tant de prix à la félicité que l'amour procure, ne témoignent-ils pas hautement que, si des époux divorcés peuvent être restitués légalement dans leur premier état, ils sont loin d'en recouvrer l'intégrité: que la femme surtout, une fois privée par le divorce de ce nom d'épouse avec lequel, selon l'heureuse expression de Tacite[1], on ne transige qu'une fois, ne saurait jamais en retrouver la dignité première.

Avec le mariage, tout suit le cours ordinaire des choses et marche comme la nature; à mesure que les époux avancent en âge, l'attachement qu'ils éprouvent l'un pour l'autre prend un nouveau caractère. Une tendre amitié, une profonde estime, une confiance sans bornes, succèdent, dans leurs cœurs, à des sentiments plus vifs, mais moins durables; plus tard ils puisent dans la longue intimité de la vie commune cette puissance d'affection qui s'empare de l'âme, avec l'habitude, et orne un présent décoloré des réminiscences enchanteresses d'un passé que l'éloignement embellit encore. C'est ainsi qu'ils passent insensiblement, et par degrés, des illusions et des plaisirs de la jeunesse au bonheur plus calme et plus solide de l'âge mûr, et aux jouissances non moins touchantes, quoique moins animées, d'une lente vieillesse.

Avec le divorce, tous les rapports sont intervertis, la vie morale des individus ne suit plus son cours, le développement progressif de leurs sentiments s'arrête. L'époux qui cherche dans un nouveau lien un dédommagement aux ennuis et aux troubles d'un précédent engagement, inévitablement tourmenté par l'expérience du passé, si propre à faire naître en lui d'involontaires défiances, est loin d'avoir recouvré cette liberté d'esprit et de cœur, cette possession franche et entière de lui-même, qui sont les conditions nécessaires d'une union complète et sans restriction. L'épouse séparée de celui qui reçut ses premiers serments, lors même qu'il ne l'a pas rendue mère, n'est jamais, pour un nouvel époux que la veuve d'un mari vivant. Jouit-elle des honneurs de la maternité? elle ne lui porte qu'un cœur partagé par le plus irrésistible de tous les sentiments, l'amour maternel; et cet amour, ce sont les enfants d'un autre qui l'inspirent, d'un autre qui, jusque dans les bras d'une nouvelle épouse, est sans cesse rappelé vers elle par ce lien puissant de la génération et que la nature indépendante de l'autorité des lois et la mort peuvent seules rompre.

Ces unions tronquées seront toujours imparfaites. La situation des époux étant en opposition avec ces mouvements involontaires de leur âme, leurs sentiments ne se rapporteront jamais; ainsi les promesses du divorce se trouveront fausses, et, en rendant aux époux qu'il aura affranchis la liberté de former de nouveaux nœuds, il trompera leurs espérances et celles de leurs conjoints.

[1] *De Morib. German.*

Mais le divorce est-il, en effet, secourable aux imperfections de l'humanité?

S'il en est ainsi, il conviendra de l'adopter, car nos propres fautes nous avertissent de compatir à la fragilité humaine : mais notre expérience personnelle nous enseigne que ce n'est pas en fléchissant devant nos penchants vicieux que nous pouvons espérer de les surmonter. Si l'homme est inconstant par nature, ce n'est pas une raison pour nourrir et entretenir son inconstance ; il convient bien plutôt de la décourager. C'est l'œuvre de la religion, de la philosophie et des lois, qui sont la philosophie civile. Les lois doivent être préventives ou répressives de tout ce qui trouble l'ordre public. Ce serait, tout à la fois, mal raisonner et agir imprudemment que de déclarer licites des actions injustes, dommageables et malhonnêtes, à cause des imperfections humaines : la raison et la justice commandent également de les déclarer criminelles et punissables, pour les prévenir et les réprimer. La véritable pitié veut que l'on épargne aux hommes les occasions de faillir, et non qu'on leur en fournisse des moyens réguliers et légaux.

C'est une vieille maxime de morale pratique, qu'il est plus aisé de résister à ses passions que de les gouverner, en s'y livrant. Ce serait mal connaître les hommes que de craindre de leur imposer des devoirs trop sévères. Cette contrainte peut les gêner, mais elle les élève à leurs propres yeux ; et ce n'est qu'en leur révélant la dignité de leur nature qu'on leur inspire ce respect d'eux-mêmes qui est la source de toutes les vertus.

« Ne craignons pas, dit David Hume[1], de trop resserrer le nœud du « mariage ; si l'amitié des époux est solide et sincère, elle ne peut qu'y « gagner ; si elle est incertaine et chancelante, c'est le meilleur moyen de « la fixer : il ne faut qu'une prudence médiocre pour oublier je ne sais « combien de querelles et de goûts frivoles, lorsqu'on se voit obligé de « passer sa vie ensemble, au lieu qu'on les pousserait aux dernières extré- « mités, et qu'il en résulterait des plaintes mortelles, si l'on était libre de « se séparer. »

L'histoire générale des institutions civiles et des mœurs confirme cette doctrine; c'est ainsi que l'observation et l'expérience servent de contrôle et de preuve aux déductions logiques d'une saine philosophie.

On nous accusera peut-être de nous occuper davantage de ce qui devrait être que de ce qui est, d'envisager le mariage d'une manière trop théorique et trop abstraite, et d'en présenter le roman plutôt que l'histoire.

Sans doute, il ne faut pas négliger les faits ; mais la nature des rapports qui unissent l'homme et la femme, celle de l'institution du mariage, sont aussi des faits, et les plus considérables de tous.

Certainement l'union conjugale, telle que notre civilisation nous l'a faite, ne répond pas toujours au plan que nous en avons tracé. Dans le sein de nos grandes villes, les progrès de l'esprit de société ont affaibli

[1] *Essais moraux et politiques*, essai 18.

l'esprit de famille. De même que les traits distinctifs des caractères s'effacent, dans le mouvement rapide et les frottements multipliés de la vie civile, les liens spéciaux et domestiques s'usent contre cette complication de rapports et d'intérêts qui les croisent et les font quelquefois méconnaître. Il arrive même alors qu'ils se dénouent presque à l'instant où ils viennent d'être formés, parce que le mariage est trop souvent considéré comme une affaire d'intérêt, comme un moyen de s'établir dans le monde, d'y vivre avec plus ou moins d'aisance, de commodité ou d'éclat, et même comme un expédient pour rétablir sa fortune ou sa renommée. Les parents des futurs époux, et ces époux contribuent eux-mêmes à cette dégénération du mariage; car ils consultent bien plus la situation respective des familles qui vont s'allier, et cette foule de nécessités factices que le tourbillon de la société multiplie autour d'eux, que le goût des parties intéressées, leurs penchants, la compatibilité de leurs humeurs, la conformité de leurs principes et la sympathie de leurs sentiments. De là, les mécomptes, l'indifférence, la froideur, les dissensions domestiques, l'insupport, les inimitiés qui privent la vie commune de tout son attrait, et qui finissent par la rendre pénible et même intolérable.

C'est surtout dans la demeure du pauvre qu'il faut pénétrer, nous dit-on, pour apprécier toute l'étendue d'un tel malheur. C'est là que, resserré dans les limites étroites d'un réduit obscur, sous le joug impérieux du besoin et le poids de fatigues ininterrompues d'un travail obstiné, la vie commune devient un insupportable fardeau, dès que le vice ou les passions brutales ont semé la discorde entre les époux. Il ne leur reste alors de ressource que la mort ou le crime, et l'on met sous nos yeux une effroyable série de forfaits.

Mais que conclure d'un tel état de choses?

Sans doute les siècles civilisés ne sont pas pour les peuples l'âge de l'innocence; mais si les lois doivent être d'autant plus répressives que les principes religieux le sont moins, ne doivent-elles pas être d'autant plus austères que les mœurs sont plus faciles et plus relâchées?

D'ailleurs le mariage ne change pas de nature à mesure que les nations changent de mœurs. Si ces lois devaient s'altérer avec elles, quel serait le terme de ces altérations? Jusqu'à quel degré la législation devra-t-elle pousser la condescendance? Si la pensée, imposante et sévère, de l'indissolubilité du mariage, ne préserve pas suffisamment les hommes de nos jours contre la légèreté et l'inadvertance avec lesquelles ils font le plus souvent les choses les plus sérieuses; si elle ne les empêche pas de prendre le change sur leurs véritables et leurs plus chers intérêts; s'il arrive qu'un engagement qui devrait à la fois constituer la famille, rajeunir la société, entretenir régulièrement la population de l'État et assurer le bonheur des personnes, ne remplit que bien imparfaitement la dernière de ces conditions; s'il faut leur accorder le divorce pour les relever des suites funestes, mais plus ou moins volontaires, de leur propre imprévoyance, le divorce ne favorisera-t-il pas encore cet esprit d'inadvertance et de légèreté? N'augmentera-t-il pas les inconvénients qu'il serait appelé à détruire? Les engagements téméraires et les mariages inconsidérés se multiplieront en vue de leur dissolution possible; les abus qu'on a signalés s'accroîtront; les moindres dégoûts, les contrariétés les plus frivoles, rendront la vie commune insupportable, parce qu'on aura exclu du banquet nuptial la patience et la résignation, compagnes inséparables de l'indissolubilité. Pour être conséquent, on sera de jour en jour obligé de rendre la dissolution plus facile encore. Cette complaisante facilité, cette fragilité extrême du lien conjugal, loin d'opposer une digue à la dépravation des mœurs, corrompront jusqu'au mariage lui-même. Le divorce aurait moins d'inconvénients peut-être au sein des sociétés peu avancées, parmi des hommes simples occupés presque exclusivement des soins de la vie domestique.

Les lois ne peuvent pas s'occuper aussi attentivement que les moralistes du bonheur des époux; le mariage n'est pas pour elles, comme pour les poëtes, le dénouement de l'amour; elles l'envisagent de plus haut, d'une manière plus sérieuse et plus générale. Elles le considèrent comme la première des institutions sociales, et sous ses rapports civils et politiques. Sans doute, elles ont en vue la bonne intelligence des époux, parce que cette bonne intelligence est nécessaire, pour que l'union conjugale produise les effets qu'elles en attendent; mais pour procurer cette bonne intelligence, lorsqu'elle cesse d'exister, elles ne peuvent risquer de la compromettre là où elle existe. Or, même sous l'influence d'une civilisation avancée, il faut bien reconnaitre que les unions malheureuses sont une exception, ou il faudrait proscrire le mariage même: et nous croyons avoir établi que l'introduction dans la loi d'un remède violent et dangereux de sa nature augmenterait les maux que l'on prétend guérir, et la perturbation morale qui en est la suite. En effet, il serait administré *a priori* avant l'invasion du mal, et il affecterait les mariages sains et les liaisons bien assorties, en y déposant un germe de dissolution. Il en est de l'union conjugale comme de la puissance paternelle. L'homme en abuse et en souffre, parce qu'il a des passions. Faudrait-il pour cela abolir l'autorité des pères sur leurs enfants?

D'ailleurs, quoiqu'il nous soit impossible de ne pas soupçonner qu'on exagère cette masse de crimes secrets dont on charge l'indissolubilité du mariage, nous nous contenterons, pour l'instant, de demander à l'histoire si l'établissement du divorce en a purgé la société.

A cette époque où Rome, après avoir sacrifié ses mœurs à la gloire, ne s'affranchit de la licence qu'enfantent les discordes civiles qu'en acceptant le joug du plus honteux et du plus accablant despotisme; à cette époque où les femmes, disait Sénèque[1], ne désignaient plus les années par le nom des consuls, mais par le nom de leurs maris, où elles épousaient pour divorcer et divorçaient pour épouser, les écrivains contemporains[2] nous apprennent que les attentats des époux contre la vie de leurs conjoints étaient d'autant plus fréquents que leurs liens étaient plus fragiles. C'était quand le moindre caprice suffisait pour rompre l'union conjugale, qu'il se formait le plus de ces monstres qui aspiraient à la dissoudre par le crime.

[1] *De Beneficiis*, lib. III, chap. XVI.
[2] Martial, *Epig.*, lib., IX, ép. 70.

Nous demanderons dans quel temps et chez quels peuples, on a vu les mariages mieux réglés, les crimes plus rares, les mœurs plus exemplaires, que chez les nations et dans les siècles où les maximes de la morale chrétienne et le dogme de l'indissolubilité du mariage ont été le plus en honneur.

D'ailleurs la loi qui nous régit est-elle donc si inexorable? Abandonne-t-elle sans ressource ces infortunes, qui sont moins l'effet des imperfections ou de l'infirmité de notre nature, que de la corruption sociale et des progrès de la civilisation?

N'a-t elle pas admis la séparation de corps? La séparation, qui relâche les liens du mariage sans les rompre, qui, en préservant les époux des inconvénients actuels d'une cohabitation devenue insupportable, n'éteint pas cependant, sans retour, tout espoir de pardon et de repentir, et ne condamne point la piété filiale à désespérer du rapprochement de deux cœurs, toujours accessibles au cri de la nature, tant que la loi ne les a point irrévocablement divisés.

Essentiellement temporaire, la séparation, qui peut cesser à chaque instant et se prolonger indéfiniment, est un remède mieux adapté que le divorce à l'instabilité des passions humaines. Par quelle étrange inconséquence, lorsqu'on rejette la perpétuité de l'union, prétendrait-on imposer à cette volonté de l'homme, que l'on proclame si changeante et si variable l'invincible obstacle d'une séparation perpétuelle?

Mais, dit-on, après la séparation que reste-t-il? L'interdiction légale d'un nouveau mariage; mais plus de mariage subsistant. La femme coupable peut continuer à déshonorer par l'adultère le nom qu'on lui a laissé; la femme vertueuse est condamnée à un célibat éternel, et l'expérience des hommes de pratique prouve combien les réunions sont rares.

N'est-il pas évident qu'on s'exagère les inconvénients de la séparation, et qu'on se dissimule ceux du divorce.

On se demande quel est l'état des époux après la séparation? Nous demanderons, à notre tour, ce qu'il est pendant l'absence, car l'absence est une séparation de fait, comme la séparation est, en quelque sorte, une absence de droit; avec cette différence que la séparation n'a lieu que par autorité de justice, et pour des causes déterminées et prévues par la loi, tandis que l'absence, par effet de la volonté d'un des époux, indéfiniment et capricieusement prolongée, a tous les inconvénients de la séparation, sans être entourée des mêmes garanties.

On déplore le célibat forcé qui devient le partage de l'épouse séparée; mais le divorce offre-t-il donc à la femme divorcée la chance assurée d'un second mariage, et d'un second mariage égal au premier?

L'opinion qui, en matière de mœurs, tient si peu de compte des lois, lui permet-elle de l'espérer? Séparée et vertueuse, elle a tout le mérite du sacrifice, et la considération publique vient consoler son isolement. Si elle est privée d'hommages dans la retraite où elle vit, elle impute leur absence au respect qu'inspire sa conduite, et se glorifie de ses privations. Divorcée et vivant au milieu du monde, allant, pour ainsi dire, au-devant d'un nouvel engagement, que deviendra-t-elle si elle est négligée, et quel sentiment l'aidera à supporter à la fois l'abandon et les jugements téméraires d'un public railleur? N'est-il pas à craindre que, déchue dans sa propre estime, cédant au dépit et à la honte, elle ne regrette bientôt, dans les liens d'une nouvelle union indigne d'elle, un temps où elle ne fut pas plus heureuse peut-être, mais où elle était encore honorée?

Pourquoi, d'ailleurs, veut-on considérer comme éternel le célibat des époux séparés? Souvent l'irritation d'un moment, des causes étrangères aux vrais sentiments des époux ont déterminé leur cœur et aveuglé leur raison.

A mesure que les passions se calment, pourquoi ne prêteraient-ils pas l'oreille aux conseils conciliateurs des parents, et ne seraient-ils pas disposés à recommencer, sous la médiation de l'amitié et la garantie de leurs familles, une existence commune dont ils n'auraient bien connu les avantages qu'après y avoir renoncé?

On nous dit que les hommes de pratique démentent cette théorie; mais les faits sont-ils bien d'accord avec cette dénégation absolue? Depuis l'abolition du divorce, on n'a cessé de réclamer, à chaque nouvelle session des Chambres, une loi qui rendît aux époux divorcés la faculté de contracter entre eux une nouvelle union. Le ministre de la justice a été souvent consulté sur la question de savoir si l'article 295 du Code civil conservait force de loi après l'abolition du divorce, et sous l'empire d'une législation qui déclarait l'indissolubilité du mariage.

Des consultations ont été solennellement délibérées, sur cette question, dans divers barreaux du royaume. Cédant imprudemment aux vœux de leur cœur, tristes victimes d'une séparation indissoluble, plusieurs de ces époux se sont réunis sur la foi de leurs premiers serments. Ils ont donné le jour à des enfants qui, sans état, au milieu de leurs frères, quoique nés du même père et de la même mère, et issus d'un seul et unique mariage, ne jouissent point des honneurs de la légitimité. Votre commission a reçu leurs réclamations; elles sont nombreuses. Un seul avocat est l'organe de cinq familles.

Si le divorce, qui brise violemment les nœuds du mariage, ne détruit pas tout esprit de retour, pourquoi craindrait-on que la séparation, qui ne fait que les relâcher, rendît toute réconciliation impossible? Les magistrats ne savent-ils pas, d'ailleurs, qu'une grande partie des demandes en séparation tombent devant des faits de réconciliation? Au surplus, l'expérience est faite, nous venons d'en indiquer les résultats. Sous l'empire d'une loi qui ne permet pas de rompre l'union conjugale, la nécessité même devient une cause de rapprochement.

A la vérité, l'époux qu'une femme criminelle outrage, trouve, dans la séparation, une impuissante barrière contre ses déportements. Elle peut, sous le voile conjugal qui la couvre encore, introduire sans pudeur, dans la famille qui la désavoue, les enfants d'un étranger, et leur donner un nom dont elle fait la honte. Mais cette objection a une plus haute portée. Elle atteint la règle tutélaire du repos des familles, la base inébranlable et fondamentale de l'état civil, la présomption de filiation qui résulte du mariage, la prohibition de toute recherche de la paternité. Nous pourrions dire qu'elle est inconcluante pour trop conclure. Nous pourrions ajouter que la voie du désaveu est ouverte au mari qui ne reconnaît point son enfant dans celui dont sa femme ose se déclarer la mère; mais nous aimons mieux convenir qu'en ce point, la législation est incomplète; que les changements introduits par le temps dans nos usages domestiques et dans nos mœurs, que la destruction des couvents rendent indispensables quelques dispositions nouvelles : c'est au législateur à achever son ouvrage. En 1816, on en avait reconnu la nécessité; un projet de loi avait été présenté dans ce but à cette Chambre; c'est une œuvre à revoir. La loi serait bien meilleure et les séparations moins fréquentes, si elles étaient toujours une peine pour les deux époux, et ne dégénéraient jamais en complaisance pour l'un d'eux.

Les causes, qui rendent la vie insupportable, une fois admises, la séparation vient donc suspendre les maux des époux, dans les mêmes cas, où ils pourraient recourir au divorce. Pourquoi donc accuser notre législation d'être sans pitié, et la dénoncer comme une *loi violente* contre laquelle la nature protestera toujours? C'est sans doute parce qu'elle ne donne pas, comme le divorce, la faculté de contracter une autre union. On dirait qu'il s'agit moins du soulagement des époux que de la dégénération du mariage. On veut faire acte de puissance et de souveraineté sur ce qui échappe à l'omnipotence des lois, lorsqu'il n'est besoin que d'une disposition de miséricorde.

On invoque la justice, les bonnes mœurs, la sainteté du mariage, l'intérêt des enfants, en faveur des secondes noces des époux divorcés.

La justice! Mais la justice ne commande-t-elle pas de peser tous les intérêts et de considérer toutes les circonstances? La société doit secours au malheur sans doute, mais elle se doit secours à elle-même. Qu'on jette dans un bassin de la balance la dissolution d'un mariage, la dispersion d'une famille, le trouble et la confusion de plusieurs, et, dans l'autre, le veuvage à temps d'un époux dont le conjoint vit encore; qu'on juge ensuite de quel côté la balance doit pencher. De nos jours, on perd trop de vue les intérêts sociaux et publics, on est trop facilement disposé à tout sacrifier aux considérations individuelles. On ne s'aperçoit pas assez que l'excès des garanties, dont on veut entourer l'individu, tourne contre lui-même; on compromet ses intérêts en les mettant en opposition ou en les considérant, abstraction faite de ceux de la société, et en cherchant à l'affranchir des obligations naturelles, qui sont les conditions nécessaires de la vie sociale. Il a besoin, avant tout, que la société soit bien organisée et que les pouvoirs publics soient vigoureusement constitués pour jouir, à leur abri, de la plénitude de ses droits civils et politiques, exercer librement son industrie et vivre en toute sécurité. Malheur à lui si les racines de cet arbre immense, dont les rameaux tutélaires protégent l'ordre social tout entier, venaient à se dessécher; car bientôt tariraient les sources de la félicité publique et privée!

On s'occupe avec sollicitude, dans leur intérêt privé, du second mariage ou du célibat forcé de quelques époux divorcés, et l'on ne paraît pas s'apercevoir de l'influence de cette question sur la constitution de la famille, l'autorité du mari et la puissance du père. On oublie que la puissance du père, qui prend sa source dans la génération et dans la tendresse paternelle, sentiment particulier à l'homme, est la première, la plus pure et la plus incontestable source de tout pouvoir humain. Or, le divorce, en donnant aux deux époux les mêmes droits à la résolution d'un engagement contracté entre deux parties que la nature s'est plu à former inégales, désordonne la famille, énerve l'autorité et ébranle l'obéissance. Cependant, lorsqu'un peuple est parvenu à un haut degré de civilisation, la multiplicité des rapports, la promiscuité des intérêts, un concert universel de toutes les passions, tendent sans cesse à faire disparaître la puissance domestique du livre des lois, et c'est alors qu'il est urgent de l'y maintenir; car elles s'affaiblissent de sa faiblesse et se fortifient de sa force. Serait-il donc juste de sacrifier tant et de si grands intérêts pour procurer à un petit nombre d'époux divorcés les douceurs d'un second mariage?

Quoi qu'on en puisse dire, le mariage après divorce n'est pas plus favorable aux bonnes mœurs et à la sainteté de l'union conjugale qu'à la société elle-même. L'union conjugale perd toute sa dignité, lorsqu'elle n'a plus la mort pour terme, et la vie pour mesure de sa durée ; lorsque les cendres des époux que rassemble une même couche ne doivent pas inévitablement se confondre dans la même tombe. On se flatterait vainement que ceux qui profanent le mariage indissoluble, seront de religieux observateurs de la foi conjugale, s'ils se marient sous l'influence de la loi du divorce. Qui ne voit, au contraire, que l'infidélité deviendra la voie de l'affranchissement, qu'on sera convié au parjure par la secrète envie de courir à d'autres serments, que les violations du mariage se multiplieront d'autant plus, qu'elles ne seront pas seulement des fautes mais des moyens. D'ailleurs, il n'y aura jamais assez de causes de divorce pour satisfaire les désirs déréglés et creuser un lit qui la contienne à une passion insatiable de sa nature. Ajoutons que la fréquence des divorces ne serait pas plus favorable aux bonnes mœurs et à la sainteté du mariage que l'inconduite obscure de quelques époux séparés, peut-être même le serait-elle moins, car le mal serait dans le remède; et la corruption, parvenue jusque dans le sanctuaire des dieux domestiques, en exilerait la pudeur.

Est-il possible qu'on réclame, dans l'intérêt des enfants, les secondes noces après divorce, lorsque l'histoire de tous les pays et de tous les temps est pleine des suites tragiques des secondes noces, après décès. *L'intérêt des enfants*, dit J.-J. Rousseau [1], *fournira toujours contre le divorce une raison invincible et naturelle*. Si d'infortunés orphelins n'ont trouvé le plus souvent qu'une cruelle marâtre dans l'épouse qui succédait à leur mère, après sa mort, comment espérer que celle qui l'a exclue, de son vivant, du cœur et de la maison de leur père, sera douce et maternelle à ses enfants? Privés nécessairement d'un des auteurs de leurs jours, et le plus souvent de tous les deux, que deviendra leur éducation sous une direction étrangère? Les enfants de l'union la plus récente et du dernier amour ne seront-ils pas l'objet de toutes les préférences de la famille, tandis que

[1] *Émile*, lib. V.

leurs aînés, de sang mêlé, y rencontreront à peine un appui? De là, les jalousies, les dissensions, ces haines fraternelles, invétérées et irréconciliables que Tacite[1] signale si énergiquement. De là les malheurs et les crimes que le divorce aussi entraîne à sa suite. « Ces inconvénients se font assez sentir », dit encore David Hume[2], que nous aimons à citer en cette matière, parce qu'il n'est pas suspect de catholicisme, « lors-« que la mort elle-même fait le divorce par le coup inévitable à tout « ce qui est mortel. » Faudra-t-il donc laisser, aux caprices des parents, le pouvoir funeste de multiplier à l'infini un des plus terribles effets de la mort?

Mais après que les parents auront serré, comme à l'envi, de nouveaux nœuds, qu'adviendra-t-il du respect filial dans le cœur des enfants? Pourront-ils garder cette foi révérentieuse dans la vertu des auteurs de leurs jours, qui soutient et encourage leur jeunesse, lorsque les procédés réciproques de ceux-ci équivaudront à une mutuelle accusation? A l'aspect de l'étrangère, assise à côté de leur père, au foyer domestique, ou de leur mère, occupée du gouvernement d'une autre famille, loin de leur toit paternel, cette vénération religieuse, qui est l'âme de la piété filiale, ne s'évanouira-t-elle pas? Quelle soumission prêter à un empire ainsi divisé? Comment conserver l'esprit de famille, lorsque la famille a perdu son unité? Par un secret retour sur eux-mêmes, ces malheureux enfants ne seront-ils pas avertis de leur situation exceptionnelle dans la société, et ne conserveront-ils pas un amer ressentiment pour le dommage qu'ils en éprouveront? Nous nous taisons sur la complication des intérêts pécuniaires, le mélange des communautés, les inextricables difficultés et les préjudices qui en sont la suite. Nous nous arrêtons au dommage moral, et nous croyons en avoir assez dit pour démontrer que le divorce compromet les intérêts des enfants, bien autrement que la séparation.

Nous serions infinis, si nous voulions rappeler tout ce que le divorce, en frappant le mariage d'instabilité, a de contraire à l'affection conjugale et au bonheur des époux; combien il compromet le repos des familles en favorisant des engagements téméraires; de quelles injustices il devient la source, en laissant un libre cours aux spéculations de l'ambition et de la cupidité; comment il encourage enfin ce célibat philosophique et volontaire, si redoutable pour les mœurs publiques et privées, qui mine sourdement la société, en diminuant la filiation légitime, et en surchargeant le pays d'enfants sans famille et sans patrimoine.

Il nous suffit, pour l'instant, d'avoir établi que la séparation de corps atteint le même but que le divorce, et qu'elle est plus conforme à l'intérêt des familles et de l'État. Concluons que le divorce, loin d'être une conséquence nécessaire de l'institution du mariage, y déroge, et qu'on ne saurait l'adopter à titre de complément de cette institution.

Examinons maintenant si l'état actuel de nos mœurs nationales réclame impérieusement le rétablissement du divorce, à titre de remède, et s'il

[1] *Annal.* lib. XIII, n. 17; lib. XV, n. 2.
[2] Essais, 18.

peut seul pallier un désordre social, dont il importe de prévenir l'accroissement imminent ; ou enfin si la liberté des cultes commande nécessairement qu'il soit réintégré dans le Code de nos lois civiles.

Mais à quels signes reconnaîtrons-nous l'état des mœurs ?

Les mariages sont-ils moins nombreux depuis l'abolition du divorce? Sont-ils moins féconds? Sous l'empire des lois politiques et civiles qui nous gouvernent, sont-ils moins bien assortis? la vie de famille est-elle moins en honneur? les liaisons illégitimes, par leur scandaleuse publicité, viennent-elles affliger fréquemment les amis de l'ordre et des mœurs? Des séparations de corps sont-elles multipliées outre mesure !

Il aurait été à désirer qu'une enquête solennelle et approfondie mît les Chambres à portée d'éclairer la solution de toutes ces questions par des faits et des documents positifs. Ils nous manquent. *A défaut de tableaux statistiques*, a dit l'honorable rapporteur de la commission de l'autre chambre, *une sorte de notoriété nous suffira, peut-être, pour apprécier les résultats positifs qu'a eus sur la société, soit le rétablissement, soit l'abolition du divorce*[1]. Condamnés comme lui à nous contenter de cette notoriété, nous allons en rechercher avec soin les divers éléments.

Disons-le hardiment : l'esprit général, en France, n'a jamais été favorable au divorce. A l'époque où la révolution qui s'était opérée dans les opinions et dans les mœurs se manifesta subitement par des actes, lorsque de toutes parts on réclamait avec empressement des innovations conformes à l'esprit du siècle, pas un seul cahier ne s'éleva contre l'indissolubilité du mariage et ne demanda le divorce. Et cependant, quelle était alors la situation des choses ! L'inégalité extrême des conditions ; les préjugés, qui en étaient la suite ; les dispositions rigoureuses des coutumes, qui excluaient les filles du patrimoine de la famille et consacraient les priviléges exorbitants de masculinité et de la primogéniture ; l'usage, presque universel, qui bannissait les jeunes personnes de la maison paternelle et ne leur ouvrait les portes des monastères, où elles étaient retenues dans l'ignorance du monde, que pour les livrer à des époux qu'elles ne connaissaient pas ; le mariage, qui ne se présentait à elles que sous les apparences de l'affranchissement ou de l'émancipation ; la philosophie sceptique et railleuse qui prévalait ; l'ostentation, avec laquelle on affichait effrontément la violation des devoirs domestiques ; le ridicule, qui poursuivait trop souvent la pratique exacte de ces devoirs, étaient tout autant de causes qui influaient d'une manière désastreuse sur l'intérieur des familles, qui corrompaient les mariages, et disposaient les époux à en supporter impatiemment le joug. Toutefois, les assemblées des bailliages cherchèrent ailleurs que dans le divorce un remède à ces abus. Les dangers et les vicissitudes de la révolution rapprochèrent les époux et resserrèrent les liens domestiques, aussi la loi du divorce ne fut point l'ouvrage de l'Assemblée constituante. Ce ne fut pas même dans l'intérêt du mariage qu'on l'arracha au législateur, mais au nom de la liberté individuelle. Elle est au nombre de ces lois qu'on n'osa refuser à l'effervescence des passions révolutionnaires.

[1] M. Odilon Barrot, rapport précité, page 1.

Il est remarquable que le divorce n'atteignit qu'en petit nombre les mariages contractés sous l'empire de la loi de l'indissolubilité, si l'on en excepte les divorces de circonstance, prononcés pour cause d'émigration. « C'est sur les unions formées depuis la nouvelle loi, » dit dans un écrit contemporain[1], un vertueux et savant magistrat, père d'un des membres de votre commission qui l'a dignement remplacé parmi vous et ailleurs ; « c'est sur les unions formées depuis la nouvelle loi que le divorce « s'opère, avec la licence la plus effrénée ; c'est relativement aux mariages « même contractés sur un premier divorce, c'est quelquefois contre des « mariages formés depuis huit jours qu'il est réclamé, et ce qui doit con-« duire aux plus sérieuses réflexions, le nombre des mariages, à Paris, « n'a été en l'an VIII que de 3,306, et celui des divorces a été de 684; « dans les onze derniers mois de l'an XI, celui des mariages a été de « 3,401 : et celui des divorces de 659 ; en sorte que sur cinq mariages qui « se font dans la capitale, il y a à parier qu'il y en aura un d'annulé. »

Ces désordres constatés éclairèrent la raison publique. Les auteurs du projet du Code civil proposèrent de rétablir le principe du mariage indissoluble ; ils doutèrent seulement que la loi civile eût assez de force pour lui donner une sanction absolue. Ils considérèrent la dissolution du mariage comme un mal qu'il n'était plus au pouvoir de la loi de prévenir, mais qu'elle devait soumettre à une animadversion légale. Ils ne conservèrent pour causes de divorce que les délits et crimes de l'un des époux envers l'autre, et ils leur appliquèrent les formalités et les règles de la justice. « En général, disait l'auteur du discours préliminaire du projet du Code « civil[2], notre but dans les lois sur le divorce a été d'en prévenir l'abus « et de défendre le mariage contre le débordement des mœurs. On va au « mal par une pente rapide ; on ne retourne au bien qu'avec effort. Ce « qu'il faut craindre aujourd'hui, c'est que la licence des mœurs ne rem-« place l'ancienne gêne des mariages, et que, par la trop grande facilité « du divorce, un libertinage, pour ainsi dire régulier, ne soit mis à la « place du mariage même. »

Ces principes ne prévalurent pas, mais celui qui les avait proclamés y demeura toujours fidèle. Il avait trouvé le divorce établi, il s'efforçait d'en restreindre l'application. Dès l'an V, il réclamait avec énergie le rétablissement de la séparation de corps et l'abolition du divorce, sur la simple allégation d'incompatibilité d'humeur et de caractère. « Hâtons-nous, » s'écriait-il dans un rapport[3] qui fut, à la tribune du Conseil des Anciens, son dernier effort pour la cause de la justice, de l'ordre et des mœurs, et qui précéda de peu de jours sa proscription, « hâtons-nous de réparer nos « erreurs et de rappeler le mariage à sa véritable institution. Ce contrat, « qui perpétue l'espèce, est destiné lui-même à la perpétuité. Si la diversité « des opinions religieuses, si la force des passions, si la faiblesse des lois « humaines ne nous permettent pas d'en garantir l'indissolubilité absolue,

[1] *Du divorce et de la séparation de corps*, par J. Maleville, chap. I, page 12.
[2] Portalis, discours préliminaire du projet du Code civil, pages 35, 40.
[3] Portalis, rapport précité, page 56.

« garantissons-en du moins la stabilité. » Si ces efforts furent vains, ses principes demeurèrent inébranlables. Toujours occupé de combattre les effets désastreux du divorce, après son abolition prononcée, il n'eût jamais consenti à son rétablissement.

Mais quel moment choisit-on pour le demander? celui où, sous l'empire de nos lois nouvelles, chacun est devenu l'arbitre de ses destinées, et où les mariages sont plus libres qu'ils ne l'ont jamais été. Lorsque le triomphe de l'égalité politique, rapprochant toutes les conditions, préserve les douces inspirations de la nature de la tyrannie des préjugés de l'orgueil et des vanités sociales; à une époque, où l'on n'a plus à redouter ces combinaisons fatales qui immolaient si souvent les convenances personnelles à de pures convenances de familles, rien ne motive cet excès de sollicitude pour les unions mal assorties.

Il nous semble que les mœurs sont, en général, plus sérieuses et plus décentes. De grandes commotions politiques ont ramené aux habitudes domestiques. La nécessité rapproche : en inspirant la douceur à celui qui est fort, à tous, une commune bienveillance. A mesure qu'on s'est mieux connu, on s'est mutuellement estimé davantage. On s'est étonné de trouver si près de soi, et dans l'intérieur de sa maison, un bonheur qu'on allait souvent en vain chercher laborieusement au-dehors : mais on a profité de ses découvertes, on en jouit. Le désordre qui a gagné les ouvrages d'imagination, dans lesquels des écrivains, qui valent mieux que leurs livres, tâchent, pour parler comme Montaigne, *à être pires qu'ils ne peuvent*, n'a point encore dépravé les mœurs. Les époux ne s'évitent plus avec une affectation ridicule. Les enfants ne sont pas, sans nécessité, écartés du domicile de leurs parents. Dans ses plus grands écarts, on respecte la décence publique. On apporte autant de soins à garder les bienséances qu'on mettait autrefois d'audace à les braver. Si la philosophie du siècle n'est pas précisément religieuse, elle abjure un grossier matérialisme, et rend hommage à la religiosité naturelle à l'homme. Il y a loin de là à une dégénération flagrante.

Des faits officiellement constatés viennent à l'appui de ces aperçus moraux.

L'abolition du divorce n'a point diminué le nombre des mariages. Les *Recherches statistiques sur la ville de Paris* nous en fournissent la preuve.

Sous l'ancien régime et l'influence de ses mœurs, de 1785 à 1789, le nombre des mariages, contractés annuellement à Paris, s'élevait à plus de cinq mille.

De 1789 à 1792, sous l'influence de la Révolution et de ses doctrines, mais avant l'établissement du divorce, leur nombre fut, durant les deux premières années, de quatre à cinq mille, et de plus de sept mille dans les deux dernières.

Sous l'empire de la loi du divorce, telle que l'Assemblée législative et la licence des temps l'avaient faite, de 1792 à 1802, le nombre des mariages varia. En 1794, il s'éleva à plus de neuf mille. La facilité des divorces et la diminution de l'autorité paternelle en furent évidemment les causes. Sur trente actes de divorce, on en trouvait dix, dans lesquels un des époux ou tous les deux divorçaient pour la seconde fois[1]. De 1795 à 1802, le nombre des mariages demeura toujours au-dessous de ce qu'il avait été de 1789 à 1792, c'est-à-dire avant le divorce. Il faut en excepter l'année 1786, pendant laquelle il y eut plus de six mille mariages.

Depuis les restrictions apportées à la faculté de divorcer, et sous le régime du Code civil, de 1802 à 1814, le nombre des mariages n'a pas augmenté. Il alterna constamment entre trois et quatre mille par an, si ce n'est en 1813; cette année on en compta jusqu'à six mille. Il est évident que cette augmentation fut le résultat des unions nombreuses que contractèrent, pour se soustraire au service militaire, ceux que ses exigences menaçaient dans un moment où elles devenaient plus pressantes de jour en jour.

Enfin, depuis la loi du 8 mai 1816, et l'abolition du divorce, de 1815 jusqu'en 1826, le nombre des mariages est toujours allé croissant, de cinq mille jusqu'à sept mille sept cents. Il est probable que les tableaux statistiques qui retracent les mouvements de la population, dans divers départements du royaume, donneraient des résultats analogues. Nous regrettons de ne pas les avoir eus sous la main.

La fécondité des mariages indique assez la bonne intelligence des époux. Elle a crû proportionnellement au nombre des mariages mêmes, et l'on compte environ quatre enfants légitimes pour un mariage[2].

Nous ne prétendons point conclure de ces chiffres que l'augmentation constante du nombre des mariages, durant les dix années qui ont suivi l'année 1816, soit uniquement due au rétablissement de leur indissolubilité, mais on nous permettra d'en induire modestement que les intérêts de l'État et des familles ne sont point en souffrance sous ce rapport, et qu'il n'y a nulle urgence à remettre en vigueur une législation qui avait produit des effets, sinon directement contraires, au moins fort différents.

Une dernière observation terminera cette partie de notre travail.

Elle est relative au nombre des séparations de corps qui ont été prononcées depuis l'abolition du divorce, comparé au nombre des divorces prononcés sous l'empire du Code civil.

Nous avons indiqué plus haut le nombre effrayant des divorces sous l'influence de la loi du 20 septembre 1791.

Le rapport des divorces aux mariages était alors de un à cinq. Dans les deux premières années qui suivirent la promulgation du Code civil, le nombre des divorces diminua de moitié. Mais bientôt, à mesure que l'influence d'une législation plus sage, que le retour aux croyances et aux habitudes religieuses, et que les progrès de l'ordre se firent sentir, le nombre des divorces décrut dans une proportion bien plus rassurante : on en avait compté près de sept cents en l'an VIII et en l'an IX, plus de trois cents en l'an XI et en l'an XII ; depuis l'an XIII jusqu'en 1812 inclusivement, on n'en compta plus que de cinquante à soixante-quinze par an. Nous ignorons quel fut le nombre des séparations de corps parallèlement prononcées.

[1] Opinion du tribun Carion-Nisas, sur la loi relative au divorce.

[2] *Annuaire du Bureau des longitudes pour les années* 1831 *et* 1832.

Telle était la situation des choses lorsque l'abolition du divorce intervint. La séparation de corps restait seule aux époux malheureux. Si aucune cause morale n'était venue raffermir le lien conjugal, le nombre annuel des séparations prononcées aurait dû être égal à la somme des divorces et des séparations effectués sous l'empire de la législation abrogée : il n'en alla point ainsi. Dans les seize années écoulées depuis, et y compris 1816 jusques et y compris 1831, il n'a été prononcé que cinq cent cinquante et une séparations de corps, c'est-à dire environ neuf par an. Et c'est après une amélioration aussi sensible que l'on voudrait que les lois fissent rétrograder les mœurs !

Et lors même, ce qui n'est pas, que le petit nombre des séparations annuellement prononcées l'auraient été sans retour, lors même que quelques-unes d'entre elles auraient entraîné des désordres à leur suite, qui ne voit combien un régime qui a conservé l'intégrité, la stabilité de tant de familles, est préférable à celui qui en aurait facilité la promiscuité et la dissolution ?

Mais serait-il donc vrai que la faculté du divorce se trouvât liée parmi nous à la liberté de conscience ?

Après avoir fait une question de religion de l'indissolubilité du mariage, dans un temps où les institutions civiles étaient intimement liées aux institutions religieuses, par une fatalité singulière, voudrait-on en faire encore une question de religion, à présent que les institutions religieuses sont tout à fait en dehors des institutions civiles ? Il y aurait dans cette manière de procéder quelque chose qui impliquerait contradiction.

Il était impossible, sans doute, que la religion n'intervînt pas dans le mariage : par cela seul que le mariage est un acte du droit naturel, il est un acte religieux. L'usage universel de tous les peuples l'a reconnu. Partout les époux ont pris l'auteur de la nature à témoin de leurs serments. Quand l'homme aurait-il donc élevé ses mains suppliantes vers le ciel, si ce n'eût été à l'occasion d'un engagement qui associe en quelque sorte la créature à l'œuvre du Créateur, en la faisant concourir au grand œuvre de la reproduction des êtres ? Aussi pendant longtemps, et parmi le plus grand nombre des nations, le mariage dépendit exclusivement de la religion. A Rome, patrie et source du droit civil, les causes matrimoniales étaient portées devant les pontifes.

Mais lorsque le christianisme vint opérer dans le monde la plus grande révolution sociale qu'il ait jamais subie ; lorsqu'il eut séparé les choses qui concernent les intérêts de la vie future, de celles qui ne touchent que l'ordre temporel, une division naturelle s'établit entre le sacerdoce et l'empire. Le mariage fut alors considéré comme une matière mixte que l'un et l'autre se disputèrent à l'envi. La révolution a mis fin, pour notre compte, à ce long débat. Le mariage a été sécularisé. On professe hautement qu'on ne pourrait, sans une inconséquence absurde, proscrire le divorce par pure soumission au dogme d'une religion. Si l'on veut éviter de tomber dans une inconséquence non moins choquante, on ne doit point admettre le divorce, par pure déférence pour les préceptes d'une autre. Le divorce est-il bon en soi ? Est-il utile à l'État dans telles circonstances données? C'est là toute la question, et l'honorable et habile rapporteur de la commission de l'autre chambre l'a fort bien comprise. Aussi a-t-il professé que « la loi a pu et pourrait encore interdire le divorce, même au « protestant dont le culte l'admet, s'il était reconnu que le divorce était « dangereux pour l'ordre social; elle ne commettrait pas en cela, « ajoute-t-il, un attentat à la liberté religieuse, parce que, dans l'ordre « civil, la législation ne peut être enchaînée d'une manière absolue par « les préceptes d'une religion[1]. »

En fait de mariage, en effet, le législateur n'a que trois partis à prendre : celui de laisser le mariage sous l'autorité des lois religieuses; celui de placer, en ce qui le concerne, les lois religieuses sous la sanction des lois civiles; et celui de ne les considérer que sous ses rapports civils et politiques, abstraction faite de toute loi religieuse.

Dans le premier cas, l'engagement naturel du mariage est, aux yeux du législateur, la substance du contrat civil et le lien religieux. Lorsque deux époux qui n'appartiennent pas seulement à la même cité, mais qui adhèrent à la même foi, s'unissent, le contrat civil et le lien religieux se confondent, parce que la loi ne sépare pas le citoyen du fidèle. Il n'y a qu'un ordre de règles à suivre; ce sont celles qui gouvernent le lien religieux. C'est ainsi que, dans plusieurs États du midi de l'Europe, le mariage est exclusivement régi par le droit canonique.

Dans la seconde hypothèse, la loi distingue ce qui est distinct de sa nature : l'engagement naturel, le contrat civil et le lien religieux. Mais, ayant en vue de maintenir l'harmonie entre les différents principes qui gouvernent les hommes, elle s'empare des règles qui régissent le lien religieux; elle se les rend propres, et elle les applique au contrat civil et à l'engagement naturel qui en est la base. C'est ce qui existait autrefois en France, et c'est ainsi que l'ordonnance de Blois et plusieurs autres lois du royaume avaient incorporé, dans notre législation, les principes du droit canonique sur les matières matrimoniales, tandis qu'en 1787 un édit de Louis XVI accorda aux protestants la faculté de contracter mariage devant le magistrat civil et sans abjurer leur croyance. C'est ce qui se voit encore en Angleterre, où le divorce n'a été admis que depuis la Réforme, en 1547, et conformément aux maximes des réformateurs.

Enfin, dans la troisième supposition, la loi, se renfermant strictement dans la sphère du droit politique et civil, n'envisage le mariage que sous ses rapports avec la cité et la famille. Elle ne fait point abstraction de l'engagement naturel, sans lequel le contrat civil ne serait qu'un accident sans sujet, mais du lien religieux; et dès lors elle fait nécessairement abstraction de tous les préceptes religieux qui s'y rapportent. C'est dans cet ordre de choses que nous nous trouvons placés.

Dans la première hypothèse, il y a dans l'État une religion exclusive; dans la seconde, une religion dominante et des religions tolérées; dans la troisième, la liberté des cultes est entière.

Tout le monde affirme que, sous le régime de la liberté des cultes, le

[1] M. Odilon Barrot, rapport précité, page 7.

rétablissement du divorce n'est plus une question religieuse : c'est, dit-on, une pure question de liberté.

On soutient que, puisqu'il y a dans l'État des cultes qui autorisent le divorce, la loi doit le permettre, afin que ceux qui professent ces cultes puissent en user.

Tel est l'argument dans toute sa force. Mais qui ne voit que l'on rentre dans la question religieuse, au moment même où l'on déclare en vouloir sortir pour toujours.

Pourquoi s'enquiert-on, si, parmi les cultes établis en France, il en est qui autorisent le divorce, lorsqu'il s'agit uniquement d'examiner si les intérêts de la famille et de l'État requièrent ou repoussent cette modification du mariage? Ne serait-ce pas parce qu'on n'oublie pas assez qu'il y a une religion qui le prohibe?

Mais si l'indissolubilité du mariage est bonne en soi, si elle est conforme à la nature des choses, favorable aux intérêts publics et privés, faut-il la rejeter, parce que la religion catholique la proclame? Il faudrait donc renoncer à tous les principes fondamentaux de l'ordre et de la morale, parce que cette religion les a consacrés. Une prévention aveugle ou un fanatisme absurde pourraient seuls raisonner de la sorte.

Qui ne sait, en effet, que, si le législateur, dans un pays où règne la liberté des cultes, ne doit pas se préoccuper exclusivement des préceptes d'une religion, la conformité des lois, avec la religion du plus grand nombre, est un bien d'autant plus grand, que les lois ne peuvent lier les hommes par un lien plus fort que la religion même.

Toutefois serait-il vrai que la loi dût permettre tout ce que les cultes existants dans l'État autorisent? Où nous conduirait cette maxime? Avant que les déclarations du grand Sanhédrin eussent, un peu tard, redressé les fausses croyances des juifs sur l'usure, la loi française aurait donc dû autoriser les israélites à exiger de leurs débiteurs un intérêt au-dessus du taux légal! Mais la loi qui refuse de reconnaître les vœux perpétuels que la religion catholique ne permet pas seulement, mais conseille, est donc contraire à la liberté des cultes? Ou cette religion serait-elle placée sous un régime d'exception, et lui refuserait-on, par privilége, ce qu'on réclame pour les autres communions, en vertu du droit commun?

Pourquoi donc, en proposant l'abrogation de la loi qui défend aux beaux-frères d'épouser leurs belles-sœurs, n'a-t-on pas invoqué récemment cet argument péremptoire de la liberté des cultes? Ignorait-on que la loi de Moïse ne se contente pas d'autoriser, mais ordonne, en certains cas, ces sortes de mariages?

C'est que la liberté religieuse n'emporte pas le droit de faire tout ce que la religion que l'on professe ne défend pas, mais simplement le droit de n'être jamais forcé de faire ce que cette religion défend. Elle garantit, sans exception, l'indépendance de la conscience, mais elle ne garantit que sous l'autorisation des lois le libre exercice du culte et la pratique de la morale. Ainsi faut-il soigneusement distinguer dans les religions, ce qui est de précepte, de ce qui est de conseil, ce qui est obligatoire de ce qui est purement facultatif; car cette distinction trace, en cette matière, les limites du droit des citoyens et du pouvoir des lois. Un musulman auquel, dans notre Occident, on ne permet d'épouser qu'une seule femme, n'a point à se plaindre de l'intolérance de la législation. Car, si la polygamie lui est permise et conseillée, elle ne lui est point commandée. Au contraire, le chrétien qu'on voudrait contraindre, dans l'Orient, à épouser plusieurs femmes serait opprimé, parce que sa religion lui défend la polygamie. Si la loi ne reconnaît point les vœux perpétuels ou n'autorise pas le divorce, la liberté religieuse de l'époux protestant ou du cénobite catholique n'en reçoit aucune atteinte : car si l'un ne peut résilier un engagement que sa religion lui permettrait de rompre, et si l'autre est autorisé à révoquer le vœu que sa religion déclare irrévocable, ni l'un ni l'autre ne sont contraints à la violation d'un devoir religieux.

Que deviendrait d'ailleurs la législation sous l'empire d'une telle doctrine ? Admettez par pensée l'établissement en France de ces myriades de sectes religieuses qui pullulent en Angleterre et en Amérique, faudra-t-il s'enquérir de tout ce qu'elles permettent et de ce qu'elles défendent, pour le canoniser dans nos lois? Car, si l'on a tant d'égards pour ce qu'elles permettent, il serait peu raisonnable d'en avoir moins pour ce qu'elles prohibent? Et dès-lors, il faudra donc bannir de nos Codes le serment décisoire, parce qu'il est défendu dans certaines communions chrétiennes, de prendre Dieu à temoin; il faudrait exempter les quakers et les anabaptistes du service militaire : et Dieu sait! ce qu'une telle disposition leur ferait de prosélytes! Mais il faudrait surtout, et ceci nous ramène directement à la question qui nous occupe, maintenir l'abolition du divorce pour les catholiques, parce que leur religion le condamne. On le voit, il ne resterait au législateur, dans un tel système, qu'à abdiquer ses devoirs et sa puissance, et à s'en remettre aux diverses croyances du soin de régler la vie civile et la société.

Au reste, il n'est pas exact de dire qu'il y ait en France des cultes qui autorisent le divorce. Ces cultes le tolèrent et ne l'autorisent pas ; et la différence est grande. C'est la même qui existe entre ce qui est licite et ce qui est honnête. Lisez les théologiens, les moralistes protestants, et vous vous convaincrez que leur conscience répugne au divorce.

Aussi ne voyons-nous pas que ce soit du sein des consistoires et des églises protestantes que sont sorties les voix qui ont sollicité son rétablissement. Sous la Restauration, quinze ans se sont écoulés depuis l'abolition du divorce, sans réclamation de la part des protestants. Depuis la révolution de 1830, ils n'ont pas montré plus d'empressement pour cette importante concession.

Mais a-t-on remarqué pendant que la loi du divorce était en vigueur, que ce soient surtout des époux protestants qui aient fait dissoudre leurs mariages? on n'oserait l'affirmer. En Angleterre, en Suisse, dans les États protestants de l'Allemagne où la loi permet le divorce, l'opinion la désavoue.

Soyons justes et vrais : ce ne sont point les Français des deux communions réformées qui réclament le divorce, ce n'est point pour eux un intérêt de conscience. La question que vous avez à résoudre n'est pas seulement une question de liberté religieuse, mais une question d'ordre public; et, comme l'a dit avec tant de justesse le savant rapporteur de la commission de l'autre Chambre[1], c'est en cherchant à concilier *les conditions de la société avec les droits de la liberté* que vous pourrez y parvenir. Dès lors, la solution est facile, et puisque ni l'état présent des mœurs, ni la liberté des cultes n'y sont intéressés, le rétablissement du divorce nous paraît inadmissible.

Toutefois, en admettant la thèse contraire, voyons si le moment serait opportun et bien choisi pour opérer ce rétablissement; car aux grandes questions de droit et d'ordre public que nous venons de traiter, vient se mêler une question de conduite et de politique spéciale.

Une révolution vient de s'accomplir. Un gouvernement nouveau a pris naissance au sein de cette révolution. Un gouvernement qui commence est naturellement faible; souvent il est moins menacé par les attaques de ses ennemis naturels que par l'indifférence de ceux qui s'abstiennent de le défendre. Cependant il faudrait qu'il eût beaucoup de force pour tout contenir, et qu'il inspirât une grande confiance, afin de tout recomposer. Les révolutions désapprennent l'obéissance aux peuples et le commandement à ceux qui gouvernent. Au milieu des nombreux et prodigieux obstacles, que les éléments dispersés de l'autorité ont à surmonter pour se coordonner de nouveau, il faut soigneusement éviter tout ce qui peut accroître les embarras et compliquer la position.

On a touché à peu près à tout. La famille restait intacte : voilà qu'on propose de la révolutionner à son tour. Le pouvoir politique était vacillant et incertain; toute magistrature amoindrie; toute autorité civile contestée; toute obéissance problématique, et l'on vient mettre en question la clef de la voûte, le pouvoir domestique.

Le sentiment religieux de la grande majorité des Français était profondément froissé; en voyant disparaître du faîte des temples et des lieux publics cet emblème sacré du christianisme, que Mirabeau, ce provocateur éloquent de notre révolution, voulait qu'on arborât solennellement sur la cime des quatre-vingt-trois départements, leur cœur s'est serré; ils ont pu croire qu'il existait une nouvelle conspiration pour les conduire à l'apostasie.

Il y a progrès dans les intelligences comme dans les lois. La liberté ou même l'égalité des cultes ne choque plus les populations; mais ce qui les révolte, c'est l'irréligion s'arrogeant les droits des croyances et voulant faire disparaître jusqu'aux apparences extérieures du culte qu'elle a quitté, pour assurer ce qu'elle appelle sa liberté, et ce qu'il vaudrait mieux nommer son empire. Et c'est dans de telles conjectures, sans que personne le demande, lorsque l'institution du mariage y répugne, quand l'intérêt de la société s'y oppose, que l'état des mœurs ne l'exige pas, qu'aucune nécessité ne le commande, qu'on veut abolir l'indissolubilité du mariage, si intimement liée à la foi religieuse du plus grand nombre.

N'est-ce pas multiplier, à l'envi, les inquiétudes, les mécontentements et les difficultés?

[1] M. Odilon Barrot, rapport précité, page 12.

Dans toutes les occasions, où la masse entière de la nation éprouve un changement d'existence, et où un mouvement violent fait sortir les esprits de leur état habituel, il se forme subitement une opinion générale. Les électeurs, les écrivains, les coteries politiques, ne concourent pas seuls à sa formation ; elle est comme l'expression spontanée des sentiments de tous, sans distinction d'âge ni de sexe : aussi se fait-elle sentir de toutes parts. Favorable, elle seconde le gouvernement ; contraire, elle le traverse sans relâche. Elle est comme le milieu moral et politique dans lequel il se meut. Rien ne la choquerait si vivement en France, en ce moment, que le rétablissement du divorce.

Quelque fondées que puissent être les défiances excitées par les opinions religieuses et politiques de ceux qui proposèrent son abolition ; quoique les amis du nouvel ordre de choses fussent autorisés à craindre que l'on ne tendît à rien moins qu'à subordonner de nouveau l'état civil des Français à leur état religieux, cette abolition fut accueillie avec approbation, parce que les mœurs s'étaient refusées à sanctionner le divorce.

Quelque pures, quelque étrangères à tout esprit de parti que soient aujourd'hui les intentions de l'honorable auteur de la proposition de loi et de la Chambre qui l'a votée, le rétablissement du divorce, dans les circonstances que nous avons signalées, serait envisagé comme une réaction contre les croyances, qui réagiraient à leur tour. Au point où nous en sommes, personne ne peut craindre que le maintien de l'indissolubilité du mariage soit désormais un signe de la domination du clergé. Beaucoup y verraient la prépondérance d'un esprit hostile à la religion catholique, et une tendance ouverte, non à maintenir ce que la révolution de 1789 a produit de bon, mais toutes les funestes conséquences qui en furent tirées, et dont nous avons été successivement affranchis, soit par l'empire, soit par la Restauration. On ne sait par quelle fatalité ceux qui se portent pour les plus chauds admirateurs et les partisans les plus zélés de la révolution de 1830 s'efforcent à la rendre solidaire des crimes et des erreurs d'une autre époque. On dirait qu'à leur tour ils veulent faire rétrograder le temps, et que, comme ils l'ont si vivement reproché à d'autres, ils n'ont rien appris et rien oublié !

Mais lors même qu'il y aurait lieu à admettre le rétablissement du divorce, le projet de loi soumis à votre délibération serait-il de nature à obtenir votre approbation ? Nous ne le pensons pas.

Il contient deux dispositions principales qui nous paraissent également inadmissibles : le divorce par consentement mutuel et la conversion nécessaire de la séparation de corps en divorce après un laps de trois ans sur la demande d'une seule des parties.

Quelque illusion qu'on ait cherché à se faire, le divorce par consentement mutuel n'est autre que le divorce pour incompatibilité d'humeurs et de caractères. On a employé un terme honnête pour exprimer une chose complétement décriée. Cette cause de divorce repose sur cette idée, dont nous avons démontré la fausseté, que le mariage étant un contrat volontaire, une volonté mûre, réfléchie, libre et réciproque, suffit pour l'annuler. Mais il ne peut être libre aux époux de rompre le mariage quand il leur plaît. Comme il n'y a pas de droit contre le droit, il n'y a point de liberté contre la nature et la raison.

Le divorce, si l'on ne veut abolir le mariage, ne doit jamais être l'effet de la volonté des époux ; une dure nécessité peut seule le justifier. La loi ne doit l'accorder qu'à la violation constatée de la foi jurée, ou à des malheurs intolérables. Elle ne peut souffrir qu'il devienne la matière d'une transaction, d'une compensation, d'un arrangement. Le mariage étant un engagement dont la durée est dans l'intention des époux, celle de la vie de l'un d'eux, il ne peut dépendre de leur volonté seule de donner un autre terme à leur union. Cette liberté serait contre la nature du contrat.

D'ailleurs, c'est une erreur de croire que le consentement mutuel des époux peut être habituellement libre ; il sera presque toujours forcé de l'une ou de l'autre part. L'époux qui voudra arriver au divorce aura toujours une foule de moyens de rendre la vie insupportable à l'autre. Dans la réalité, le divorce, par consentement mutuel, loin d'être le plus souvent le résultat de la volonté commune des deux époux, se trouvera dissous par une sorte de violence morale que la volonté d'un seul fera à la volonté de l'autre.

Peut-on être complétement rassurés par l'intervention des ascendants et la nécessité de leur consentement ? Mais qui ne serait frappé de l'insuffisance d'une telle garantie ? D'abord souvent il n'y aura pas d'ascendants, ou les ascendants seront éloignés. Il s'agira d'un mariage auquel ils auront consenti à regret, ou pour lequel on se sera passé de leur consentement ; ils ne connaîtront pas celui des époux qui ne leur appartiendra pas par le sang. Aujourd'hui les stipulations de l'industrie, la pratique des arts et métiers, l'étude des sciences, la profession militaire, dépaysent les hommes ; le mariage les fixe loin de la terre natale. Il devient tous les jours plus rare que la tombe soit placée aux lieux où fut le berceau.

Quand on veut assurer le bien-être des familles, on raisonne comme si l'autorité domestique, que tout concourt à énerver, conservait son énergie ; et il est curieux de voir le législateur chercher dans l'esprit de famille même des sûretés contre le danger des atteintes que lui portent ses nouvelles institutions. Mais cette autorité est presque toujours sans force, et bien souvent les familles sont indifférentes ou passionnées. « C'est une es- « pérance bien vaine, disait, dans la discussion du Code civil, le vénérable « Tronchet[1], que celle qui fait croire que des ascendants tempéreront les « passions et empêcheront le divorce lorsqu'il ne sera pas réellement né- « cessaire. L'expérience a détruit depuis longtemps cette illusion. Qu'on « interroge les magistrats, les hommes de loi, même ces *individus qui* « *vivent de divorces*, tous attesteront que l'intervention des familles est « une ressource abusive. Des pères ou des mères partagent assez souvent « l'ambition ou la cupidité de leurs enfants, et, séduits par cette perspec- « tive, ils osent même provoquer le divorce. Il y a plus, on ira jusqu'à « acheter le consentement de la famille ; et le mariage deviendra ainsi « un foyer de crimes et de malheurs. »

[1] *Procès-verbaux des discussions du conseil d'État*, procès-verbal du 16 vendémiaire an X, t. I, p. 333.

En supposant, toutefois, que le concours des ascendants garantissent suffisamment les intérêts de la famille, personne ne veille aux intérêts de l'État. Les juges, subjugués par la persévérance des époux, n'ont qu'un inutile droit de remontrance, et le devoir rigoureux d'homologuer leur consentement mutuel, s'il est revêtu des formes légales. Les représentants de la société sont les témoins impuissants du divorce; ils sont réduits à en être les certificateurs muets, lorsqu'il serait si essentiel qu'ils pussent en apprécier les causes, pour s'assurer qu'une exception, si peu favorable, ne reçoit aucune extension abusive; qu'il y va de la vie, de l'honneur, ou de la filiation légitime.

On a peine à comprendre comment la loi qui met au mariage des empêchements dirimants et prohibitifs ne serait point recevable à en opposer aux divorces, lorsque la liberté des mariages est aussi favorable que celle des divorces l'est peu.

On redoute le scandale, et on ne veut le voir que dans la mésintelligence des époux que réunit la contrainte; mais cette contrainte même les force à céler leur mésintelligence. Avec le divorce par consentement mutuel, elle se produira au grand jour d'un commun accord. Le scandale ne sera plus dans la violation secrète des lois du mariage, il sera dans l'abdication publique de l'engagement qu'elles ont sanctionné. La dignité du mariage en sera diminuée, celle des époux n'y aura rien gagné. Le scandale qui naîtra du divorce sera le pire de tous, parce qu'il rejaillira sur la loi.

La disposition par laquelle on défend aux époux divorcés par consentement mutuel de se remarier avant trois ans, et celle qui les dépouille de la moitié de leurs biens, au profit de leurs enfants, offre-t-elle une garantie suffisante aux intérêts de la société?

Mais d'abord, puisque le divorce par consentement mutuel ne produira pendant trois ans que les effets de la séparation de corps, pourquoi ne pas se contenter de prononcer celle-ci, sur la première demande des époux, et ne pas leur laisser, après ce temps de probation, la faculté de se réunir.

Et s'il était vrai, comme on l'a soutenu, que les sacrifices pécuniaires inséparables du divorce par consentement mutuel, lorsqu'il y aura des enfants, fussent de nature à rendre ces divorces tellement rares qu'ils n'intervinssent presque jamais; si les dispositions des art. 279 et 305 du Code civil devaient produire les mêmes effets que la loi romaine qui, privant l'époux qui répudiait sa femme, hors les cas prévus par Romulus, de la totalité de ses biens, prévint tout divorce proprement dit, jusqu'à ce qu'au bout de cinq siècles la fausse politique des censeurs eût contraint Carvilius Ruga à y recourir, pourquoi conserver dans nos codes un chapitre qui porte une atteinte si profonde au mariage, et qui sera d'une application si difficile et si rarement réclamée? Si le divorce était rétabli, le divorce par consentement mutuel devrait donc disparaître de nos lois.

Il en est de même de la conversion obligée de la séparation de corps en divorce, après un laps de temps déterminé, sur la demande de l'un des époux.

Cette disposition détruit tous les avantages qu'on s'était promis de l'établissement de la séparation de corps. Elle implique contradiction avec la séparation de corps elle-même.

En effet, la séparation de corps a pour but d'assurer la liberté des opinions religieuses et celle des opinions morales[1]; car il se trouve des personnes qui, indépendamment de tout dogme religieux, croient que l'engagement du mariage ne peut se rompre. Mais le législateur manque ce but, si, en accordant la séparation, il la dénature. En effet, l'homme qui croit à l'indissolubilité du mariage, blesserait sa conscience, s'il concourait au relâchement de ses liens, lorsque ce relâchement peut en amener la dissolution, à une époque déterminée. S'il est conséquent dans ses principes, il craindra de fournir à l'autre époux une occasion de violer ses serments; et, pour ne pas lui donner une liberté qu'il ne croit pas légitime, il s'abstiendra de demander la séparation : il sera ainsi placé entre le désespoir et sa conscience.

La séparation de corps est une institution parallèle au divorce et qui ne doit jamais coïncider avec lui : c'est parce que la religion catholique consacre l'indissolubilité absolue du mariage, et que les principes religieux de la plus grande partie des Français ne se conciliaient pas avec l'usage du divorce, que la plupart des tribunaux consultés sur le projet du Code civil demandèrent le rétablissement de la séparation de corps. Dès-lors, il est contradictoire de permettre qu'elle puisse être convertie en divorce, sans le consentement mutuel des deux époux. Lorsqu'on se montre si jaloux de procurer la dissolution du lien à ceux qui peuvent user du divorce, est-il juste de rendre le relâchement de ce même lien presque impossible à ceux qui ne croient pas pouvoir consentir à la dissolution. Quand on est si complaisant pour certaines opinions religieuses, pourquoi montrerait-on si peu de ménagement pour d'autres? Si je ne me trompe, le sentiment noble et généreux qui fait qu'on tient à la foi donnée, lors même que la personne qui l'a reçue y manque, la délicatesse de conscience qui détermine à souffrir dans une silencieuse résignation l'injustice et l'infidélité plutôt que d'être une occasion de chute et de scandale pour celui à qui on s'était irrévocablement lié, sont plus dignes d'encouragement et d'égards, dans l'intérêt de la société, que l'impatience égoïste et tant soit peu brutale d'un époux qui, après avoir choisi la séparation quand il pouvait recourir au divorce, désavoue lui-même sa propre conscience, et déserte en quelque sorte sa conviction religieuse et morale. Ces sortes de changements sont libres, sans doute, mais il faut qu'ils soient déterminés par des motifs d'un ordre bien élevé, pour être respectables et encouragés. La conversion facultative de la séparation de corps en divorce, après trois ans, est contraire à la liberté de conscience et à l'égalité des droits : car elle place les catholiques dans cette situation violente, ou de ne pouvoir jouir de l'indulgence de la loi, comme les autres citoyens, ou de s'exposer, s'ils en profitent, à devenir les complices d'un acte que leur religion réprouve.

Quand même le divorce serait admissible, il faudrait donc revoir et remanier les dispositions du Code civil qui y sont relatives.

[1] Portalis, procès-verbal des discussions du conseil d'État sur le Code civil, séance du 6 vendémiaire an X, t. 1, p. 366.

Ici se termine notre travail. Nous avons essayé d'envisager, sous toutes ses faces, une question digne des méditations du jurisconsulte, de l'homme d'État et du philosophe. Il nous a paru ressortir de cet examen que le rétablissement du divorce ne pouvait point être considéré comme la réparation d'un outrage fait aux libertés publiques par l'esprit d'intolérance, puisque le divorce ne fait, en aucune manière, partie de ces libertés. Les faits que nous avons recueillis nous semblent indiquer qu'il est aussi dommageable à la famille et aux mœurs publiques et privées que contraire au droit naturel. Nous croyons fermement qu'au sein de la fermentation de toutes les passions politiques, il ne faut jamais craindre pour les affections natives du cœur humain; toutes les opinions dangereuses, même les plus dissolvantes, peuvent se produire avec fracas et hardiesse; elles jettent momentanément quelque trouble dans les esprits, mais lorsque le silence se fait à la voix intime de la conscience la multitude se range du parti de la famille, de la morale et de la justice. Les lois doivent seconder ce retour salutaire et non le contrarier; si elles ne peuvent toujours aspirer à rendre les hommes meilleurs, il faut au moins qu'elles y tendent sans cesse. En désespérant de les ramener, et en introduisant une certaine mesure dans le mal et un certain ordre dans le désordre, elles deviendraient pire qu'eux-mêmes.

Plus un gouvernement est libre, moins il doit favoriser le relâchement des mœurs. La discipline domestique est surtout nécessaire là où l'autorité est tempérée. On nous a dit, il y a peu de jours, qu'il fallait séparer de nous, par une ligne de démarcation infranchissable, un passé encore bien récent. Qu'il nous soit permis de demander qu'un abîme immense s'étende à jamais entre le temps présent, les destinées nouvelles de la France, et ces époques désastreuses où l'esprit révolutionnaire prétendait fonder la liberté sur la violation de tous les droits, et corrompait les mœurs par les lois.

Votre commission a pensé que la Chambre ne pouvait adopter la proposition de loi qui lui est soumise.

Au mois de novembre 1832, M. Bavoux, député du Jura, fit aussi une proposition ayant pour objet l'abolition de la loi du 8 mai 1816, et le rétablissement des dispositions du Code civil sur le divorce. Dans la séance du 29 décembre, il développa sa proposition de la manière suivante :

La disposition législative que j'ai l'honneur de soumettre à la Chambre, malgré son extrême importance, n'a presque plus besoin de développements. Il est peu d'esprits, même hors de cette enceinte, qui n'aient une opinion arrêtée sur sa solution. Pour l'accélérer, plaçons-nous de suite en face des deux systèmes; en voici le résumé :

Contre : Il est dangereux d'abandonner le cœur à ses caprices et à son inconstance; l'on se résigne à supporter des dégoûts domestiques, on travaille même à les prévenir, quand on sait qu'il n'y a pas faculté de divorce. Plus d'autorité paternelle, d'autorité maritale, de gouvernement domestique là où cette faculté est admise ; la séparation suffit pour alléger les désagréments de la vie commune : le divorce, peu favorable aux femmes et aux enfants, menace les mœurs en donnant un trop libre essor aux passions.

Il n'y a rien de sacré, rien de religieux parmi les hommes, si le lien du mariage n'est point inviolable : la propagation régulière de l'espèce humaine est bien plus assurée. (Légère interruption.) Messieurs, des motifs semblables ont été présentés au conseil d'État lors de la discussion du titre du Code civil, sur le divorce, en l'an XI. Je dis qu'elle est plus assurée par la confiance de deux époux fidèles que par une union que des goûts passagers peuvent rendre variable et incertaine. Enfin, la durée et le bon ordre de la société générale tiennent essentiellement à la stabilité des familles, qui sont les premières de toutes les sociétés, le germe et le fondement des empires.

Pour : On ôte toute la douceur du mariage en déclarant son indissolubilité : pour vouloir trop resserrer le nœud conjugal, on l'affaiblit. Les peines domestiques sont affreuses, quand on n'a rien de plus consolant que son éternité. La vie de deux époux qui ne s'entendent pas, et qui sont inséparablement unis, est perdu pour la postérité ; les mœurs sont compromises par des mariages mal assortis, et qu'il est impossible de rompre.

Un époux, dégoûté d'une femme éternelle, se livre à un commerce qui, sans remplir l'objet du mariage, n'en représente tout au plus que les plaisirs ; les enfants n'ont pas plus à souffrir du divorce que les discordes qui déchirent un mariage malheureux ; enfin l'indissolubilité absolue est aussi contraire au bien réel des familles qu'au bien général de l'État. (*Esprit du Code civil*, tom. 3, p. 22.)

On a bien aussi, dans la question, mélangé des idées de religion ou de morale, mais elles étaient si abstraites et l'application si éloignée, qu'elles ne démontraient rien surtout pour la question civile ; jugeons cependant ce qu'elles ont d'incontestable, et cherchons à nous décider à la lueur du flambeau plus sûr de l'expérience.

Presque tous les peuples qui nous entourent ont dès longtemps adopté le divorce. Ceux-là même chez qui nous l'avons introduit l'ont soigneusement conservé avec les formes particulières, qu'on peut appeler de perfectionnement, que nous lui avions données. En reconnaissant qu'il est admis en Angleterre, on prétend qu'il est restreint à l'adultère, et qu'encore il faut s'adresser au parlement pour l'obtenir.

Le fait est vrai ; mais il a besoin d'explication.

A raison de la difficulté et des frais d'un bill, on a imaginé plusieurs moyens de s'en passer. D'abord, on a introduit l'action en nullité, sans égard aux fins de non-recevoir, résultant de ce que les faits étaient antérieurs, connus ou à même de l'être. L'action s'applique à une multitude de cas : minorité, parenté, empêchements physiques, impuissance naturelle, toutes causes qui sont aujourd'hui sans effet chez nous : ils ont de plus la répudiation sous forme de vente, qu'on a vue se renouveler dans ces derniers temps.

Sévices, adultère, autorisent à se présenter devant la cour ecclésiastique, qui prononce la séparation *a mensa et toro*. Au cas d'adultère, l'affaire peut être portée devant la cour du banc du Roi, pour obtenir des réparations pécuniaires. Si l'époux offensé ne se contente pas de la séparation, il s'adresse au parlement pour un bill de divorce.

Il a existé dans notre monarchie, jusqu'au moment où saint Augustin fit déclarer l'indissolubilité du mariage. Il y eut même tant d'hésitation pour ce changement, que le concile de Trente rétracta le décret qu'il avait rendu, dans la crainte d'empêcher la réunion de l'église grecque avec l'église romaine ; les ambassadeurs de Venise représentèrent que ce décret blesserait les Grecs habitant les îles soumises à la domination de leur république. Au lieu de frapper d'anathème l'opinion qui admet la dissolubilité, il se prononça seulement contre ceux qui prétendent que l'église se trompe lorsqu'elle déclare l'indissolubilité.

Néanmoins la permission qui depuis lors était encore laissée aux époux de dissoudre leur mariage pour embrasser la vie religieuse, montre bien que l'indissolubilité n'était pas absolue. La preuve qu'elle ne tient pas aux dogmes de la foi catholique, c'est qu'en Prusse et dans l'Allemagne catholique le divorce est en usage comme dans les pays protestants : le *code Frédéric* l'autorise de plein gré, à la condition de ne se remarier qu'un an après. En Pologne, les évêques prononçaient eux-mêmes le divorce ; à la vérité, il n'en est point ainsi en Espagne et en Italie. De ce rapprochement tirons la preuve qu'il faut l'y admettre pour épurer un peu les mœurs et y faire cesser le scandale de la violation publique du mariage. Ce point, non plus qu'aucun autre, ne devait jamais entrer dans le domaine ecclésiastique ; la preuve qu'il ne lui appartenait pas, c'est que le mariage a précédé toutes les religions, c'est que l'Église catholique a toujours reconnu le mariage des hérétiques et des infidèles, et qu'ils n'ont jamais été obligés de le renouveler lorsqu'ils se convertissaient à la foi.

C'est que la loi civile en a toujours réglé les conditions, les effets, les empêchements ; et que pendant longtemps s'il y avait dans la loi des dispositions qui parussent contrarier la religion, les premiers chrétiens s'adressaient aux empereurs pour en obtenir la réformation. L'invasion du clergé ne fut complète qu'alors qu'il eut obtenu la réunion de la cérémonie religieuse à l'acte civil. Le prêtre alors eut texte de refus du divorce, en disant qu'il ne pouvait être contraint à un acte contraire à sa croyance.

En 1792, ce dédoublement s'opéra : le mariage redevint un simple contrat civil ; la liberté des cultes, grande conquête que nous venions de faire, fit tomber l'indissolubilité reconnue par l'Église catholique ; le divorce fut introduit et pratiqué vingt-cinq ans sans réclamation ; néanmoins il fut soumis à un nouvel examen, lorsqu'une main forte s'occupa de relever l'édifice social si fortement ébranlé.

L'homme qui, après avoir traversé la révolution, sentit qu'il fallait la maîtriser, presque la faire oublier ; cet homme, doué éminemment du génie d'organisation sociale, après avoir replacé la religion sur les autels, la morale publique sur ses véritables bases, s'occupa à renouer les liens brisés dans les familles; il ne regarda pas le divorce comme un élément de désordre ou comme blessant la morale; le voyant en harmonie avec nos institutions, avec la nature de l'homme, avec sa sociabilité comme avec ses faiblesses, il évita soigneusement de heurter la France dans une possession à laquelle elle était si fortement attachée. Cette haute question fut alors présentée sous toutes ses faces; on peut dire qu'aucune dans le Code n'a été plus éclaircie.

Ne voulant pas mettre dans les lois un rigorisme théorique, bien qu'il relevât le culte catholique, il ne sacrifia pas à son exigence la liberté de tous les autres. Aussi il ne s'éleva pas dans le Conseil d'État une seule voix pour repousser le divorce.

M. Maleville père, comme l'un des rédacteurs du projet de Code, y avait été appelé : aussi nous n'avons pu nous rendre compte de la déclaration du fils, qui, à la session dernière de la Chambre des pairs, a avancé qu'il défendait les opinions de son père en combattant le divorce. Si celui-ci ne l'eût pas adopté, ou s'il n'avait pas changé, c'était bien le cas de développer ses motifs; le projet l'avait déjà admis.

Les cours d'appel, organes naturels du vœu public en ce point, furent aussi unanimes pour le conserver.

La cour de cassation réclamait même le divorce avec un mode particulier, lorsqu'il était motivé sur la conduite habituelle d'un époux qui rend à l'autre la vie commune insupportable; si ce grief n'est pas toujours susceptible d'être formellement prouvé, n'est-il pas possible d'acquérir, par l'effet d'épreuves et de conditions à prescrire au demandeur qui ne voudra s'engager dans la preuve d'aucun fait, une garantie plus forte que toute preuve possible de quelques faits que ce soit, que le remède extrême du divorce lui était nécessaire.

Il n'y eut de contradictions sérieuses que sur les causes de son admission : l'incompatibilité d'humeur et de caractère, le consentement mutuel, qui, tout en ouvrant une porte trop large, masquaient cependant de véritables causes dont l'intérêt des familles faisait craindre la publicité, furent soumis aux plus lumineuses discussions; la première fut écartée, le consentement mutuel seul fut adopté, et encore avec des restrictions qui, tout en combattant les passions, n'avaient pour but et pour résultat que l'avantage des enfants. Nul ne présenta le divorce comme un bien, encore moins comme un mal; c'était le remède à un mal qu'il fallait adoucir avant que ce mal fût à son comble.

Écoutons le premier consul sur cette question :

« Le mariage est indissoluble, en ce sens qu'au moment où il est contracté, chacun des époux doit être dans la ferme intention de ne jamais le rompre; il ne doit pas prévoir les causes accidentelles, quelquefois coupables, qui, par la suite, pourront en nécessiter la dissolution; mais que l'indissolubilité du mariage ne puisse recevoir de modification dans aucun cas, c'est un système démenti par les maximes et par l'exemple de tous les siècles. Il n'est pas dans la nature des choses que deux êtres organisés à part soient jamais parfaitement identifiés : or, le législateur doit prévoir le résultat que la nature des choses peut amener. Aussi la fiction de l'identité des époux a-t-elle toujours été modifiée ; elle l'a été par la religion catholique dans le cas de l'impuissance, elle l'a été partout par le divorce. »

Plus loin il ajoute : « Si l'intérêt des mœurs et de la société exige que les mariages aient de la stabilité, il exige aussi qu'on sépare des époux qui ne peuvent vivre ensemble, et dont l'union, si elle était prolongée, engloutirait souvent le patrimoine commun, dissoudrait la famille et produirait l'abandon des enfants. C'est offenser la sainteté du mariage que de laisser subsister de pareils nœuds. »

Que ne puis-je reproduire toutes les pensées qu'il a répandues dans cette discussion ! « Une jeune personne, dit-il, consent à se marier pour se conformer à la mode, pour arriver à l'indépendance et à un établissement : elle accepte un mari d'un âge disproportionné, dont l'imagination, les goûts, les habitudes ne s'accordent point avec les siens. La loi doit lui ménager une ressource pour le moment où, l'illusion cessant, elle reconnaît que sa volonté a été séduite. »

Quelles justes réflexions quand il disait : « N'admettre le divorce que pour cause d'adultère publiquement prouvé, c'est le proscrire absolument ; d'un côté, peu d'adultères peuvent être prouvés ; de l'autre, il est peu d'hommes qui osent proclamer la turpitude de leurs épouses. » Aussi la cour de Bruxelles, par ce motif d'impossibilité de preuves d'adultère, demandait que le *déréglement des mœurs* dont la preuve peut facilement s'acquérir, devînt une cause de divorce.

Ce législateur moderne trouva, il faut le dire, dans la collection qu'il avait formé, des hommes propres à le seconder. Les théories, qui obscurcissent plutôt qu'elles n'éclairent les questions, furent écartées.

La loi de 1792 fut remise au creuset. Il fut reconnu que le divorce avait été jeté seulement dans un trop grand moule, où il avait trop d'extension. Le Conseil s'occupa de le faire rentrer dans de justes proportions. Le premier titre du Code civil ayant été rejeté au Corps législatif en l'an X, l'année d'intervalle fut une année de plus d'expérience et d'élaboration. Le divorce sortit plus net encore de cette nouvelle épreuve. Le tribunat, non encore abattu alors, y a jeté ses lumières ; de sorte qu'il est vrai de dire que ce premier livre est le résultat législatif le plus perfectionné de notre époque. Est-il possible de songer que la France de 1832 en laissera déchirer les plus belles pages ? Avec quel soin nos législateurs travaillant, il faut le dire, avec une ardeur infatigable, recueillant les observations qui leur arrivaient, par les canaux encore ouverts alors pour respirer et connaître les besoins de la France ! Les cours d'appel, qui toutes approuvaient le divorce, combattaient le projet, en ce qu'il n'admettait pas la séparation qui lui en tient lieu.

Le Conseil d'État sentit encore qu'il fallait éviter le reproche d'intolérance justement adressé à la loi de 1792, comme à celle qui l'avait précédée. La loi ancienne n'adoptait que la séparation par exclusion du divorce ; celle de 92 ne voulut que le divorce sans la séparation. Elle en multiplia tellement les causes qu'à vrai dire, au lieu d'être remède à un mal, elle devint le mal même, en ne posant aucune limite aux passions licencieuses du cœur humain. Notre Code, après les discussions les plus approfondies, remit tout à sa place; les causes du divorce furent soigneusement recherchées et pesées: la séparation fut ajoutée comme action parallèle qui, dans un cas cependant, pouvait, par une heureuse combinaison, aboutir au même point que la première. Tout ce qui concerne les enfants, les familles, la société, y est sagement prévu. Il est ainsi placé entre l'exagération de ceux qui affirment que le divorce va tout corrompre, et ceux qui annoncent qu'il va tout purifier; entre ceux qui le regardent comme la honte de la raison, et ceux qui le préconisent comme son triomphe. Ce juste milieu, surtout dans une question non politique, trouvera peut-être quelque faveur dans nos enceintes législatives. C'est avec l'historique de sa confection que j'ai cru devoir répondre à ce qui a été dit hors de cette enceinte. J'y ajouterai seulement que les recherches auxquelles on s'est livré sur le côté religieux de la question, sur l'origine et l'essence des sociétés et du mariage, tiennent plus à la théologie, à l'étude préparatoire des lois, qu'à la question de réhabilitation, de celle dont nous nous occupons. Les théories, toutes brillantes qu'elles soient, ouvrent un vaste champ à la controverse, mais ne produisent aucune conviction.

N'est-il pas évident qu'en voulant, à raison de son importance, soustraire le mariage à toutes les règles des contrats, on le jette dans l'espace sans qu'il y ait rien de positif pour l'appuyer. A force de vouloir l'élever, on le perd de vue. Au lieu de l'isoler de tous, encadrons-le dans notre situation sociale.

Considéré comme formant la chaîne des êtres, il n'a, à la vérité, d'autre législateur que le Créateur même de l'espèce humaine; mais s'ensuit-il que la puissance civile ne doive s'en saisir pour le régler? N'est-elle pas appelée à fixer les conditions d'âge, de consentement, de publicité, d'indissolubilité?

Voilà pourquoi, le fait de l'homme accédant à l'œuvre de la nature, il y a tant de variété de peuple à peuple pour tout ce qui est réglementaire. La meilleure loi sera celle qui, se calquant sur la nature de l'homme social, saura le mieux la diriger sans la combattre: de même qu'une loi qui défendrait le mariage, ou ne voudrait pas le reconnaître, serait inexécutée, de même celle qui le déclare perpétuel ne la rend pas telle si la nature ne confirme pas cette déclaration. La faute sera plus grande si les conditions civiles qui ont été ajoutées excluent non-seulement cette perpétuité, mais la rendent impossible. Ainsi, il peut être contracté à 15 ou 18 ans, âge où l'acte le plus simple de la vie civile n'est pas permis. Les parents, dira-t-on, ont suppléé à l'insuffisance du consentement. Loin d'y voir une raison *pour*, c'en est une *contre*; ils n'ont vu que l'entour du mariage, qui a été pour eux plus déterminant que le fonds, qu'ils n'ont d'ailleurs jamais connu ni pu connaître: il a toute sa portée dans l'avenir; le commerce journalier, le frottement des caractères, montrent, pour ainsi dire, d'autres personnes; et quand tout tourne autour de nous et dans nous, quand tout ce qui environne, accompagne et suit le mariage, est mobile et altérable, les époux, malgré les circonstances extraordinaires qui peuvent encore survenir, resteront à toujours enchaînés; c'est accoupler par la force le dégoût, la haine ; c'est préparer la victime à son bourreau.

La séparation, dit-on, sera employée ; mais elle peut être un moyen insuffisant ; elle n'a qu'un niveau pour les petits comme pour les grands maux. Laissons-la à ceux qui veulent s'en contenter ; mais ne privons pas d'un remède plus énergique l'époux qui, à raison de son insuffisance, dédaignera de l'employer.

« Les séparations, disait le premier consul, avaient autrefois, par rapport à la femme, au mari, aux enfants, à la famille, à peu près les mêmes effets que le divorce. Cependant elles étaient aussi multipliées que les divorces le sont aujourd'hui ; mais elles avaient cet inconvénient qu'une femme éhontée continuait de déshonorer le nom de son mari, parce qu'elle le conservait. »

Si l'observation était juste, alors que les séparations étaient bien réglées, quelle force elle acquiert aujourd'hui que, hors la cohabitation des époux, elles ne produisent pas plus d'effets que si elles n'existaient pas.

Rien d'humain n'est perpétuel ; tous les contrats sont soumis à révision pour dol, erreur, ignorance de fait, inexpérience ; celui qui embrasse à la fois tous les intérêts dont l'exécution seule fait apparaître le plus de choses imprévues, ne peut rester immuable.

Ce contre-sens, assimilant l'œuvre de l'homme à l'œuvre du Créateur, ne peut être écrit dans la législation d'un peuple dégagé d'influence étrangère. Autrefois le vœu monastique ne devenait irrévocable qu'alors qu'il avait été formé en majorité, et encore après un noviciat d'épreuve.

La réunion dans les mêmes mains du sacrement et du contrat a contribué, plus qu'on ne pense, avec le raisonnement, que l'autorité civile ne peut défaire ce que la religion avait sanctionné, à faire admettre l'indissolubilité ; mais la bénédiction nuptiale, à qui l'église a donné le nom de sacrement, suppose le mariage et ne le forme pas ; aujourd'hui, d'ailleurs, le cumul ayant cessé, l'objection s'évanouit.

Nous ne pouvons laisser sans réponse une objection à laquelle le rapporteur de l'autre Chambre semblait attacher d'autant plus d'autorité qu'il la fondait sur celle de M. de Portalis père, dans un rapport au Conseil des anciens. Il l'avait aussi introduit dans le projet de Code, et l'a encore justifié dans le discours préliminaire. Il remonte à l'an V, et indiquerait que si la raison a été présentée comme objection, M. Portalis avait changé d'avis, puisqu'en l'an X, à même d'émettre toute son opinion, il réclamait le divorce ; non-seulement il n'avait pas élevé le moindre doute contre le principe, il l'avait proposé et défendu. « La loi doit l'admettre, disait-il, afin que ceux dont la croyance l'autorise puissent en user. Il serait injuste de ne laisser que le divorce au citoyen dont la croyance repousse ce remède ; il ne le serait pas moins d'en refuser l'usage quand il est compatible avec la croyance des époux qui le sollicitent. »

Pour prouver que les règles des contrats étaient inapplicables, le rapporteur de la chambre des pairs cite le passage suivant :

Au surplus, « le principe que nulle société n'est éternelle cesse toutes « les fois que l'on voudrait rompre une société quelconque dans un temps

« inopportun, c'est-à-dire dans un temps où l'on ne pourrait dissoudre « cette société sans nuire aux droits acquis et au bien commun des asso- « ciés; or, dans la vie de deux époux, quel instant pourrait-on choisir « pour rompre leur union sans violer la foi promise, sans blesser les inté- « rêts des enfants, sans porter préjudice à l'un ou à l'autre époux, sans « renverser le gouvernement de la famille, sans produire un scandale pu- « blic? Les maximes qui régissent les contrats ordinaires ne sont donc pas « applicables au mariage. »

Mais on ne viole pas la foi promise, on ne porte pas préjudice à l'autre époux dans le divorce par consentement mutuel; blesse-t-on l'intérêt des enfants, en leur faisant passer immédiatement la moitié des biens de leurs père et mère? la séparation ne leur assure pas cet avantage : elle renverse, comme le divorce, le gouvernement de la famille, elle produit le même scandale par la publicité. Les inconvénients étant communs à la séparation comme au divorce, ne vaut-il pas mieux éteindre que refroidir le foyer où la discorde se ranime sans cesse? enfin, lorsque l'un a juste cause de repousser l'autre, de quel côté est la violation de la foi promise?

Le mariage est la communauté des personnes, des affections, des intérêts; quand les intérêts, les affections, les travaux ne sont plus en commun, mais en contradiction; quand la présence seule des époux les irrite ou les effraye; quand le mariage est défait de toutes parts, qu'il est reporté ailleurs, la loi n'a plus qu'à se prêter à ce qu'elle ne peut empêcher; le lien qu'elle veut conserver ne peut lui servir; elle a tort de s'opiniâtrer à le voir où il n'est plus, et de se mettre en contradiction avec des époux malheureux pour qui elle prend sur elle de décider qu'elle entend mieux leurs intérêts qu'eux-mêmes.

Cela revient au langage que leur prête Bentham (*Traité de Législation*, tome II, pag. 215) : « Vous vous unissez dans l'espoir d'être heureux, mais je vous déclare que vous entrez dans une prison dont la porte est murée pour vous; je serai inexorable aux cris de votre douleur, et quand vous vous battriez avec vos fers, je ne souffrirai jamais qu'on vous en délivre. » On a beau dire que le joug est réciproque, la réciprocité ne fait que doubler le malheur.

Dans la sincérité de ma conviction, je ne veux pas dissmuler une objection sous l'impression de laquelle j'ai longtemps été placé.

Le tableau d'une jeune femme qui, après avoir bu longtemps dans la coupe des malheurs domestiques, rentre même avec quelques torts dans la maison paternelle, après avoir perdu tout ce qu'elle en avait emporté, a quelque chose de plus affligeant peut-être pour les père et mère que pour elle: en voyant les charges se multiplier avec les malheurs, ils auront deux établissements à former; au lieu d'un enfant ils en retrouvent plusieurs, il y a là une possibilité de maux que l'on ne peut envisager sans effroi : heureusement ils ne sont point inhérents au divorce et sont en partie attachés à la séparation. S'il fallait d'ailleurs repousser une mesure par cela qu'elle peut produire de sinistres effets, il n'en est aucune peut-être qu'on pût adopter ou maintenir.

La loi doit cesser ses efforts pour conserver le lien, lorsqu'elle lutte avec les époux qui font tous leurs efforts pour le rompre : elle veut les empêcher de convoler, publiquement ils affectent leur nouvelle union ; sous prétexte de conserver les mœurs elle ne veut rien détruire, sa contrariété excite à violer les mœurs et à tout détruire. Elle écrit son mariage sur ses tables, les parties viennent tous les jours l'effacer : en se laissant ainsi braver, elle accoutume les peuples à l'idée que quand elle ne convient pas, il n'y a qu'à lui résister ou à la tourner pour éluder ses rigueurs ou ses faux commandements. En pareille occurrence il faut hâter la réforme, il le faut, parce que la voix publique s'est fait entendre par toutes les issues qui lui sont ouvertes. L'adhésion générale qu'a eue le divorce pendant tout le cours de son existence, les milliers de pétitions qui sont arrivées de tous les points de la France pour son abolition, témoignent qu'il y a dans le pays un besoin vivement senti, qu'il est toujours imprudent dans un pays électif de ne pas satisfaire.

Alors même que le divorce ne serait pas à l'abri de critiques, à l'instar des législateurs anciens, qui savaient bien qu'ils n'avaient pas donné les meilleures lois, mais celles qui étaient les plus associées aux peuples à qui elles étaient destinées, il n'en faut pas moins faire cesser un état de choses qui mécontente, irrite même les populations, tandis que ses adversaires n'auront qu'à ne pas user de la faculté pour ne pas avoir à s'en plaindre.

Il le faut surtout, parce que s'agissant de tout ce qu'il y a de plus sensible dans le cœur de l'homme comme de la femme, de tout ce qu'il y a de plus important dans la vie civile, de l'état des enfants, la loi actuelle, qu'on a cru établir pour couvrir et sanctionner les naissances légitimes, se constitue en mensonge, même en faux, lorsqu'elle donne la légitimité à l'enfant de l'adultère. Si elle lui retire son appui, aux deux classes d'enfants nés *en* mariage et *hors* du mariage, il faudra en ajouter une troisième, ceux nés *contre* le mariage et *contre* la loi. A toutes ces raisons, il en est une qu'il est peu politique de négliger.

Le divorce est l'incontestable produit de notre révolution de 89 ; il a été arraché presque avec fureur en 1815. Les partisans du droit divin y trouvèrent une victoire d'autant plus signalée, qu'ils crurent effacer les traces d'une époque qu'ils cherchaient à faire oublier ; ils prétendaient à l'ancienne mixtion civile et religieuse qu'ils convoitaient si ardemment. Ce double fait rapproché marquera, quoi qu'on dise, la tendance de notre Gouvernement de 1830 à se mettre dans la voie de la révolution de 89 ou dans celle de la Restauration de 1815. Si la France a fait sur elle-même, en 1815, l'épreuve que la pire des révolutions c'est une restauration, il faut éviter avec soin de laisser penser qu'il y a une quasi-restauration, flétrissant le divorce comme la Restauration le flétrissait elle-même.

Je me suis borné à la proposition la plus simple, parce que j'ai cru qu'il n'était pas convenable de la reproduire telle qu'elle avait été rejetée à la session dernière ; qu'il fallait éviter le reproche d'une addition qui avait peut-être contribué à son rejet. D'ailleurs, destinée à faire revivre le Code civil dans sa pureté primitive, les articles supplémentaires n'auraient pu y trouver place sans changer tout l'ordre des numéros.

Il faut encore remarquer que malgré l'abrogation de 77 articles, ils ont toujours été maintenus dans le Code comme s'ils devaient reparaître un jour : de cette manière, toutes les éditions seront conservées sans retouche.

Enfin, des dispositions transitoires, comme celles qui avaient été supposées, ne sont point inhérentes aux lois. Laissons les tribunaux se conformer à l'article 4 du Code, et statuer sur les cas qui leur seront soumis d'après les règles du droit ancien, qu'ils combineront, s'il y a lieu, avec le nouveau. La jurisprudence deviendra l'interprète et l'auxiliaire naturel de la transition de l'une à l'autre loi.

M. MERLIN. Messieurs, me sera-t-il permis d'aborder la tribune pour combattre, comme en 1831, la proposition relative au rétablissement du divorce ? Quoique le succès n'ait pas alors répondu à mon espérance, mon opinion a trouvé des appuis, et la France n'a pas eu la douleur de se voir imposer une loi qui lui serait évidemment plus nuisible qu'utile.

Les nouvelles observations que je viens vous soumettre aujourd'hui contre la même proposition, réitérée par l'honorable M. Bavoux, seront-elles infructueuses, ou bien vous porteront-elles à ne pas prendre en considération cette proposition, afin d'éviter toute discussion ultérieure?

C'est ce dont je n'ose me flatter ; mais quelque audacieuse que soit encore mon entreprise, dès qu'elle devient un devoir pour un député dévoué à son pays, j'ose attendre que vous ne me refuserez pas quelques moments d'attention ; je ne suis pas dans l'usage d'en abuser, et il me semble que s'agissant d'une question qui tient moins à la politique qu'aux lois constitutives du bonheur des familles et du bon ordre social, la raison doit être éclairée, et toutes les consciences convaincues.

L'indissolubilité du lien civil du mariage a toujours été la loi saluée du pays, et identifiée avec nos usages, nos habitudes, nos mœurs. Les lois révolutionnaires ont bien pu y porter atteinte, elles ont bien pu admettre le divorce, même par incompatibilité d'humeur et de caractère ; mais ce temps où tout cédait à la fureur des passions, où les principes de toute bonne législation étaient méconnus, où la démoralisation fut à son comble, loin d'être un exemple à suivre par des législateurs français, qui ne travaillent que pour les besoins et les intérêts de leur patrie, ne peut avoir aujourd'hui d'autre influence que celle de nous détourner d'une législation qui ne tendrait qu'à porter le désordre dans la société, le trouble, la désolation, la ruine dans les familles.

Sans doute cette loi du divorce fut maintenue, non telle qu'elle avait existé antérieurement, mais pour des cas extrêmement rares, par les législateurs du Code civil, soit pour l'exécution des contrats existants, soit pour obéir à la volonté d'un prince absolu ; mais ce ne fut que pour cause déterminée, et son obtention fut entourée de tant de formalités, qu'il fut impossible à la classe populaire d'en supporter les frais, et aux classes opulentes d'y parvenir qu'à la dernière extrémité.

Les motifs qui avaient donné lieu à cette législation n'existaient plus : lorsque les Chambres et le gouvernement, convaincus que le divorce était inconciliable avec la loi civile et sacrée de l'indissolubilité du mariage, qu'il ne tendait qu'à porter le désordre dans la société, qu'à détruire les familles, qu'à favoriser la dépravation des mœurs, qu'à porter atteinte aux croyances religieuses de la majorité des Français, finirent, après les discussions les plus solennelles, dans lesquelles on voit figurer les opinions des législateurs les plus recommandables, par en ordonner le rapport.

Vous n'avez pas perdu de vue, messieurs, tout ce qui a été dit devant vous à la session de 1831, le rapport fait à la chambre des pairs contre le projet de loi adopté par celle des députés, et les discours des divers orateurs qui en ont signalé les inconvénients. Il me semble donc que quand bien même la proposition qui vous est réitérée aujourd'hui de rétablir les articles du Code civil relatifs au divorce serait inspirée par une saine philosophie affectée des malheurs qui peuvent affliger quelques époux, vous ne pouvez la prendre en considération qu'autant que vous serez convaincus que le rétablissement du divorce ne portera pas atteinte à la loi du mariage, au bonheur des familles, aux croyances religieuses, et ne causera pas une perturbation générale dans la société.

Or, il est impossible, quand on aborde cette question avec l'impartialité qui caractérise la législation, que la proposition soumise à la Chambre soit accueillie et prise en considération.

Plusieurs années se sont écoulées depuis le rapport de la loi du divorce, et les législateurs d'aujourd'hui n'ont ni à craindre l'influence du gouvernement despotique, ni à pourvoir aux intérêts du passé. La loi qui nous gouverne, conforme à l'opinion générale, à la morale publique, est sacrée, respectée, exécutée; elle doit donc être maintenue, et tout changement qui y serait porté exciterait nécessairement le mécontentement de tout ce qu'il y a de croyant et vertueux, pour satisfaire la dépravation de quelques particuliers qui ne demandent à substituer de nouveaux liens de mariage à ceux qui les unissent déjà, que pour satisfaire des passions condamnables, qu'il est du devoir du législateur de réprimer, au lieu de les encourager.

Le principe de la bonne législation est la morale publique, et les législateurs qui sont préposés pour régler les intérêts généraux d'un empire aussi populeux et aussi éclairé que la France ne peuvent s'en écarter ; ce n'est pas aux besoins de quelques individus disposés à sacrifier à leurs passions leur qualité d'époux et de père, qu'ils doivent céder ; c'est aux besoins communs, qui commandent l'observation rigoureuse de l'acte civil du mariage, qui fait la règle des époux, et que ceux-ci ne peuvent violer sans se rendre parjures.

Autoriser à rompre ce lien par le divorce, ce serait non-seulement contrevenir à ce principe de la bonne législation, mais encore, pour quelques cas particulier, établir une règle générale en contradiction avec l'expérience des siècles, les lois qui ont régi les peuples anciens et modernes les mieux civilisés, les habitudes, les mœurs, j'ajouterai même les opinions religieuses de l'immense majorité des Français, ce serait enfin s'exposer à voir un semblable projet, s'il était admis par la Chambre, rejeté par celle des pairs ou par le gouvernement, comme évidemment contraire à l'intérêt général.

La proposition de l'honorable M. Bavoux ne saurait donc être prise en considération par ces motifs; à combien plus forte raison elle doit être rejetée, si son admission doit devenir une calamité pour les époux mêmes qui réclament la faculté de dissoudre l'union qu'ils ont contractée, pour les enfants légitimes qui en sont provenus, et devenir un sujet de scandale pour la société? Ils n'ont pas ignoré, ces époux, lorsqu'ils contractaient l'acte civil du mariage, que la mort seule pouvait le dissoudre; ils ont même promis de l'exécuter religieusement; les uns et les autres, enfin, ont su que si, par l'effet de circonstances impossibles à prévenir, et qui tiennent à la faiblesse de notre nature, cette union devenait insupportable et pouvait occasioner des malheurs, ils n'avaient d'autre ressource que la séparation de corps, que la loi leur a ménagée dans ces cas extrêmement rares, en conservant néanmoins l'indissolubilité du mariage.

Ce moyen doit suffire comme seul compatible avec le bonheur des familles: y ajouter la faculté du divorce, permettre aux époux de secouer le joug d'un premier mariage pour contracter de nouveaux liens, qu'ils pourraient encore briser à volonté, c'est rompre le principal nœud de la société, encourager les discordes, exciter les passions, autoriser le parjure, porter la terreur dans les consciences religieuses, et s'exposer à voir, à côté de la famille légitime, celles qui proviendront de nouveaux mariages des époux divorcés, remplacer enfin le bon ordre qui nous régit par une confusion telle, qu'il semble impossible que cette faculté du divorce puisse être consacrée par la loi, dans un temps où les progrès moraux de la civilisation sont parvenus au plus haut degré qu'ils puissent atteindre.

Si l'on stipule pour soi dans les contrats ordinaires, et si le consentement de toutes les parties suffit pour leur résolution, il n'en est pas de même dans les actes civils de mariage, où les époux ont stipulé et stipulent pour eux et pour leurs enfants.

La loi religieuse de la majorité leur impose même le devoir de maintenir leur promesse devant Dieu. Leur donner la faculté de rompre ce lien, quand leur religion leur impose l'obligation rigoureuse de s'y soumettre; leur permettre de contracter de nouveaux mariages, de procréer de nouvelles familles, quand elle le défend, et ne reconnaît que la légitimité des enfants de la première union, indissoluble jusqu'à la mort de l'un des époux, c'est détruire l'autorité la plus respectable de la société, l'autorité domestique, multiplier les inquiétudes, faire rétrograder le temps, et au lieu d'affermir l'ordre par des lois stables, faire revivre les erreurs révolutionnaires, et, en comprimant les croyances religieuses, susciter des ennemis sans nombre à la monarchie constitutionnelle.

En pareille matière, quand il s'agit d'un projet de loi qui tend à ébranler jusqu'au fondement de la société, en attaquant les constitutions des familles, une simple proposition me paraît bien insuffisante pour déterminer le vote de la Chambre. Abolir l'indissolubilité du mariage, quand l'institution de cet acte solennel s'y oppose, quand l'intérêt général ne le commande pas, quand l'immense majorité de la France veut le contraire, quand aucune nécessité ne le prescrit, quand tout impose une obligation différente, quand la législation existante sur ce point est dans l'utilité commune, c'est marcher à grands pas vers la dissolution.

Le divorce admis, les enfants légitimes séparés du père ou de la mère, ou partagés entre ces derniers, jaloux des nouvelles familles qu'ils ne verront s'élever autour d'eux que pour porter atteinte à leur bien-être et entraîner leur ruine, témoins et confidents des plaintes réciproques des auteurs de leurs jours, au lieu du respect qu'inspirent aujourd'hui et qu'ont obtenu de tous les temps l'autorité et la tendresse paternelle et maternelle, finiront par n'éprouver et ne manifester que blâme et mépris. C'est là, messieurs, où peut vous entraîner la proposition qui vous est faite, si vous la prenez en considération ; car, quoiqu'elle ne vous présente que l'abolition de la loi de 1817, et la remise en vigueur des articles du Code civil relatifs au divorce, vous devez vous attendre qu'à la suite des amendements vous arriverez, comme dans le projet rejeté par l'autre Chambre, au divorce par consentement mutuel, à la conversion en divorce de la séparation de corps sur la demande d'une seule partie, et aux autres abus qui seront la suite inévitable de l'adoption de la proposition principale. Elle ne saurait donc, encore une fois, être prise en considération.

D'ailleurs une proposition de cette nature, qui, en portant une atteinte si directe aux familles, doit avoir une si grande influence sur l'état social, ne devrait être accueillie qu'autant qu'elle aurait été commandée, nécessitée par l'intérêt général ; que les avantages ou les inconvénients en auraient été examinés, discutés, approfondis avec maturité, non comme une loi urgente, mais comme la plus fondamentale des lois civiles, parce qu'elle serait une dérogation expresse aux institutions qui, depuis tant de siècles, ont réglé le sort des familles et des sociétés humaines ; et dès qu'au lieu d'avoir l'assentiment de toutes les branches du pouvoir législatif, elle a été déjà une fois rejetée par la Chambre des pairs, et qu'il est même difficile de croire qu'elle puisse obtenir celui du gouvernement, puisqu'elle est en opposition aux vrais intérêts et à l'opinion générale de la France ; une pareille proposition, dis-je, dont la discussion ultérieure absorberait d'ailleurs un temps réclamé pour des lois plus urgentes, et d'une nécessité indispensable, ne doit sous aucun rapport être accueillie.

Je vote contre la prise en considération.

M. le Président. J'invite MM. les députés à prendre leurs places ; je vais consulter la chambre sur la prise en considération.

(La prise en considération de la proposition de M. Bavoux est adoptée).

Dans la séance du 5 mars 1833, M. Odilon Barrot, dans son rapport au nom de la commission qui avait eu à examiner cette proposition, conclut à son adoption. Il n'en fut pas de même à la Chambre des pairs où M. Gautier présenta, le 20 juin suivant, un rapport tendant à son rejet.

Cette proposition avait été discutée dans les deux Chambres, mais elle ne fut pas votée dans le cours de la session de 1832 à 1833, aussi M. Bavoux la renouvela devant la Chambre des députés, dans la session de 1833 à 1834, et voici comment il s'exprima dans la séance du 4 mai 1833 :

« Je ne demande pas à la Chambre un jour pour développer cette proposition. Quelque multipliées que soient les raisons à donner pour faire cesser la mutilation portée au Code civil, celles que j'ai eu l'honneur de présenter, il y a peu de temps, sont peut-être assez présentes à sa pensée pour qu'il soit inutile d'en ajouter de nouvelles; je ne puis que me référer au développement fourni à la session précédente.

« D'un autre côté, dans la vue d'économie de son temps, j'ai à lui représenter que, d'après le règlement actuel, si la proposition se fût arrêtée au rapport qui lui en a été fait par l'honorable M. Barrot, il n'y aurait plus qu'à suivre. Parce qu'il y a eu discussion, délibération, faudra-t-il recommencer et faire les longs circuits pour arriver à la délibération de la Chambre ? Je la constitue juge de ses lenteurs. Elle se conformera sans doute à l'urgence et à la nature de la proposition.

« Si la Chambre y consent, je n'ajouterai aucun développement à ceux que j'ai donnés; elle pourra délibérer de suite sur la prise en considération. »

A la séance du 11 mai suivant la Chambre vota la prise en considération de cette proposition; mais comme elle se reproduisait dans une nouvelle session déjà commencée, on ne put la renvoyer à l'examen de la même commission, une autre commission fut nommée, et le 20 février 1834, M. Coulmann, au nom de cette dernière, présenta le rapport suivant :

Messieurs, la commission que vous avez nommée pour s'occuper de la proposition du divorce, ne s'est point crue appelée à traiter de nouveau, sous toutes ses faces, une question qui a pour elle non-seulement les débats législatifs les plus faits pour honorer l'esprit humain, mais encore des expériences récentes en sens contraires. Elle a pensé que son point de départ devait être en quelque sorte les derniers arguments qu'on a fait valoir dans l'autre Chambre contre un projet de loi dont l'adoption vous avait été proposée dans votre dernière session par l'unanimité de votre commission, et qui a déjà réuni deux fois l'imposante majorité de vos suffrages.

Nous devons le rappeler, non pour influencer vos délibérations, qui ne puisent leurs motifs que dans l'utilité publique, mais comme un fait vrai et conciliatoire, que la proposition de M. de Schonen ne fut repoussée par la Chambre des pairs, dans la session de 1831, que par une majorité de 78 voix contre 45, et que dans la session dernière cette Chambre ne fut pas appelée à se prononcer, vu l'époque tardive où le rapport lui fut soumis.

Toute préoccupation de collision entre deux grands corps de l'État sur une matière si importante de notre droit civil doit donc disparaître, et en pesant de nouveau un si grave intérêt social, vous n'avez à compter dans la balance que la force intrinsèque des arguments opposés.

Je dirai plus : une proposition est émanée de presque tous les adversaires du divorce, qui est la concession la plus large qu'on puisse faire à son principe, puisqu'elle tend à détruire, dans le cas de séparation de corps, la présomption de paternité, fondement et but de l'indissolubilité du mariage.

C'est un système que nous examinerons plus tard ; en ce moment nous ne voulons que constater combien les partisans et les adversaires du divorce sont prêts à s'entendre par transaction, et sur la transaction même, dont les bases ont été posées par les immortels auteurs du Code civil. Du moment qu'il est reconnu que le divorce n'est plus une question de foi religieuse en dehors de tout examen, tranchée par une Église souveraine et législatrice, mais une question sociale, civile et politique, n'acceptant le joug d'aucune croyance privilégiée, et devant être résolue uniquement par les lumières de la philosophie et de la morale, il n'est pas étonnant qu'on parvienne à tomber d'accord.

Vous faites en effet des lois pour tous les citoyens, à quelque culte qu'ils appartiennent, et vous ne devez pas plus imposer le divorce aux catholiques parce que les protestants l'admettent, que vous ne devez l'interdire à ceux-ci parce que les décrétales du pape y sont contraires.

La sublimité des lois religieuses, qui ont pour objet une perfection individuelle et absolue, est le plus souvent inapplicable aux lois civiles, qui sont obligées de tenir compte de l'état des sociétés. En ne considérant le mariage que d'une manière abstraite et spirituelle, au lieu de le considérer relativement aux mœurs, on proclamerait une maxime sans doute sainte et pure; mais ne choquerait-on pas le bien public en réalité, par des conséquences inévitables et funestes? Quels pernicieux effets n'a pas eus en d'autres matières, sur la société, l'adoption entière des doctrines religieuses !

Sans repousser donc la légitime influence des idées religieuses sur la question qui nous occupe et qui, je le crains, dominera malgré eux ceux qui ont à la juger, gardons-nous, autant que faire se pourra, de confondre les prescriptions abstraites de l'Église avec les intérêts de l'État, la pureté du dogme et les faits.

Personne ne conteste que le mariage ne soit le plus sacré des engagements. Il constitue la famille, et l'ensemble des familles compose l'État. Gardien de l'ordre et des mœurs, il a pour objet de perpétuer l'espèce humaine. A ces titres différents, l'État intervient ; la religion ajoute son sceau. La nature d'un tel contrat est l'indissolubilité ; car qui voudrait abandonner aux passions les éléments mêmes de la société, en même temps que la vie morale, civile, domestique, politique des contractants ?

Mais cette indissolubilité doit-elle être absolue ? La loi humaine ne doit-elle prévoir aucun cas où doivent cesser d'être identifiés deux êtres diversement organisés ? Doit-elle à ce point faire violence à la nature des choses et régler d'avance par sa sagesse présomptueuse ce que des causes accidentelles conseillent de confier à la sagesse des magistrats ? Un tel système n'est-il pas démenti par les exemples et les préceptes de tous les siècles, et des modifications quelconques n'ont-elles pas protesté partout contre sa hautaine inflexibilité ? Ici c'est l'impuissance, ailleurs c'est l'adultère, là des subterfuges, des défauts de consentement qui annulent le contrat au lieu de le briser. Partout la justice et la pitié ont fait entendre leur voix contre cette prétention de donner à l'union conjugale la fatalité irrévocable du destin.

Telle était, à cet égard, la conviction des auteurs du Code civil, qu'aucun d'entre eux ne vint contester au Conseil d'État le principe du divorce. En vain prétend-on aujourd'hui que la question fut jugée par des considérations prises en dehors d'elle-même, avant même que d'être posée. Quand il semble si simple de voir dans le fait du silence général de tant de consciencieux législateurs un hommage éclatant à la nécessité du divorce, comment n'y voir qu'une condescendance coupable à un principe de désorganisation sociale, à des préjugés existans, à des passions politiques ? Alors qu'une scandaleuse facilité de divorcer avait créé une répulsion générale contre une loi suspendue pendant six mois par l'effet de cette répulsion, comment, par une réaction naturelle, inévitable, le principe même d'une telle institution n'eût-il pas été attaqué dans les circonstances les plus favorables pour en faire ressortir le danger, chez une nation dominée par ses impressions, et qui a été si souvent d'une exagération à l'autre ? Non, soyons plus justes envers les judicieux fondateurs de notre droit civil. Au-dessus de l'entraînement du moment, du haut de leur expérience et de leurs lumières, en réprimant l'abus, ils ont conservé et épuré l'usage. C'est la législature de 1816 qui a fait la contre-partie de la législature de 1802.

« Le mariage, dit-on, ne peut porter ses fruits les plus précieux que « quand il est contracté, non pas seulement avec l'intention, mais avec la « certitude de sa durée. La perpétuité de ce lien a seule aussi le pouvoir « de faire naître l'indulgence naturelle. Avec la certitude de ne pouvoir « jamais être séparés, on supporte réciproquement ses défauts et on se « pardonne réciproquement ses faiblesses [1]. »

Un profond et savant observateur du cœur humain, Montaigne ne partageait pas cette opinion.

« Nous avons pensé, dit-il, attacher plus ferme le nœud de nos ma- « riages, pour avoir osté tout moyen de les dissoudre ; mais d'autant

[1] Rapport de M. Gautier à la Chambre des pairs.

« s'est despreint et relasché le nœud de la volonté et de l'affection, que « celui de la contrainte s'est estrécy, et, au rebours de ce qui tint les ma- « riages à Rome si longtemps en honneur et en seureté, fut la liberté de « les rompre qui vouldroit ; ils gardoient mieux leurs femmes d'autant « qu'ils les pouvoient perdre ; et, en pleine licence du divorce, il se passa « 500 ans et plus avant que nul ne s'en servist.

« *Quod licet ingratum est, quod non licet acrius urit.* »

A ce propos se pourrait joindre l'opinion d'un ancien, que les supplices aiguisent les vices plutôt qu'ils ne les amortissent.

Un magistrat savant et grave, qui a jeté sur l'histoire et l'organisation sociale tant de vives lueurs, Montesquieu, s'exprime plus énergiquement encore :

« Le divorce, dit-il, était permis dans la religion païenne, et il fut dé- « fendu aux chrétiens. Ce changement, qui paraît d'abord de si petite con- « séquence, eut insensiblement des suites terribles et telles qu'on peut à « peine les croire. On ôta non-seulement toute la douceur du mariage, « mais aussi l'on porta atteinte à sa fin ; en voulant resserrer ses nœuds, « on les relâcha, et au lieu d'unir les cœurs comme on le prétendait, on les « sépara pour jamais.

« Dans une action si libre, et où le cœur doit avoir tant de part, on « mit la gêne, la nécessité et la fatalité du destin même. On compta pour « rien les dégoûts, les caprices et l'insociabilité des humeurs ; on voulut « fixer le cœur, c'est-à-dire ce qu'il y a de plus variable et de plus in- « constant dans la nature ; on attacha, sans retour et sans espérance, des « gens accablés l'un de l'autre et presque toujours mal assortis, et l'on « fit comme ces tyrans qui faisaient lier des hommes vivants à des corps « morts.

« Rien ne contribuant plus à l'attachement mutuel que la faculté du « divorce, un mari et une femme étaient portés à soutenir patiemment « les peines domestiques, sachant qu'ils étaient maîtres de les faire finir ; « et ils gardaient souvent ce pouvoir en main tout leur vie sans en user, « par cette seule considération qu'ils étaient libres de le faire. »

Et en représentant ce que peut être une union mal assortie, c'est-à-dire une séparation intime plus forte qu'une séparation publique, il ajoute :

« Si de deux personnes ainsi liées, il y en a une qui n'est pas propre « au besoin de la nature et à la propagation de l'espèce, soit par son tem- « pérament, soit par son âge, elle ensevelit l'autre avec elle, et la rend « aussi inutile qu'elle l'est elle-même. »

C'est ainsi que cette vue noble et généreuse qui a fait considérer l'indissolubilité du mariage comme une législation protectrice des femmes, à qui le divorce ne peut rendre, avec la liberté, leur dignité et leur pureté premières, nous paraît une erreur aussi préjudiciable au bonheur qu'à la moralité de celles qu'on veut protéger.

Il ne dépend pas de la loi d'égaliser la condition des deux sexes, de changer la nature et l'opinion. Par les mêmes raisons que l'infidélité de la femme a toujours été considérée par le monde et par les lois comme infiniment plus grave et plus coupable que celle du mari, parce que c'est une abjuration de la pudeur, base de toutes ses vertus, un crime de *faux* marqué par des signes certains et dont les conséquences sont de mettre à la charge du mari les fruits flétris de l'adultère, la violation du mariage étant cependant la même pour l'un et pour l'autre ; par les mêmes raisons, dis-je, vous ne parviendrez pas plus, en refusant qu'en autorisant le divorce, à changer sur ce point la condition de la femme.

C'est elle, faibe, dépendante, sans autorité, ne commandant ni ne possédant, enchaînée au foyer domestique, à son maître, livrée sans défense à ses caprices, à sa brutalité, à sa tyrannie, à ses vices et à leur suites, outragée devant ses serviteurs et ses enfants, leur patrimoine et le sien soldant des concubines qui ont pris sa place ; c'est elle que vous entendez garantir contre le divorce, triste et imparfait, mais unique remède à ses maux, seul refuge contre un malheur aussi long que la vie.

La séparation de corps lui reste, dit-on, comme réparation. Ce mensonge du mariage, funeste à l'honneur comme aux intérêts du mari, quelle ressource offre-t-il à la femme innocente? Son mari est criminel, et c'est elle qu'on punit : un conseil, un protecteur, un appui est nécessaire à sa consolation, à sa vertu même, et la loi le lui refuse. Isolée, abandonnée, livrée déjà à une suspicion injuste, succombant sous un lien pourri, non brisé, elle ne peut réhabiliter son malheur et doit traîner à jamais un nom accepté sans discernement, peut-être par piété filiale et devenu infâme. Et ce serait là un frein moral et juste, un frein protecteur de la destinée des femmes !

Voyons quelle peut être la condition du mari.

Que répondriez-vous à un homme qui vous dirait : J'ai été trahi par une femme dont j'avais fait la fortune et le bonheur? Après m'avoir rendu la vie commune insupportable, de complicité avec son séducteur, elle m'a volé à l'aide de fausses clefs, et en me faisant manquer à des engagements commerciaux. Par intérêt pour l'honneur de mes enfants et le mien, je me suis contenté de demander la séparation de corps avec le moins d'éclat possible ; elle a été prononcée.

Des tentatives d'empoisonnement ont été faites depuis sur ma personne, par l'intermédiaire même de mes enfants, agissant sans discernement ; j'ai repoussé l'idée d'en fournir les horribles preuves aux tribunaux. J'ai brisé tous mes rapports de famille, d'amitié, d'affaires. Je me suis éloigné. Ma femme est restée, portant mon nom, et ayant à ce titre non-seulement toutes les communications d'affaires et de société de ceux qui ignoraient mon malheur et ma honte, mais encore un crédit réel auprès des marchands et des fournisseurs, dont elle abusait d'autant plus, qu'elle sentait qu'il ne pourrait durer. Elle présente comme miens deux enfants issus de la débauche. Des escroqueries et des faux (qui s'arrête dans la carrière du crime ?) la font enfin traduire devant la cour d'assises, après qu'elle a été mêlée à ce qu'il y a de plus impur dans la prison de

Saint-Lazare. Elle est condamnée à cinq ans de travaux forcés, et subit l'exposition sur la place publique.

Le terme de sa peine expire, et ce n'est pas assez pour moi de n'avoir pu donner une seconde mère à mes jeunes enfants, il me faut partager leur pain avec les fils de l'escroc auteur de tous mes maux, et mon nom est destiné à achalander les maisons de prostitution, quand il ne retentira pas devant les tribunaux. Sous quelles lois vivons-nous, qui outragent à ce point les droits de la justice, de la morale, de l'humanité?

Une proposition dont nous avons déjà fait mention, faite en 1816, et qu'il faut savoir gré à des hommes d'État éclairés d'avoir reproduite, a pour but de corriger un des plus graves inconvénients des séparations de corps judiciaires, en faisant cesser pendant leur durée la présomption de paternité qui résulte du mariage.

Un premier danger de ce système serait d'attacher aux séparations judiciaires un avantage qui n'appartiendrait pas aux séparations de fait. On a dit que le divorce n'était pas nécessaire, parce qu'à Paris même le nombre des séparations de corps ne dépassait pas 55 par an ; mais on n'a pas dit quel était le nombre des séparations d'époux qui ont reconnu combien était chère et scandaleuse autant qu'insuffisante la sanction des tribunaux. Un honorable président du tribunal de première instance de Paris, que nous avons l'avantage de posséder pour collègue, a assuré, à défaut de tableaux officiels, que ce n'est pas 55, mais 150 séparations judiciaires qui sont, terme commun, prononcées chaque année à Paris, et que le nombre des séparations de fait est très-considérable. Eh bien! messieurs, si la proposition dont le rapport vient d'être fait à la Chambre des pairs était adoptée, pour prévenir le mal de paternité usurpée, vous exposeriez au scandale d'une publicité, jusque-là inutile, un grand nombre de ces séparations réelles. Vous troubleriez à la fois l'honnêteté publique, le repos et l'honneur des familles, sans rouvrir pour des époux plus irréconciliablement divisés la carrière *du bonheur dans le devoir*. Mais ou la présomption de paternité cesse de plein droit, et alors vous substituerez aux avantages désirés par la séparation de corps, c'est-à-dire la possibilité d'un rapprochement, un système, souvent rebelle à la vérité, qui fait du crime la vraisemblance et la règle, et interdit jusqu'à la preuve de l'innocence; ou vous exigerez un désaveu de paternité, et, dans ce cas, c'est un outrage nouveau que l'époux doit reconnaître, un opprobre pour sa famille qu'il doit enregistrer, un scandale qu'il doit donner à la société, une flétrissure publique qu'il doit imprimer à celle qui porte encore son nom.

Et ces malheureux enfants, les voilà, sans que leur naissance ait été cachée, sans que l'adultère de leur mère ait été prouvé, sans qu'il y ait possibilité pour eux d'une filiation légitime, quand des torts de caractère auront peut-être seuls divisé les parents, dépouillés provisoirement de leur titre, et marqués en venant au monde d'un signe pour lequel notre Code a réservé toute sa réprobation ! La religion, les lois, la nature leur garantissent également honneur, tendresse, secours, et c'est l'acte d'une colère jalouse, inquiète, dénaturée qui les menace à leur entrée dans la vie ; et non-seulement ils ne sont plus admis à réclamer un père, mais la loi leur défend même de rechercher quelle est leur mère. Il est interdit de les reconnaître aussi bien que de les adopter; c'est sous l'égide d'un mariage indissoluble que naîtront ces parias à qui quelques législateurs ont refusé jusqu'à des aliments. Par l'atténuation d'une présomption, la règle tutélaire et conservatrice, fondement de la société civile, la qualité d'enfants légitimes serait détruite, et l'abandon, l'adultère, le crime, l'homicide, ne pourraient autoriser la destruction d'un tel simulacre de mariage.

Faut-il accepter de telles anomalies à tous les principes, en consacrant en réalité et avec éclat des divorces, mais sans espoir et sans avenir pour les divorcés, sans réparation pour les familles et la société?

Dans presque tous les pays qui nous environnent, et même dans ceux où le droit canonique régit les lois civiles, le divorce est admis. Cette liberté naturelle y est circonscrite dans des limites diverses; mais son usage, abandonné à la conscience de chacun, n'est nulle part prohibé d'une manière absolue. Votre seule législation fut en quelque sorte discordante avec le droit européen à cet égard; et, chose étrange, là où il y a le moins de servitude politique, la servitude civile et domestique, entée sur une réaction religieuse, est invoquée, non comme une contradition choquante qu'il faut se hâter de tempérer, mais comme un bienfait qu'il faut conserver et défendre.

A en croire cependant un habile et imposant adversaire, c'est le divorce qui serait au contraire une institution aristocratique, et l'égalité des droits est intéressée à l'égalité des malheurs.

« Les antipathies conjugales ne prennent, dit-il, racine que dans les « classes où règne une certaine aisance, et le divorce est inaccessible au « peuple, par les frais qu'il entraîne. »

Quand il en serait ainsi, et nous n'admettons pas le fait, si les classes riches ne méritent pas plus de protection que les autres, en méritent-elles moins, et ne suffit-il pas pour qu'une institution soit adoptée qu'elle soit utile aux uns sans nuire aux autres? Ne comptez-vous pour rien d'ailleurs l'influence exercée sur tous par le bonheur et la vertu de ceux dont on prend volontiers l'exemple, et dont la corruption éclate sur un plus haut théâtre.

Mais n'est-ce pas au contraire dans la classe indigente que le divorce préviendrait le plus de violence et de douleurs? Là se voient surtout les séparations de fait, l'abandon et les mauvais traitements. Les gens riches savent vivre séparés sous le lien conjugal, et faire divorce sans le prononcer; mais le grand nombre n'a pas deux ailes à un château, deux étages à une maison, deux lits dans un ménage; et la loi doit secours au plus grand nombre.

En Angleterre, en Belgique, en Russie, en Pologne, en Grèce, en Autriche, en Allemagne, en Suisse, dans les pays les plus renommés par leur moralité, le divorce existe de droit; en Italie, en Espagne, il existe de fait.

Il résulte même de la mutilation du Code civil à cet égard, en 1816, pendant que les peuples qui nous environnent en acceptaient les sages dispositions, que nombre d'époux malheureux ont quitté la France, où une loi de fer les condamnait à l'éternité des peines domestiques, pour faire prononcer l'annulation de leur mariage, et pouvoir contracter des unions plus heureuses sur une terre étrangère.

Ce sont toutes ces cruelles bizarreries qu'il s'agit de faire cesser en rayant de notre Code civil une prohibition absolue, féconde en crimes comme en malheurs. Car, en comparant, autant que faire se peut, les attentats qui ont eu lieu entre conjoints, dans les années pendant lesquelles le divorce a été autorisé et les années pendant lesquelles il a été défendu, comment n'être pas effrayé de leur augmentation ?

La politique, la morale, l'équité, l'intérêt et la dignité du mariage, l'intérêt des enfants, dont l'éducation et la moralité ne peuvent que souffrir au milieu des discordes et de l'avilissement des auteurs de leurs jours, l'insuffisance et le danger des palliatifs, l'expérience des peuples voisins et notre propre expérience, tout a déterminé encore cette fois votre commission à vous proposer *à l'unanimité* le rétablissement du divorce avec les restrictions et les garanties stipulées par le Code civil.

Voici la proposition qui était à convertir en projet de loi :

Article unique. Les dispositions du code civil sur le divorce sont rétablies. En conséquence la loi du 8 mai 1816 est abrogée.

A la séance du 24 février 1834, cet article fut mis aux voix et adopté par la Chambre des députés à une grande majorité. Le résultat du scrutin donna, pour l'adoption, 191 voix contre 100 ; le nombre des votants était de 291. Mais, soumise de nouveau à l'approbation de la Chambre des pairs, la loi portant rétablissement du divorce, adoptée deux fois par la Chambre des députés, fut rejetée de nouveau.

Le 26 mai 1848, l'honorable Me Crémieux, alors ministre de la justice, aujourd'hui notre cher confrère, plus grand encore par le cœur que par le talent, présenta à la Chambre un projet de loi ainsi conçu :

La loi du 8 mai 1816 est abrogée. En conséquence, les dispositions du titre VI, livre Ier du Code civil, reprennent leur force à compter du jour de la promulgation de la présente loi.

Art. 2. L'art. 310 du Code civil est modifié comme il suit : Tout jugement de séparation de corps devenu définitif depuis 3 ans au moins sera converti en jugement de divorce, sur la demande formée par l'un des deux époux, sur requête et assignation à bref délai.

Le jugement qui prononcera le divorce sera rendu à l'audience.

L'époux condamné pour adultère n'est pas admis à réclamer le divorce.

Après avoir vainement cherché dans le *Moniteur* ce qui s'était passé à l'assemblée relativement à ce projet de loi, nous avons prié M. Crémieux, notre cher et honoré maître, de nous fournir quelques renseignements à cet égard, et voici la lettre qu'il nous a adressée en réponse :

« Paris, le 22 mai 1865.

« Mon cher confrère, vous ne trouverez rien dans le *Moniteur* sur le projet de loi que je présentai, le 26 mai 1848, pour le rétablissement du divorce. Je venais à l'Assemblée, déposant sur le bureau un projet de loi qui, en 1831, 1832 et 1833, avait été trois fois voté par la Chambre, et que la Commission exécutive, sur mon rapport, avait unanimement adopté; je ne croyais pas à une opposition. Le préambule de la loi de 1816 disait nettement que l'abolition du divorce était exigée par la foi catholique; il supprimait par là même l'égalité des cultes et les projets que la révolution de 1830 avait adoptés à d'importantes majorités; la révolution de 1848 ne devait pas croire que l'Assemblée nationale en accueillerait le retour avec la plus grande défaveur. Moi, surtout, qui ne connaissais pas ceux qu'on appelait néo-catholiques, je me figurais que j'allais entendre les *très-bien* sur le plus grand nombre des bancs. Je me trompais, et j'éprouvai alors l'immense regret de n'avoir pas réclamé du gouvernement provisoire, pendant que nous avions le pouvoir législatif, un retour aux dispositions du Code civil, si malheureusement abrogées par la Restauration.

« Le projet que je lus à la tribune, et qui portait, avec le rétablissement du divorce, une disposition qui l'interdisait à l'époux déclaré en adultère, souleva des exclamations et des rires; je ne voulus pas le justifier. Il fut, selon l'usage, renvoyé aux bureaux, et depuis il n'en fut plus question. Ni Bethmont, ni Marie, qui m'ont succédé au ministère de la justice, ne l'ont retiré. Voilà tout ce que je puis vous en dire.

« Recevez, mon cher confrère, l'expression de mes affectueux sentiments.

« AD. CRÉMIEUX, avocat. »

Voilà comment s'exprime, sur la nécessité de rétablir le divorce, un homme qui n'est pas seulement un éminent jurisconsulte, un de nos plus grands avocats, mais qui est aussi le meilleur des époux, appréciant et aimant autant que qui que ce soit les saintes joies de la famille, et disposé par conséquent à faire tout ce qui peut en resserrer les liens et augmenter le respect qui lui est dû; et cependant il ne craint pas de déclarer qu'il a éprouvé un immense regret de n'avoir pas réclamé du Gouvernement provisoire, pendant que ce dernier avait le pouvoir législatif, un retour aux dispositions du Code civil sur le divorce.

Ces diverses tentatives ont échoué, et cependant, il faut bien le reconnaître, le divorce est un besoin de la société actuelle. Le divorce est un mal, disent ses adversaires! Nous l'admettons, mais nous disons que c'est un mal nécessaire, un remède à des maux plus grands encore. Le divorce d'ailleurs respecte le principe d'indissolubilité du lien conjugal, car il n'en proclame légalement la rupture que lorsque déjà elle est consommée de fait. D'autre part le législateur ne pourrait sans cruauté rester insensible aux malheurs de l'humanité. Des unions ont pu être légèrement contractées; les parents des époux, les futurs époux eux-mêmes se tromper dans leur choix. Il ne faut pas qu'ils soient à toujours victimes d'un instant d'erreur, et privés à jamais du bonheur qu'une nouvelle union peut leur procurer. Ou bien l'un des époux est coupable, et alors il serait cruel de faire souffrir l'innocent pour le crime de l'autre.

Dans les provinces rarement il y aura lieu d'appliquer le divorce, mais dans les grandes villes son application sera le plus souvent un bienfait pour les époux, car la séparation de corps n'est, ainsi que nous l'avons dit, qu'un palliatif qui favorise le désordre des mœurs, au lieu de le réprimer, et qui engendre fatalement l'adultère. Que de femmes, en effet, séparées de leurs maris soit judiciairement, soit de fait, vivent en concubinage! Le nombre des unions illégitimes est si grand dans les villes importantes, que le concubinat se trouve par le fait élevé au rang du mariage, et que la famille adultérine, qui est le plus souvent la conséquence de ces unions, vient ravir à la famille légitime son patrimoine et son honneur. La statistique révèle qu'à Paris, sur 2,84 enfants, 1 est réputé illégitime. Disons aussi que si le divorce était encore inscrit dans nos lois, l'on n'aurait pas le triste spectacle de ces trop regrettables unions par lesquelles le fils de famille, que la débauche a ruiné et abruti, donne à la première courtisane venue enrichie par une vie de désordre un nom vénéré qu'elle déshonorera peut-être comme elle a déshonoré le sien. Si le mariage n'était pas un lien indissoluble, et qu'à la suite d'une action en divorce cette même courtisane fût exposée à perdre ce nom conquis par sa richesse, elle se garderait certes bien d'en solliciter l'acquisition.

Un des principaux moyens invoqués contre le divorce, c'est la possibilité d'une réconciliation entre les époux séparés. Suivant nous, ce serait avoir une fausse idée du cœur humain que de supposer qu'il pourra se produire facilement et fréquemment une réconciliation entre des époux qui, afin d'obtenir leur séparation, n'auront pas craint de livrer à la publicité de l'audience le triste tableau de leurs infortunes domestiques, de leurs querelles les plus secrètes, de leurs chagrins les plus amers. Cette réconciliation n'aura lieu que très-rarement et par exception.

D'ailleurs, comment supposer qu'une femme qui aura apporté à son mari fortune, vertu, tendresse et dévouement, et qui aura été par lui abandonnée, outragée et ruinée, consentira facilement à retourner avec lui, lorsqu'elle en aura été judiciairement séparée? Ce serait aussi trop présumer de la puissance morale de l'homme et de la bonté de son cœur, que de croire qu'il pourra se réconcilier sincèrement et volontairement avec une femme qui, par ses désordres, aura déshonoré son nom, porté le désastre dans sa maison et dans ses affaires, et versé dans son cœur le plus amer chagrin. Une réconciliation, si elle se produit, ne sera qu'apparente ou commandée par des circonstances qui lui feront perdre toute sincérité, nous pensons d'ailleurs qu'elle n'aura lieu que très-exceptionnellement.

On a aussi invoqué contre le divorce l'intérêt des enfants... Est-ce qu'à leur égard la séparation de corps n'a pas les mêmes inconvénients qu'aurait le divorce? Est-ce que le tableau des faits et des querelles qui amènent entre les époux une séparation de corps n'a pas la plus désastreuse influence sur la moralité et sur l'éducation des enfants, et ne vaut-il pas mieux les éloigner plus tôt que plus tard de parents dont ils auraient à rougir et à qui ils pourraient reprocher leurs turpitudes? Au point de vue moral, le divorce ne peut donc être funeste aux enfants... L'on pourra facilement empêcher qu'il ne soit nuisible à leur avenir et à leur fortune en réservant pour eux une part des biens de leurs père et mère dans la liquidation qui devra en être faite immédiatement après la déclaration du divorce.

A notre avis, les considérations religieuses ont seules jusqu'à présent fait rejeter les diverses propositions tendant au rétablissement du divorce ; il nous reste donc à examiner les lois de l'Église sur l'indissolubilité du lien conjugal.

DU MARIAGE ET DE SON INDISSOBULITÉ D'APRÈS LES LOIS DE L'ÉGLISE.

L'institution du mariage remonte à la naissance même de l'humanité... En effet, après avoir créé l'homme, Dieu dit : « Il n'est pas bon que l'homme soit seul, faisons-lui un aide semblable à lui ; Non est bonum hominem esse solum : faciamus ei adjutorium simile sibi. » (*Genèse*, ch. II, v. 18.) Ayant ainsi révélé à Adam qu'il lui destinait une compagne, « le Seigneur Dieu, continue l'Écriture, envoya donc à Adam un profond sommeil, et lorsqu'il était endormi il lui tira une côte dont il forma la femme, et il l'amena à Adam, qui dit à sa vue : Voilà maintenant l'os de mes os et la chair de ma chair. Celle-ci s'appellera du nom qui marque l'homme parce qu'elle a été prise de l'homme ; c'est pour cela que l'homme quittera son père et sa mère, et il s'attachera à sa femme, et ils seront deux dans une seule chair... Dixitque Adam : Hoc nunc os ex ossibus meis, et caro de carne mea : Hæc vocabitur virago quoniam de viro sumpta est ; quamobrem relinquet homo patrem suum et matrem suam, et adhærebit uxori suæ, et erunt duo in carne una. » (*Genèse*, II, v. 24.) Tel est le passage de la *Genèse* sur le mariage, cité par le concile de Trente, et dans lequel le concile a trouvé l'institution du mariage et la preuve de son indissolubilité. Avant tout, qu'il nous soit permis de faire sur ce passage une double observation. A l'égard de ces paroles : « Quamobrem relinquet homo patrem suum et matrem suam, » nous disons qu'elles ne peuvent évidemment s'appliquer au mariage d'Adam, puisqu'il n'avait ni père ni mère : elles ne peuvent se rapporter qu'au mariage que devaient contracter ses descendants dans la suite des siècles... Et à l'égard de ces expressions : « Hoc nunc os ex ossibus meis, et caro de carne mea — et erunt duo in carne una... » nous devons dire que ce n'est pas une raison parce que la femme est de la même chair que l'homme pour que le mari doive être uni à sa femme d'une manière inséparable, car c'est une chose commune et générale à toutes les femmes, qu'elles soient mariées ou non mariées, d'être de la même chair que l'homme, la femme ayant été tirée de l'homme.

Nous donnons un autre sens à ce passage de la *Genèse*; nous pensons qu'il trace les devoirs de l'homme envers la femme en même temps qu'il établit que cette dernière est égale à lui. Après avoir prononcé ces belles paroles : « Il n'est pas bon que l'homme soit seul, faisons lui une compagne semblable à lui.... » Dieu créa la femme, et il la créa de la côte de l'homme, afin que ce dernier fût bien convaincu qu'elle était capable de partager ses aspirations, ses peines et ses joies, qu'elle pouvait être associée à ses destinées, et comprendre comme lui les sublimes merveilles de la création. Le passage de la *Genèse* ci-dessus rapporté ne nous paraît donc pas établir le principe de l'indissolubilité du mariage. Nous examinerons tout à l'heure s'il ne se trouve pas dans l'Évangile d'autres preuves à l'appui de cette indissolubilité que la religion catholique enseigne. Hâtons-nous de reconnaître que la religion est ce qu'il y a de plus respectable, et que les vérités de l'Évangile, qui s'élèvent lorsqu'on les croit éteintes, jettent une vive lumière que ne peuvent obscurcir ni ses présomptueux ennemis, ni ses ministres indignes. Il faut donc se garder de vouloir porter une atteinte quelconque aux vérités de la religion, aux dogmes que proclame l'Église catholique. Mais est-ce que le principe de l'indissolubilité absolue du mariage est un dogme appartenant à la foi catholique? Nous ne le pensons pas. Car s'il en était ainsi, il est manifeste que tout mariage légalement contracté serait absolument indissoluble dans tous les cas, et pour quelque cause que ce fût, et qu'il ne pourrait même jamais être annulé, puisqu'une seule exception apportée au principe suffirait pour renverser le dogme. Or l'Église reconnaît elle-même qu'il y a lieu, dans certains cas, d'admettre la nullité du mariage, et admet des exceptions au principe d'indissolubilité qu'elle semble proclamer avec tant d'absolutisme. Ainsi, un célèbre canoniste et théologien, M. Gibert, qui a publié, en 1725, l'ouvrage le plus complet sur l'indissolubilité absolue du mariage, restreint l'indissolubilité au mariage entre *chrétiens*. Il cite un concile romain qui dit : « Quod non dimittenda sit uxor post baptismum, quæ habita est ante baptismum; in baptismo solvuntur crimina, non tamen legitima conjugia. » (Voyez Gibert, *Tradition ou histoire de l'Église sur le sacrement de mariage.*) D'autre part, la plupart des théologiens, des canonistes, et plusieurs grands papes ont enseigné, pendant plus de six cents ans qu'un mariage contracté entre chrétiens avec toutes les formalités et les solennités prescrites par les deux puissances ecclésiastique et séculière peut, quand il n'a pas été consommé, être dissous par la profession solennelle de religion faite par l'une des parties, même sans le consentement de l'autre, de sorte que celle qui reste dans le monde peut valablement contracter un autre mariage.

Le pouvoir qu'on donnait à la profession religieuse de dissoudre le mariage non consommé était si universellement reconnu dans l'Église au temps du concile de Trente, que ce concile jugea à propos de confirmer cette doctrine en frappant d'anathème ceux qui la contrediraient... « Si quis dixerit, déclare ce concile, matrimonium ratum non consummatum per solemnem eligionis professionem alterius conjugum non posse dirimi, *anathema sit.* » (Sess. 24, can. 6.) Cette distinction entre le mariage *ratum* et le mariage *consummatum* dont parle le concile a été établie par Gratien, moine de Saint-Félix de Bologne. C'est lui qui, au milieu du douzième siècle, a enseigné qu'il fallait établir une différence entre les termes époux et épouse, *sponsus* et *sponsa*, d'une part, pour signifier les personnes ayant contracté mariage et ne l'ayant pas consommé, et d'autre part ceux de mari et de femme, *maritus* et *uxor* pour désigner les personnes mariées dont le mariage avait été consommé. C'est de cette distinction qu'est née l'opinion que le mariage *non consommé* est dissous par l'entrée en religion, quoique le mariage consommé ne le soit pas; cela parce que, entre l'*époux* et l'*épouse*, il n'y a qu'un mariage imparfait, ils ne sont pas encore devenus une même chair, que dès lors le mariage est dissoluble, tandis qu'entre le *mari* et la *femme* le mariage étant parfait parce qu'ils sont devenus une même chair par la consommation de leur mariage, il est indissoluble.

Le pape Eugène III avait approuvé le décret de Gratien, et il avait ordonné d'enseigner publiquement à Bologne les principes qu'il renferme. De son côté, le pape Alexandre III, qui monta sur le trône en 1159, enseigne dans ses Décrétales la même doctrine. Voici comment il s'explique, chap. *Verum* :

« Verum post consensum legitimum de præsenti licitum est alteri (conjugum), altero etiam repugnante, eligere monasterium sicut sancti quidam de nuptiis vocati fuerunt; dummodo carnalis commixtio non intervenerit inter eos, et alteri remanenti, si commonitus continentiam servare noluerit, licitum est ad secunda vota transire; quia cum non fuissent una caro effecti, satis potest unus ad Deum transire, et alter in seculo remanere. »

Les successeurs d'Alexandre III professèrent la doctrine qu'il consacre dans le chapitre *Verum*. On a négligé, il est vrai, de conserver les décrétales relatives à notre question, des cinq papes qui ont occupé le saint-siége depuis Alexandre III jusqu'à Innocent III, parce qu'ils n'ont régné que très-peu de temps, dix-sept ans en tout; mais il est incontestable que ces cinq papes ont adopté l'opinion d'Alexandre III. En effet, Innocent III, consulté lui-même, ne voulant pas s'écarter des traces de ses prédécesseurs, déclare qu'avant la consommation du mariage il est permis à l'un des conjoints d'entrer en religion, sans consulter l'autre, en sorte que cet autre peut légitimement contracter ensuite un autre mariage. « Nos tamen (dit-il), a prædecessorum vestigiis nolentes declinare, qui, respondere consulto, antequam sit per carnalem copulam consummatum, licere alteri conjugum, altero inconsulto, ad religionem transire, ita quod reliquus ex tunc legitime poterit alteri copulari; hoc ipsum tibi consulimus observandum... » Il est donc certain que le mariage *ratum* non consommé était dissous par l'entrée en religion; les douzième, treizième et quatorzième siècles fournissent à cet égard des témoignages nombreux et irrécusables.

Mais nous n'avons pas besoin de remonter à des temps reculés pour établir que le mariage *non consommé* peut être dissous sans même que l'un des époux entre dans les ordres religieux. Nous avons un exemple tout récent de dissolution d'un mariage non consommé. En effet, par un bref rendu le 30 juin 1858, le saint-père a prononcé la nullité du mariage religieux du marquis de Grolée, avec mademoiselle Caillard, mariage célébré mais non consommé. Ce bref est ainsi conçu :

PIE IX, PONTIFE,

A notre vénérable frère, salut et bénédiction apostolique.

Notre cher et noble fils Léon-Marie de Grolée nous a fait exposer que le 26 octobre 1852, il s'est dûment marié devant l'Église avec la demoiselle Marie-Joséphine Caillard; qu'il a cohabité avec elle pendant six mois; sans avoir pu, dans ce temps, consommer le mariage à cause du refus absolu de sa femme. Les six mois écoulés, l'exposant s'est adressé au tribunal de ..., et a demandé la séparation de lit, de domicile et de biens. L'ayant obtenue par contumace de sa femme, il nous a présenté une supplique, dans laquelle il sollicitait instamment la dispense de son mariage comme ayant été simplement célébré, mais jamais consommé, à cause des répugnances et de l'aversion de sa femme. Nous avons renvoyé toute l'affaire à la Sainte Congrégation, chargée d'interpréter les décisions du concile de Trente, qui délégua l'évêque à l'effet d'ouvrir une instruction régulière, conformément à la constitution de Benoît XIV, notre prédécesseur d'heureuse mémoire, laquelle commence par ces mots : *Dei miseratione.*

Cette procédure faite et transmise à la même congrégation, on reconnut que les formalités substantielles n'avaient point été observées, puisque les pièces du procès avaient été dressées en l'absence d'un défenseur d'office du mariage et du témoignage des parentes appelées *Septimæ manus* ; mais ayant, en vertu de notre autorité, couvert les vices de forme qui avaient dû se glisser jusque dans le procès, nous avons enjoint au même archevêque de désigner un défenseur qui parlerait en faveur du maintien du mariage, et de procéder en sa présence à l'audition des témoins dits *Septimæ manus*, en se conformant aux instructions qui lui étaient données. Le prélat accomplit religieusement toutes les prescriptions, et, quoique la femme et son père persistassent à faire défaut et refusassent de produire des témoins, il n'en acquit pas moins la certitude morale que le mariage n'avait pas été consommé, par suite de la résistance de la femme, qui a constamment refusé de remplir ses obligations matrimoniales en ne répondant aux sollicitations de son mari que par des querelles, des injures et des menaces, et qu'il n'y avait aucun espoir de rapprocher et de réconcilier les deux époux.

Il fut donc reconnu que la demande de la dispense était fondée sur de graves raisons. De là la question de savoir s'il y avait lieu de proposer au saint-père, dans l'espèce, la dispense d'un mariage célébré et non consommé. La sainte congrégation ajourna la réponse à cette question, et décida qu'il fallait écrire de nouveau à l'évêque de ..., en le chargeant de fixer à la femme, suivant qu'il le jugerait prudent et convenable, le délai dans lequel elle devrait produire les témoins *Septimæ manus*; puis, dans le cas où elle n'en produirait point, de procéder lui-même d'office à l'audition des parents, ou des amis, ou des gens de la maison de la femme, dont le témoignage paraîtrait devoir être le plus sûr. Cette décision fut communiquée par l'évêque tant à la femme qu'à son père, et tous deux persistèrent dans leur contumace; bien plus, le père répondit qu'il ne permettrait jamais qu'aucun des siens comparût dans une enquête où la véracité et l'honneur de sa fille seraient en cause. De son côté, l'avocat du mari fit valoir de nouveaux arguments pour prouver l'aversion et la haine que sa femme avait pour lui, et que jamais le mariage n'avait été consommé, quoique, pendant les six mois de cohabitation, il n'ait rien négligé pour gagner son affection. Le défenseur d'office du mariage y opposa à son tour de nouvelles raisons, et la même question fut posée de savoir s'il y avait lieu de proposer au saint-père, dans l'espèce, la dispense d'un mariage célébré et non consommé. A cette question, la même congrégation de nos vénérables frères les cardinaux de la sainte Église romaine, interprète des décisions du concile de Trente, répondit affirmativement le 26 juin 1858.

C'est pourquoi, confirmant ce qui a été statué par cette congrégation dans la cause dont s'agit, nous vous déléguons par les présentes, vénérable frère, pour dispenser dans votre prudence, et suivant votre appréciation, lesdits Léon de Grolée et Marie-Joséphine Caillard de leur mariage célébré et non consommé, et pour prononcer, en outre, de notre autorité, la dissolution de ce mariage, de sorte qu'il soit permis à l'un et à l'autre, si rien d'autre ne s'y oppose, de contracter de nouveaux liens devant l'Église; ce que nous accordons, voulons et ordonnons, en déclarant que notre présent bref est et sera valide, définitif et efficace, qu'il doit sortir son plein et entier effet, et profiter dans toute sa teneur et dans toute son étendue à ceux qu'il concerne, comme à tous ceux qu'il concernera d'une manière quelconque à l'avenir; et qu'en conséquence, l'affaire doit être ainsi entendue et jugée, soit par tous les juges ordinaires, soit même par les auditeurs de la chambre apostolique, et que toute décision contraire doit être déclarée comme nulle et non avenue, de quelque autorité et de qui que ce soit qu'elle émane sciemment et non sciemment; et ce, nonobstant ce que nous et notre chancellerie apostolique avons statué *de Jure quæsito et non tollendo*, et nonobstant le statut de Benoît XIV, d'heureuse mémoire, ou autres statuts apostoliques, et toutes les institutions apostoliques générales ou spéciales, prononcées dans les conciles œcuméniques, provinciaux et synodaux, et enfin toutes autres dispositions contraires.

Donné à Rome, près de Saint-Pierre, sous l'anneau du Pêcheur, le 30 juillet 1858, en la treizième année de notre pontificat.

Pour le cardinal,

MOCCHI.

« JEAN-BAPTISTE-BARCELONI-CASTELLANI, *son substitut.* »

L'adultère de la femme brisait aussi l'indissolubilité du lien conjugal. C'est ce qu'enseigne l'Évangile selon saint Matthieu, ch. XIX. « Les pharisiens, porte cet Évangile, ayant demandé à Jésus-Christ s'il était permis à un homme de renvoyer sa femme, « Si licet homini dimittere uxorem suam quacumque ex causa, » Jésus-Christ répondit que Dieu avait tellement uni l'homme et la femme, qu'ils ne devaient faire ensemble qu'une même chair; qu'il ne devait donc pas être au pouvoir de l'homme de séparer ce que Dieu avait uni : « Non legistis, quia qui fecit hominem, ab initio masculam et fœminam fecit eos, et dixit : Erunt duo in carne una : itaque jam non sunt duo, sed una caro? quod ergo Deus conjunxit, homo non separet. »

Les pharisiens insistèrent et dirent :

« Pourquoi donc Moïse a-t-il permis de répudier sa femme en lui donnant un écrit de divorce? »

Jésus-Christ répondit : Ce n'est que par tolérance que Moïse a permis cela; et moi je vous dis que celui qui renvoie sa femme, *si ce n'est pour cause d'adultère*, et qui en épouse une autre, commet un adultère, et que celui qui épouse la femme qu'un autre a renvoyée commet pareillement un adultère : Ait illis : quoniam Moyses ad duritiam cordis vestri permisit; dico autem vobis, quia quicumque dimiserit uxorem suam, *nisi ob fornicationem*, et aliam duxerit, mæchatur; et qui dimissam duxerit, mœchatur.

Au chapitre v du même évangile, v. 31 et 32, Jésus-Christ répète la même chose. « La loi dit : Celui qui renvoie sa emme, *excepté le cas auquel elle aurait commis un adultère*, la met dans l'occasion de commettre un adultère en se mariant à un autre, et celui qui l'épouse commet un adultère en l'épousant : « Dictum est : quicumque dimiserit uxorem suam, det ei libellum repudii; ego autem dico vobis : quia omnis qui dimiserit uxorem suam *exceptâ fornicationis causâ*, facit eam mæchari, et qui dimissam duxerit adulterat. »

On a essayé de prétendre que par ces mots : *nisi ob fornicationem et exceptâ fornicationis causâ*, Jésus-Christ n'avait pas entendu permettre à l'homme de faire un véritable divorce brisant le lien du mariage, mais qu'il l'avait seulement autorisé à la renvoyer et à se séparer de corps d'avec elle. Cette dernière version est inadmissible, car la question adressée à Jésus-Christ était relative au divorce et non à la séparation de corps, dont ne s'occupait pas le texte de la législation de Moïse, auquel il est fait allusion dans l'Évangile dont s'agit.

Il est vrai que saint Augustin, dans son premier livre *de Conjug. adulter. ad Pollentium*, décide que l'adultère de l'un des conjoints par mariage ne donne lieu qu'à la séparation de corps, et ne rompt pas le lien du mariage. Il cite pour l'établir ce passage de l'évangile de saint Marc, c. x, v. 2, où l'évangéliste fait dire à Jésus-Christ, en termes généraux : Quiconque renvoie sa femme et en épouse une autre, commet un adultère ; « Quicumque dimiserit uxorem suam, et aliam duxerit, adulterium committit super eam. » Saint Augustin cite encore le passage de saint Luc, c. xvi, v. 18, où Jésus-Christ dit pareillement, sans aucune exception : « Omnis qui dimittit uxorem suam, et alteram ducit, mæchatur; et qui dimissam a viro ducit, mæchatur. » Enfin saint Augustin tire encore un argument contre son interprétation de ce que dit saint Paul, *Epist.* I *ad Corinth.*, c. VII, v. 10 : « J'ordonne de la part du Seigneur, aux femmes, de ne pas quitter leurs maris, ou, si elles les quittent, de ne pas se remarier. »

« Suivant M. Bugnet (Œuvres de Pothier, *Traité du contrat de mariage*, annotations, t. VI, p. 222, 223 et 224), l'opinion donnée par saint Matthieu, c. XIX, v. 9, doit prévaloir. Il faut observer, en effet, dit le savant professeur, que saint Mathieu écrivait peu de temps après la mort de Jésus-Christ, et qu'il rapportait ce qu'il avait entendu. Au contraire, saint Marc n'a composé son ouvrage que sur ce qu'il avait appris de saint Pierre, et longtemps après la mort de Jésus-Christ. Saint Marc peut avoir oublié une partie de ce qu'a dit Jésus-Christ, mais saint Mathieu ne peut avoir inventé ce qui n'aurait pas été dit : une omission est excusable dans l'un, une supposition serait impardonnable dans l'autre. »

Astérius, évêque d'Amasée, qui vivait au quatrième siècle, dit expressément dans une homélie sur saint Matthieu : « Existimate et omnino vobis persuadete matrimonia morte tantum et *adulterio* dirimi. »

Saint Épiphane et saint Ambroise pensaient, comme saint Mathieu, que le divorce pouvait aussi avoir lieu pour cause d'adultère. Bien que saint Augustin ait fait adopter l'indissolubilité absolue, néanmoins l'Église grecque a conservé le principe de saint Ambroise et de saint Épiphane (Portalis, *Expose des motifs*). Du reste, au temps de saint Augustin, les avis sur cette question étaient encore partagés; il convient lui-même que la question souffre de très-grandes difficultés, et il déclare sans hésiter qu'il ignore s'il est parvenu à la résoudre convenablement.

On appuie le principe d'indissolubilité sur cette fameuse maxime : « Le christianisme a élevé le mariage à la dignité d'un sacrement. » Cette doctrine, de tout temps, a été combattue; et la religion chrétienne a toujours considéré le mariage comme composé de trois éléments. Elle a toujours distingué le consentement des parties, qui constitue l'essence même du mariage, l'acte civil, qui garantit la liberté de ce consentement, et le rite sacré, qui le sanctifie. (Voy. *Principes sur la distinction du contrat et du sacrement de mariage*, par l'abbé Tabaraud.)

Il résulte de ce qui précède, que le principe de l'indissolubilité du mariage ayant été controversé dans l'Église même, on ne peut le présenter comme constituant un dogme appartenant à la foi catholique.

Depuis plus d'un demi-siècle on discute sur le divorce, et il faut convenir qu'il n'est pas de choses dont on ait dit plus de bien, et aussi dont on ait dit plus de mal, selon le temps, les préjugés ou les réactions politiques. Cette grave question du divorce a donné lieu, à diverses époques, à d'importants travaux et à de savantes discussions dont nous nous sommes attachés à reproduire ci-dessus les prinpales parties, qui résument tout ce qu'on a dit pour ou contre le principe de l'indissolubilité du mariage. Nous devons faire remarquer, en finissant, qu'à chaque époque où la question du divorce a été soulevée, elle a été posée d'une manière différente. En 1792, on proposait le divorce illimité, comme une conséquence du principe qui ne permet pas d'aliéner la liberté personnelle d'une manière indissoluble, par une convention quelconque; en 1802 on le proposait comme le remède d'un mal plutôt que comme un bien; en 1816 la question du divorce fut réduite à la fois à une question de religion, de dogme et de parti; enfin en 1831, 1832, 1833 et 1848, le rétablissement du divorce fut proposé bien moins parce qu'il était une conséquence du principe de la liberté des consciences inscrit dans nos lois, que parce que alors on avait la conviction profonde de la nécessité de cette mesure. La séparation de corps, seule ressource laissée aux époux malheureux, est en effet un remède insuffisant, d'autant plus insuffisant que jamais n'a été présentée sur cette grave question la loi qui avait été annoncée lorsque fut votée l'abolition du divorce, loi qui est d'une nécessité incontestable.

La loi à faire devrait, ce nous semble, admettre deux formes de séparation de corps : la séparation de corps pour cause déterminée, et la séparation par consentement mutuel. Ce dernier mode serait soumis à des formalités, à des préliminaires solennels de nature à prévenir tout abus. Parmi les causes de séparation de corps figureraient 1° l'adultère soit de la femme, soit du mari; 2° la condamnation devenue définitive de l'un des époux à une peine infamante serait pour l'autre époux une cause de séparation; 3° l'ivrognerie habituelle de l'un des deux époux; 4° enfin les excès, sévices et toutes injures. A l'égard du caractère de gravité des injures, la plus entière liberté d'appréciation serait laissée aux tribunaux.

Toute séparation de corps prononcée par jugement ou arrêt devenu définitif pourrait, après deux ans, être convertie en divorce, sur la demande de l'un ou de l'autre des époux. Toutefois, dans la huitaine où ces jugement et arrêts prononçant la séparation de corps seraient devenus définitifs, les époux *ayant des enfants* seraient tenus de déclarer qu'ils sont dans l'intention, dans le délai de la loi, de faire convertir leur séparation en divorce. Dans ce cas, et avant toute liquidation, un tuteur serait nommé aux enfants pour veiller à ce qu'il fût réservé et attribué à ces derniers un tiers de la totalité de la fortune de leurs père et mère, lequel tiers de leur fortune deviendrait la propriété des enfants, si dans les deux ans la séparation de corps n'était pas transformée en divorce, ou si les époux ne s'étaient pas réconciliés.

VI

DE L'ADULTÈRE.

Dans l'intérêt de la morale il est désirable, avons-nous dit, de voir rétablir le divorce, mais il n'est pas moins désirable, dans le même intérêt, de voir édicter des peines sévères contre l'adultère. A de rares exceptions près, tous les législateurs ont puni l'adultère de peines rigoureuses. Ainsi, en Égypte, la femme adultère qui sous Sésostris était brûlée, fut condamnée plus tard à avoir le nez coupé; son complice recevait mille coups de fouet. Chez les Hébreux, l'homme adultère et la femme adultère étaient lapidés; à Athènes l'adultère était frappé d'une peine arbitraire; Solon ne punissait pas le mari adultère, et condamnait à l'ignominie la femme qui s'en était rendue coupable. Aux deux premières époques du droit romain, il n'y avait pas de loi contre l'adultère, la peine était arbitraire. Sous Auguste fut proclamée la loi *Julia, de Adulteriis*, qui prononça la peine de la relégation. Sous Constantin l'adultère était puni de mort. Enfin Justinien, par sa Novelle 134, ch. x, ordonna que la femme adultère fût fustigée et mise dans un couvent. Le mari avait deux ans pour reprendre sa femme; passé ce délai, elle était rasée et devait prendre l'habit de religieuse pour le reste de ses jours. Chez les anciens Saxons, la femme adultère était brûlée; en Angleterre elle était battue de verges jusqu'à la mort, son complice était pendu, de même que chez les Saxons. Les anciens Capitulaires de Charlemagne avaient aussi établi la peine de mort contre l'adultère.

Le code de 1791 ne parle pas de l'adultère, mais le code pénal a réparé cette omission par les articles 337, 338 et 339. Aux termes de l'article 337, la femme adultère peut être punie d'un emprisonnement de trois mois à deux ans, et son complice d'une amende de 100 francs à 2000 francs (art. 338); enfin, d'après l'article 339 du même code, le mari qui a entretenu une concubine sous le toit conjugal est également passible d'une amende de 100 à 2000 francs.

Cette pénalité n'est-elle pas véritablement dérisoire? Dans une société qui est basée sur la famille, l'adultère, qui brise tous les liens de la famille et qui, par suite, attaque la société dans son principal élément, ne devrait-il pas être considéré comme un véritable crime, et être puni comme tel? Assurément nous ne demandons pas le rétablissement de ces peines cruelles qui ne se justifient que par la barbarie des peuples qui les ont admises; mais si la loi ne doit pas être cruelle, elle ne doit pas non plus être insuffisante, et nous pensons que les articles 337, 338 et 339 du code pénal frappent l'adultère d'une pénalité par trop légère, et qu'il y a lieu de les modifier.

En résumé, rétablissement du divorce, mais en même temps établissement de peines rigoureuses contre l'adultère, que la dissolubilité du lien conjugal par le divorce rendrait dès lors absolument inexcusable.

VII

DE LA PATERNITÉ ET DE LA FILIATION.

Après avoir établi les conditions et les solennités du mariage qui forme les familles, le législateur devait régler les droits et les devoirs des divers membres de la famille. C'est ce que le Code Napoléon a fait dans le titre VII, de la Paternité et de la Filiation. Ce Titre a pour objet d'assurer l'état et le repos des familles, de régler les rapports qui existent entre les pères et mères et leurs enfants, de resserrer les liens qui les unissent, et de briser ces liens lorsqu'ils n'ont pu légalement se former.

DE LA FILIATION DES ENFANTS LÉGITIMES.

La règle *pater is est quem nuptiæ demonstrant* est adoptée par toutes les législations. En France, la filiation des enfants légitimes se prouve par les actes de naissance inscrits sur les registres de l'état civil ; à défaut, la possession constante d'enfant légitime suffit. Notre législation admet l'action en désaveu : toutefois il faut que le mari prouve que depuis le trois centième jour jusqu'au cent quatre-vingtième il a été dans l'impossibilité de cohabiter avec sa femme. A l'appui de sa demande il ne peut alléguer son impuissance naturelle, ni l'adultère de sa femme, à moins que la naissance ne lui ait été cachée ; dans ce dernier cas, il sera admis à proposer tous les faits propres à justifier qu'il n'est pas le père de l'enfant.

D'après le code Autrichien sont présumés légitimes, les enfants nés pendant le septième mois après la célébration du mariage, et pendant le dixième mois après sa dissolution. Si le père veut désavouer un enfant né pendant le mariage dans le délai légal, il doit contester sa légitimité dans les trois mois après en avoir reçu avis, et prouver l'impossibilité de sa paternité contre le curateur nommé pour défendre la légitimité de la naissance. L'adultère de la femme et son aveu que l'enfant est illégitime, ne suffisent pas pour enlever à l'enfant ses droits de naissance légitime. Les héritiers du mari dont les droits seraient lésés, ont trois mois du jour de la mort de ce dernier pour contester la légitimité de l'enfant si le mari est mort dans le délai légal pour pouvoir le désavouer.

En Angleterre, l'inscription de la naissance sur les registres publics n'est qu'une présomption de la légitimité d'un enfant. Cette présomption peut être combattue ou suppléée par d'autres preuves. La possession d'état est une présomption qui peut aussi être combattue par d'autres preuves. La règle est qu'on peut toujours avoir recours à la preuve par témoins pour établir la filiation légitime. Toute personne peut désavouer la filiation qui lui est attribuée, en prouvant qu'elle n'est pas née du père supposé mais d'un autre. Toute personne est également admise à contester la légitimité d'un enfant. Le mari, ou toute autre personne intéressée, peuvent établir l'illégitimité de l'enfant, en prouvant l'impossibilité de la paternité, soit parce que le mari était dans un état physique d'impuissance, soit parce qu'il n'a pu avoir avec sa femme aucune communication.

Au surplus, dans les questions de légitimité, lorsque le cas est douteux, il est renvoyé à l'appréciation du jury par une cour d'équité.

En Bavière, le principe de l'article 312 du code, qui attribue au mari la paternité de l'enfant est admis ; toutefois le mari peut désavouer l'enfant pour cause d'impuissance et en général *per evidentium facti*.

En Prusse, le mari seul peut attaquer la légitimité de

l'enfant, mais son action est prescrite après une année à partir du jour où le mari a connu la naissance de l'enfant.

En Russie, tous les enfants nés dans le mariage sont réputés légitimes, soit qu'ils soient nés avant le terme ordinaire, pourvu que le père ne les désavoue pas ; soit qu'ils soient nés après la dissolution du mariage pourvu que depuis cette dissolution jusqu'à la naissance il ne se soit pas écoulé plus de trois cents six jours.

En Turquie, l'enfant qui naît dans le sixième mois du mariage est légitime. Il en est de même de l'enfant dont une femme accoucherait avant le délai complet de deux ans, à compter du jour de sa viduité ou de sa répudiation, s'il y a des présomptions qu'elle est enceinte. L'action en désaveu est admise par la législation musulmane.

DES ENFANTS NATURELS. — DE LEUR LÉGITIMATION.

D'après le Code Napoléon les enfants naturels, autres que ceux nés d'un commerce incestueux ou adultérin, sont légitimés par mariage subséquent de leurs père et mère lorsque ceux-ci les auront légalement reconnus avant leur mariage, ou qu'ils les reconnaîtront dans l'acte même de célébration. Aux termes de l'article 333 du même code, la légitimation peut avoir lieu, même en faveur des enfants décédés qui ont laissé des descendants et dans ce cas elle profite à ces descendants ; l'article 333 porte que les enfants légitimés par le mariage subséquent auront les mêmes droits que s'ils étaient nés de ce mariage.

En Angleterre, un enfant naturel ne peut être légitimé par le mariage subséquent de ses père et mère, il ne peut l'être que par un acte du Parlement.

Dans les Deux-Siciles, la légitimation des enfants naturels s'opère suivant les règles tracées par le Code Napoléon. Cependant il y a de plus la légitimation de pure grâce accordée par décret royal, qui donne aux enfants les droits résultant de la légitimité, mais qui ne peut nuire aux enfants légitimes, ni aux autres parents.

Le code sarde admet la légitimation des enfants naturels, soit par mariage subséquent de leurs père et mère, soit par un rescrit du roi, sauf toutefois certaines exceptions.

Le code autrichien admet aussi la légitimation des enfants naturels ; cependant il interdit à ces derniers de les avantager de la primogéniture et des autres droits acquis aux enfants légitimes issus d'un mariage conclu entre leur naissance et leur légitimation. Si les parents veulent les faire jouir des priviléges de leur rang et de la partie des biens dont ils peuvent disposer à l'égal des enfants légitimes, ils doivent obtenir l'autorisation préalable du souverain.

Le code de Bavière admet la légitimation des enfants par le mariage subséquent de leurs père et mère. Hors le cas de mariage subséquent, la légitimation ne peut avoir lieu qu'en vertu d'une ordonnance royale. Elle ne peut être requise par le père ou par l'enfant.

En Russie, les pupilles et les enfants naturels *légitimés* par un rescrit du souverain ont tous les droits et priviléges qui leur sont accordés par ce rescrit.

En Prusse l'enfant peut être légitimé :

1° Par jugement quand il y a eu promesse de mariage;

2° Par mariage subséquent des père et mère;

3° Par déclaration du père devant le juge lorsqu'il y a promesse de mariage ;

4° Par ordonnance royale rendue sur la demande du père;

5° Par les cours supérieures quand il s'agit de la légitimation *Ad delendum.*

En Portugal, la légitimation des enfants naturels a lieu par mariage subséquent et par grâce royale.

Les enfants légitimés par le roi, avec le consentement du père, ne lui succèdent pas quand il a des enfants légitimes nés avant la légitimation ; mais si les enfants sont nés après elle, les enfants légitimés succèdent concurremment avec eux.

Ils peuvent même succéder avec les enfants légitimes si le roi l'a ordonné ainsi dans la concession (art. 405).

RECONNAISSANCE DES ENFANTS NATURELS.

Le code Napoléon, dans son article 334, déclare que l'enfant naturel peut être reconnu par acte authentique lorsqu'il ne l'aura pas été dans son acte de naissance. Il exclut, toutefois, une pareille reconnaissance au profit des enfants incestueux ou adultérins.

Toutes les législations permettent la reconnaissance des enfants naturels, à la condition, toutefois, qu'ils ne soient pas nés d'un commerce adultérin ou incestueux. — Toutes permettent aussi la recherche de la maternité... Quant à la recherche de la paternité interdite dans plusieurs pays, elle est autorisée en Angleterre, en Autriche, en Prusse, en Bavière, en Suisse et en Sardaigne.

VIII

ADOPTION.

Dans le titre VIII, le code Napoléon trace les conditions, les formes et les effets de l'adoption, qui n'est permise qu'aux personnes de l'un ou de l'autre sexe, âgées de plus de cinquante ans, sans enfants ni descendants légitimes, et ayant au moins quinze ans de plus que ceux qui doivent être adoptés.

Entre autres conditions, le code Napoléon exige que l'adoptant ait donné pendant six ans au moins des soins et des secours non interrompus à l'individu objet de l'adoption. L'adoptant et celui qui doit être adopté se présentent devant le juge de paix du domicile de l'adoptant pour y passer acte de leurs consentements respectifs.

Une expédition de cet acte est remise au procureur impérial près le tribunal du domicile de l'adoptant pour être soumis à l'homologation de ce tribunal, qui statue en la chambre du Conseil, sans énoncer de motifs, et, en ces termes : *il y a lieu* ou *il n'y a pas lieu à l'adoption.*

En Autriche, l'adoption n'est permise qu'aux personnes âgées de plus de cinquante ans, sans enfants légitimes, n'ayant pas fait vœu de célibat et ayant dix-huit ans de plus que celui qui doit être adopté.

Le code sarde exige de même que l'adoptant soit âgé au moins de cinquante ans, qu'il ait dix-huit ans de plus que celui qui est l'objet de l'adoption et qu'il n'ait pas fait vœu solennel de religion.

En Danemark, l'adoption n'est permise qu'en vertu d'une autorisation spéciale de la chancellerie.

En Russie, les nobles, qui n'ont pas de descendants ni de parents portant leur nom, peuvent adopter leurs plus proches parents légitimes, soit en leur transmettant de leur vivant leurs noms et leurs armes, soit en les autorisant à les porter. Cette adoption est soumise à l'autorisation de l'Empereur. Les personnes qui ne sont pas nobles peuvent aussi adopter. La municipalité examine la demande, et, si elle l'accueille, elle rend un arrêté qui prononce l'adoption ; cette décision ne peut recevoir son exécution qu'après avoir été approuvée par le sénat.

En Espagne, l'adoption est admise aussi.

En Prusse, l'adoption, qui exige les mêmes formalités que celles prescrites par le code Napoléon, doit être confirmée par le souverain, lorsqu'elle confère un titre de noblesse et des armes.

L'adoption n'est pas admise en Angleterre, ni en Hollande, ni en Suède, ni en Norwége. Nous voudrions qu'elle fût autorisée par toutes les législations et dans les plus larges limites, qu'elle fût même permise au père en faveur de son enfant naturel.

IX

DE LA PUISSANCE PATERNELLE.

On nomme *puissance paternelle* l'autorité que la loi donne au père et à la mère sur la personne et sur les biens de leurs enfants. Cette autorité, qui était la seule dans le premier âge du monde, est fondée sur le droit naturel autant que sur le droit civil ; elle est un des plus fermes liens de la société, aussi elle est reconnue par tous les peuples civilisés. Les usages des anciens peuples et les constitutions des empereurs la modifièrent plus ou moins, mais toutes les législations lui ont attribué une grande importance.

A Rome, la puissance paternelle, exclusivement réservée au père, était tellement absolue qu'elle était poussée jusqu'à la férocité. Le père avait droit de vie et de mort sur ses enfants ; il pouvait les vendre lorsqu'il le voulait, et il ne perdait ce droit sur eux que s'il leur avait permis de contracter un mariage solennel. On ne connaît pas exactement l'époque à laquelle ces lois cruelles furent abrogées. Il intervint, il est vrai, plusieurs lois qui font présumer cette abrogation, mais il n'existe pas un texte qui la prononce formellement. Un premier rescrit de l'empereur Constantin défendit au père de vendre ses enfants. Mais par un second rescrit, le même empereur établit une exception à cette règle, en permettant au père, sans ressources et plongé dans une extrême misère, de vendre ses enfants au moment où ils sortaient du sein de leur mère.

Du droit absolu sur la personne des enfants, dérivait pour le père le droit absolu sur tous leurs biens, même sur tout ce qu'ils acquerraient. Le premier adoucissement que reçut la loi sur ce point fut la création du pécule *castrense*, composé du butin fait par le fils de famille, à qui fut accordée la liberté d'en disposer. On ne connut cette sorte de pécule que sous les consuls. Sous les empereurs on admit le pécule *quasi castrense*, composé de tout ce qu'un fils acquerrait au barreau, dans les charges civiles, en un mot, par son travail ou son industrie. Plus tard, le pécule fut ou *adventice* ou *profectice*. Dans le dernier état de la jurisprudence romaine, le père n'avait qu'un droit de correction sur la personne de ses enfants, et il n'avait qu'un simple droit d'usufruit sur les biens à eux échus par succession ou qui leur provenaient de libéralités ; les biens acquis par les enfants au moyen de leur travail ou de leur industrie leur étaient attribués en toute propriété.

En France, dans les premiers temps de l'ancienne monarchie, la puissance paternelle était encore excessive ; sous les capitulaires, les pères pouvaient, en effet, vendre leurs enfants (liv. VI, ch. IV). Au treizième siècle, était encore en vigueur l'ancien usage qui autorisait les pères à consacrer leurs enfants, même dès le sein de leurs mères, à la profession ecclésiastique ou monacale; mais au quatorzième siècle, la puissance paternelle perdit ce caractère absolu et rigoureux. Cependant, dans les pays de *droit écrit* (c'est-à-dire ceux où le droit romain était suivi comme loi), la puissance paternelle produisait à peu près les mêmes effets que ceux qui lui étaient attribués chez les Romains à l'époque de Justinien. Le père avait un droit de correction sur la personne de ses enfants, et il avait sur leurs biens, à titre de puissance paternelle, la jouissance du pécule *adventice* de son enfant non émancipé; en cas d'émancipation, il conservait l'usufruit de la moitié du pécule, et si l'enfant décédait sous sa puissance, sans avoir été émancipé, le père conservait l'usufruit du pécule adventice, sauf les exceptions dont parle Serre dans ses *Institutes* (vol. I, p. 206).

Au quinzième siècle, le droit coutumier apparait d'une manière imposante. La première rédaction officielle des coutumes est prescrite, en 1455, par une ordonnance de Charles VII, rendue sur la demande des États généraux. Charles VIII imprime une nouvelle impulsion à la rédaction des coutumes par ses lettres patentes des 28 janvier 1495 et 15 mars 1497 ; et Louis XII, par ses lettres d'édit données à Blois, le 4 mars 1505, renouvelle les lettres de Charles VIII, et en ordonne l'exécution. Comme c'est à cette époque que prend naissance la maxime de droit public d'après laquelle au souverain seul appartenait le droit de faire rédiger et réformer les coutumes, on peut dire que dès cette époque aussi les lois coutumières forment un corps de doctrines imposant, avec lequel il faut compter. Nous allons donc examiner comment l'autorité paternelle était considérée dans le droit coutumier.

Dans les pays coutumiers, la puissance paternelle était peu admise... On n'y retrouve que quelques vestiges de cette autorité souveraine que les pères avaient sur leurs enfants; Loysel; dans ses *Règles coutumières* (livr Ier, tit. I, art. 37), va même jusqu'à émettre ce principe : *Droit de puissance paternelle n'a lieu*. La coutume de Paris et la coutume de Senlis (art. 221) enseignaient le même principe. Il n'est cependant pas possible de douter que la puissance paternelle n'ait été admise dans le droit coutumier, puisqu'un très-grand nombre de coutumes en font mention. Dans la plupart de ces coutumes, les pères n'avaient guère plus de pouvoir sur leurs enfants que les tuteurs n'en avaient sur leurs pupilles... Ce pouvoir consistait : 1° dans le droit de gouverner avec autorité la personne de leurs enfants, et d'administrer leurs biens : de ce droit, dérivait la garde noble ou bourgeoise; 2° dans le droit d'exiger de leurs enfants certains devoirs de respect et de reconnaissance. Ce pouvoir durait jusqu'à ce que les enfants fussent devenus majeurs ou qu'ils eussent été émancipés. Faisons remarquer qu'on distinguait deux majorités, une majorité coutumière et une majorité d'ordonnance. Cette distinction dérivait de certaines coutumes qui avaient fixé la majorité à vingt ans, et des ordonnances qui, plus conformes au droit romain, l'avaient fixée à vingt-cinq ans.

Dans presque tous les pays coutumiers, tout ce qui advenait aux enfants par succession ou autrement leur appartenait en toute propriété. Le père n'acquérait donc ni la propriété ni l'usufruit de ce qui advenait à ses enfants, et si la garde noble ou bourgeoise appartenait au père, après le décès de sa femme, ce n'était pas en vertu de la puissance paternelle, puisqu'elle appartenait également au père et à la mère. Disons toutefois qu'il y avait quelques coutumes où le père acquérait par ses enfants tous leurs meubles et les fruits de leurs immeubles, jusqu'à ce qu'ils fussent parvenus à un certain âge, qui différait suivant les diverses coutumes, comme celles d'Auvergne, du Bourbonnais, de Reims, de Berri et quelques autres. Disons aussi qu'il y avait des coutumes où la puissance paternelle finissait dès que les enfants ne demeuraient plus dans la maison de leur père, comme l'enseignait la coutume de Bourgogne. Ajoutons enfin que, même dans les pays où la puissance paternelle n'était pas admise, le père et la mère avaient droit de correction sur leurs enfants mineurs.

La loi du 24 août 1790, sur l'organisation judiciaire, régla pour toute la France le droit de correction paternelle, et en confia l'exercice aux pères et mères, sous l'autorisation d'un tribunal de famille (L. du 24 août 1790, tit. x, art. 15, 6, 17). Deux ans plus tard, le 28 août 1792, un décret de l'Assemblée nationale décida que les majeurs ne seraient plus soumis à la puissance paternelle, qui ne s'étendrait que sur la personne des mineurs. Enfin est venu le législateur de l'an XI, qui a rétabli avec son véritable caractère cette puissance protectrice qui maintient l'ordre dans la famille, et qui doit être considérée comme la plus respectable des autorités.

Le titre IX du livre Ier du code Napoléon attribue la puissance paternelle au père et à la mère, mais pendant le mariage le père l'exerce seul. Cette autorité comprend les droits principaux ci-après : 1° le droit d'éducation qui comporte le droit de correction ; 2° le droit d'administration des biens ; 3° enfin le droit pour les père et mère à l'usufruit légal des biens de leurs enfants.

Le droit commun allemand admet les mêmes principes... La mère n'exerce le pouvoir paternel que si le mari est dans l'impossibilité de l'exercer lui-même par une cause physique quelconque. C'est le père qui a seul le droit d'indiquer la religion dans laquelle son enfant doit être élevé.

Le code autrichien attribue aussi au père le droit d'éducation de son enfant, et celui d'administrer ses biens, mais il suspend le pouvoir du père sur ses enfants si le père est déclaré prodigue, s'il tombe en démence, s'il est condamné à un an de prison, ou s'il est absent depuis une année. Un tuteur dans ces cas est nommé à l'enfant mineur jusqu'à ce que le père ait pu reprendre ses droits.

En Angleterre le pouvoir paternel est régi par les mêmes règles que celles tracées par le code Napoléon.

En Danemark la mère partage avec le père le pouvoir paternel avec cette restriction qu'en cas de contestation entre les époux c'est la volonté du père qui est prépondérante.

En Prusse l'autorité paternelle est très-étendue. — C'est le père qui détermine le genre d'éducation qui doit être donné à l'enfant. — Si les parents professent des religions différentes, les fils sont instruits dans celle du père, les filles dans celle de la mère, jusqu'à leur quatorzième année accomplie ; à cet âge les enfants sont libres d'embrasser la religion qui leur convient.

En Russie, l'autorité paternelle est aussi très-étendue. A l'égard des filles elle n'est que suspendue par leur mariage.

En Sardaigne, l'enfant doit rester chez ses parents jusqu'à l'âge de vingt-cinq ans, et même plus tard.

La puissance paternelle ne prend fin que par la mort et par l'émancipation.

En Bavière, de même qu'en Russie, le mariage ne fait que restreindre la puissance paternelle.

X

DE LA MINORITÉ. — DE LA TUTELLE. DE L'ÉMANCIPATION. DE LA MAJORITÉ. — DE L'INTERDICTION.

DE LA MINORITÉ ET DE LA MAJORITÉ.

L'âge fixé pour la majorité n'est pas le même dans tous les pays.

Ainsi, d'après le code Napoléon, la minorité ne cesse, pour l'individu de l'un ou de l'autre sexe, qu'à l'âge de vingt et un ans accomplis ; il en est de même en Angleterre, en Sardaigne, en Russie, en Saxe et aux États-Unis. Au contraire, elle se prolonge jusqu'à vingt-quatre ans accomplis en Allemagne, jusqu'à vingt-cinq en Portugal, jusqu'à vingt-quatre en Prusse, jusqu'à vingt-cinq en Norwége, et jusqu'à vingt-trois ans dans le canton de Vaud. En Turquie, l'âge de la majorité est indiqué par les signes de la puberté; à défaut de cette indication physique, la majorité est fixée pour les deux sexes à quinze ans accomplis.

DE LA TUTELLE.

D'après la loi française, le père est pendant le mariage administrateur des biens personnels de ses enfants. A la dissolution du mariage, par la mort de l'un des deux époux, la tutelle des enfants mineurs et non émancipés appartient de plein droit au survivant des père et mère.

Le dernier mourant des époux a le droit individuel de choisir un tuteur à ses enfants, toutefois, la mère est déchue de ce droit si elle est remariée, et si elle n'a pas été maintenue dans la tutelle des enfants de son premier mariage.

Lorsqu'il n'a pas été choisi de tuteur à l'enfant par le dernier mourant de ses père et mère, la tutelle est déférée aux ascendants; et s'il ne reste à l'enfant mineur et non émancipé ni père, ni mère, ni tuteur nommé par eux, ni ascendants, il est pourvu, par un conseil de famille, à la nomination d'un tuteur.

Ne peuvent être tuteurs, les mineurs, excepté le père ou la mère de l'enfant, les interdits, les femmes autres que la mère, et les ascendants; ceux qui ont, ou dont les père ou mère ont des procès avec le mineur, les gens d'une inconduite notoire ou dont la gestion attesterait l'incapacité ou l'infidélité. Dans toute tutelle, il y a un subrogé tuteur nommé par le conseil de famille.

En Allemagne, d'après le droit commun allemand, la mère survivante ne peut pas être obligée d'accepter la tutelle; si elle se remarie, elle ne peut y être maintenue que par une décision de justice.

En mourant, le père et la mère peuvent nommer, par un acte de dernière volonté, un tuteur à leurs enfants mineurs; toutefois, le père ne peut, en faisant cette nomination, nuire aux droits de la mère. Le tribunal, dans ce cas, décide à qui la tutelle doit être déférée: il peut nommer un tuteur provisoire.

En Autriche, le tuteur est nommé d'office par le tribunal; il peut l'être aussi par le testament du père. Les personnes déclarées incapables d'être tuteurs sont à peu près les mêmes que celles énumérées par le code Napoléon; il y en a cependant plusieurs autres, par exemple les personnes engagées dans les ordres sacrés.

En Angleterre, le père est tuteur de ses enfants légitimes; mais, en cas d'inconduite grave, la Cour de chancellerie peut le remplacer dans la tutelle. Le père peut nommer un tuteur à ses enfants par un testament ou par un acte fait en présence de deux témoins ou plus; il a ce droit soit pour les enfants qui ne sont pas conçus, soit même pour ceux à naître d'une seconde femme.

Le droit de choisir un tuteur n'appartient qu'au père; la mère et les ascendants en sont privés.

En Danemark, la femme, quel que soit son âge, reste en état en minorité et en tutelle jusqu'à son mariage, et l'homme reste en curatelle jusqu'à l'âge de vingt-deux ans au moins.

En Portugal, après la dissolution du mariage par la mort, le père survivant, est le tuteur légitime de ses enfants; la mère peut aussi être tutrice, mais à la condition que le conseil de famille y donnera son approbation. Le code portugais admet la tutelle testamentaire, la tutelle légitime et enfin la tutelle dative. Lorsqu'il y a lieu de nommer un tuteur, on nomme toujours un *subtuteur*.

En Russie, les père et mère peuvent désigner par testament un tuteur à leurs enfants mineurs. Les enfants d'une personne qui appartient à la noblesse sont sous la tutelle du tribunal pupillaire urbain. C'est le tribunal pupillaire qui pourvoit aussi à la tutelle des enfants des ecclésiastiques de noblesse héréditaire : quant à celle des enfants des autres ecclésiastiques et des desservants, il y est pourvu par l'autorité ecclésiastique elle-même.

Les enfants des ouvriers des fabriques et des établissements de l'État sont sous l'autorité du tribunal pupillaire et ils ont pour tuteurs deux personnes : l'une désignée par le tribunal pupillaire, l'autre par le directeur de l'établissement. La régence du bailliage a pour mission dans les villages de l'État de veiller sur le sort des orphelins et de leur nommer des tuteurs. Aussi, dès que le préposé du village apprend que des mineurs sont sans père ni mère, il en réfère à la régence du bailliage, en lui indiquant les moyens de pourvoir à la tutelle de ces enfants.

ÉMANCIPATION.

D'après le code Napoléon, le mineur est émancipé de plein droit par le mariage. Le mineur non marié peut aussi être émancipé par son père, ou à défaut par sa mère lorqu'il a atteint sa quinzième année. Si le mineur n'a ni son père ni sa mère, le conseil de famille peut l'émanciper, mais seulement à l'âge de dix-huit ans.

En Autriche, la loi autorise le tribunal pupillaire, après avoir pris l'avis du tuteur et des parents, à accorder les droits de la majorité au mineur de vingt ans.

En Angleterre, l'émancipation n'est pas admise par la loi.

En Portugal, le père peut émanciper ses enfants dès qu'ils ont atteint, l'homme l'âge de vingt ans, et la femme celui de dix-huit ans accomplis. La mère tutrice a le même droit; et, à défaut des pères et mères, le conseil de famille peut aussi émanciper les mineurs.

En Prusse, le père peut dans son testament abréger le temps de la minorité. Le pupille peut, de son côté, requérir d'être émancipé dès qu'il établit qu'il est en état de gérer ses affaires, et que l'émancipation lui serait profitable. Pour que le mineur soit admis à présenter une demande à fin d'émancipation, il faut qu'il soit âgé de vingt ans au moins ; la mineure doit avoir atteint dix-huit ans.

D'après le code sarde, le mineur qui est parvenu à l'âge de dix-huit ans accomplis peut être habilité à administrer ses biens, si le conseil de famille l'en juge capable.

INTERDICTION.

Tous les Codes reconnaissent qu'il y a lieu de prononcer l'interdiction des personnes majeures quel que soit leur âge en cas d'imbécillité, de démence ou de fureur, et ils déclarent annulables les actes faits par l'interdit. Dans certains pays, on prononce l'interdiction même du prodigue, comme le voulait notre ancien droit ; le Code Napoléon se borne à lui appliquer la mesure du conseil judiciaire.

L'interdiction est une mesure tellement grave, elle porte une atteinte si absolue à la liberté et à la capacité civile des personnes, qu'elle ne saurait être trop limitée dans son application ; elle a de plus été établie en faveur des malheureux que la nature a frappés, elle ne doit donc être prononcée que lorsque l'exige impérieusement l'intérêt même de celui contre qui on la réclame.

L'interdiction doit être d'autant plus restreinte dans son application qu'elle retarde, lorsqu'elle ne la compromet pas entièrement, la guérison de l'aliéné. On a constaté, en effet, que la thérapeutique mentale guérissait un malade sur trois, et que l'interdiction réduit de sept à huit fois cette chance déjà si faible de guérison, de sorte que l'aliéné, dès qu'il est interdit, n'en a plus qu'une sur vingt-trois et un tiers (H. de Castelnau, *de l'Interdiction des aliénés*).

XI

DE LA DISTINCTION DES BIENS.

D'après le Code Napoléon, tous les biens sont *meubles* ou *immeubles*. De même que le Code Napoléon, le droit commun allemand et la loi anglaise admettent la distinction des biens en *meubles* et *immeubles*.

En Autriche, tout ce qui est distinct de la *personne* s'appelle *chose*.

On divise les *choses* en choses libres, qui sont celles que tout le monde peut s'approprier, en choses corporelles, incorporelles, mobilières et immobilières, fongibles et non fongibles, appéciables et non appréciables.

En Prusse, les biens sont divisés aussi en *meubles* et *immeubles*. On appelle *meuble* une chose qui peut être transportée d'un endroit à un autre sans altération de sa substance; et l'on appelle *immeuble* celle qui n'a pas cette qualité. Les droits sont considérés comme meubles, mais si la libre disposition d'un droit est attachée à la possession d'un immeuble, le droit devient immeuble lui-même.

En Russie, les biens sont divisés en *meubles* et *immeubles;* en biens *divisibles* et *indivisibles ;* en *acquêts* et en biens de famille. Les biens divisibles sont ceux qui peuvent être fractionnés de manière à ce que chaque fraction forme un héritage distinct; ceux qui ne peuvent pas être fractionnés, soit à cause de leur nature, soit à cause d'une prohibition de la loi, sont appelés *indivisibles*. Les biens indivisibles, aux termes de la loi, sont : 1° les fabriques, usines et magasins; 2° les parcelles ayant 1 hectare 10 ares, ou moins, cultivées par des colons libres; 3° les arendes, ou fermes dont l'exploitation est concédée par l'État, moyennant une redevance minime.

Les biens réputés acquêts sont : 1° ceux dont on a acquis la propriété à la suite de services rendus à l'empereur; 2° ceux acquis d'une personne étrangère par achat, donation ou autrement; 3° ceux achetés par le père à son fils, ou à lui laissés par sa mère; 4° les biens vendus par le propriétaire à un étranger, et puis rachetés par lui; 5° les biens acquis d'un parent qui les possédait à titre d'acquêts; 6° les biens recueillis à titre de légitime par un conjoint dans la succession de son conjoint; 7° enfin les biens provenant à un individu de son travail ou de son industrie.

Les meubles et les capitaux sont également réputés acquêts.

Les biens de famille se composent : 1° des biens recueillis dans une succession légitime; 2° des biens légués par un premier acquéreur à un parent au degré successible; 3° des biens acquis d'un parent qui les possédait à titre de biens de famille; 4° des constructions élevées par le propriétaire sur un terrain à lui advenu par succession.

XII

DE LA PROPRIÉTÉ. — DU DROIT D'ACCESSION. DE L'USUFRUIT. — DE L'USAGE ET DE L'HABITATION. DES SERVITUDES.

DE LA PROPRIÉTÉ.

Le Code Napoléon définit la propriété « le droit de jouir et de disposer des choses de la manière la plus absolue. » La propriété d'une chose, soit mobilière, soit immobilière, donne droit sur tout ce qu'elle produit, et sur tout ce qui s'y unit accessoirement, soit naturellement, soit artificiellement. C'est ce qui constitue le droit d'*accession*. Le droit d'*accession* s'exerce soit sur ce qui est produit par la chose, comme les fruits; soit sur ce qui s'y unit et s'y incorpore. Il s'applique aussi aux choses immobilières.

Les différents codes de l'Europe ont adopté, à l'égard du droit d'accession, la plupart des règles du Code Napoléon, qui reproduit lui-même les principales dispositions du droit romain.

DE L'USUFRUIT.

D'après le Code Napoléon l'usufruit est le droit de jouir des choses dont un autre a la propriété, comme le propriétaire lui-même, mais à la charge d'en conserver la substance. L'usufruit est établi par la loi ou par la volonté de l'homme. L'usufruitier a le droit de percevoir tous les fruits de la chose soumise à l'usufruit. Il doit, avant d'entrer en jouissance, faire dresser un inventaire des meubles et un état des immeubles sujets à l'usufruit, et donner caution d'en jouir en bon père de famille.

Dans le droit commun allemand, on applique à l'usufruit les dispositions du droit romain.

En Autriche, l'usufruit est considéré comme une servitude personnelle, et il est soumis aux mêmes règles.

En Angleterre, le mot *usufruit* n'est pas en usage, il est remplacé par ce qu'on nomme *tenance à vie*. La tenance à vie peut être établie par convention, donation ou testament. Elle peut être établie comme dans le cas de douaire, soit en faveur de la veuve, soit en faveur du veuf.

En Danemark, le droit de jouir d'une chose dont un autre a la propriété est sujet à des variations si nombreuses qu'il serait impossible d'en reproduire toutes les règles; on peut donc dire qu'il n'y a pas de principes généraux en matière d'usufruit.

En Prusse et en Sardaigne, l'usufruitier peut aliéner l'exercice de son droit, et non ce droit lui-même.

DE L'USAGE ET DE L'HABITATION.

Le droit d'usage n'est, dans le Code Napoléon, qu'un droit d'usufruit restreint aux besoins de l'usager. Le droit d'habitation se restreint à ce qui est nécessaire pour l'habitation de celui à qui ce droit est concédé.

Nous n'avons rien de particulier à dire des autres législations relativement à l'usage et à l'habitation, si ce n'est qu'en Angleterre il n'y a pas de dispositions sur ce sujet.

DES SERVITUDES.

Le Code Napoléon définit la servitude « une charge imposée à un héritage au profit d'un autre héritage appartenant à un autre propriétaire. » Les servitudes dérivent de la situation naturelle des lieux; elles sont établies par la loi ou par le fait de l'homme.

En Autriche, le code n'a tracé que quelques règles sur les servitudes parce qu'elles sont régies par des usages locaux qui varient à l'infini.

En Allemagne, on applique sur cette matière les principes du droit romain, mais avec de nombreuses modifications.

En Sardaigne, la loi admet les principes du Code Napoléon et traite avec de grands développements les questions de servitudes d'eaux.

En Angleterre, les servitudes peuvent s'acquérir par acte en forme, par prescription ou par un usage immémorial.

En Danemark, il n'existe aucune disposition précise sur les servitudes; les juges ont un pouvoir discrétionnaire d'appréciation.

XIII

DES DIFFÉRENTES MANIÈRES D'ACQUÉRIR LA PROPRIÉTÉ.

Toutes les législations admettent, comme manières d'acquérir la propriété, celles énumérées par les articles 711 et 712 du Code Napoléon, qui sont ainsi conçus :

« Art. 711. — La propriété des biens s'acquiert et se transmet par succession, donation entre vifs ou testamentaire, et par l'effet des obligations.

« Art. 712. — La propriété s'acquiert aussi par prescription. »

XIV

DES SUCCESSIONS.

La succession est la dévolution des droits actifs et passifs d'une personne défunte à une autre personne qu'on appelle son héritier. La masse des biens qui composent la succession se nomme hérédité. La succession s'ouvre par la mort naturelle.

Il existe en cette matière de nombreuses différences entre le Code Napoléon et les autres Codes de l'Europe. Nous ne les examinerons pas; cet examen nous forcerait à dépasser les limites de cette analyse. Nous dirons seulement que dans l'intérêt de la morale, nous voudrions, à l'exemple du code autrichien, que toutes les législations prononçassent l'exclusion de l'époux adultère de la succession de son complice.

XV

DES DONATIONS ENTRE VIFS ET DES TESTAMENTS.

DES DONATIONS ENTRE VIFS. — DES SUBSTITUTIONS.

La donation, suivant le Code Napoléon, est un contrat solennel par lequel le donateur se dépouille, à titre gratuit, actuellement et irrévocablement, des choses données au profit du donataire qui doit accepter d'une manière expresse.

La substitution est une disposition par laquelle le donataire, l'héritier institué ou le légataire, sont chargés de conserver les biens donnés ou légués, et de les rendre *à leur mort* à un tiers désigné. Les substitutions sont prohibées par le Code; cependant les dispositions, faites avec charge de rendre immédiatement après la mort du disposant, après un temps déterminé, après l'événement d'une condition autre que la survie du substitué au grevé, ne sont point prohibées.

Le mineur âgé de moins de seize ans ne peut disposer de ses biens, sauf en faveur de son conjoint et pourvu que la disposition soit faite avec l'assistance de ceux dont le consentement est nécessaire pour le mariage. Le mineur parvenu à l'âge de seize ans ne peut disposer que par testament, et seulement de la moitié des biens dont la disposition est permise au majeur.

La femme mariée ne peut donner entre vifs sans l'assistance de son mari, ou sans l'autorisation de justice.

Le mineur de seize ans ne peut disposer au profit de son tuteur... Il ne peut même disposer au profit de ce dernier, soit par donation entre vifs, soit par testament, lorsqu'il est devenu majeur, si le compte de tutelle n'a pas été rendu et apuré. Il y a exception à cette règle dans le cas où le tuteur du mineur est son ascendant.

Tout acte portant donation entre vifs doit être passé devant notaires, à peine de nullité..., et il ne peut produire d'effet qu'autant qu'il a été accepté par le donataire.

La loi a affecté dans le patrimoine de l'homme une portion de ses biens qui, sous le nom de *réserve légale*, doit toujours revenir aux héritiers directs. Par suite, les libéralités, soit entre vifs, soit testamentaires, ne peuvent excéder une certaine quotité, qui est réglée ainsi qu'il suit : La moitié des biens du disposant s'il laisse un enfant légitime, le tiers s'il laisse deux enfants, le quart s'il en laisse trois ou un plus grand nombre. Si les dispositions dépassent cette quotité, elles seront réductibles à cette quotité, lors de l'ouverture de la succession.

La loi attribue aux enfants naturels la moitié de ce qu'ils auraient eu s'ils avaient été légitimes.

D'après le droit commun allemand, les substitutions et les fidéicommis ne sont pas prohibés. Les objets compris dans le fidéicommis sont inaliénables, et les aliénations peuvent être attaquées par l'héritier fidéi-commissaire.

La loi allemande attribue, comme le Code Napoléon, une réserve aux héritiers directs. Par suite, les libéralités ne peuvent excéder la moitié des biens si le disposant laisse plus de quatre enfants, le tiers s'il laisse moins de quatre enfants, les trois quarts si, à défaut d'enfants, il laisse des ascendants, ou des frères ou sœurs.

En Autriche, la réserve de l'enfant, qui s'appelle *la légi-*

time, est la moitié, et celle de l'ascendant, le tiers de ce dont il aurait hérité en l'absence de dispositions. D'après la législation autrichienne un enfant peut être exhérédé : 1° s'il abjure le christianisme; 2° s'il a laissé sans secours le testateur qui était dans la détresse; 3° s'il a été condamné pour crime à vingt ans de travaux forcés; 4° enfin s'il mène une vie contraire à la morale publique.

Les ascendants peuvent aussi être exhédérés pour les mêmes causes, et, de plus, pour le cas où ils auraient négligé l'éducation de l'enfant, à la succession duquel ils sont appelés.

En Angleterre, une personne ayant ou non des enfants, ou des parents vivants, peut disposer, par donation entre vifs ou par testament, de la totalité de ses biens personnels en faveur de telle personne qui lui convient, pourvu que cette dernière ne soit pas au nombre des incapables, et que les dispositions ne soient pas faites en fraude des droits des créanciers.

Les enfants naturels peuvent aussi recevoir de leurs parents tout ce qu'il plaît à ceux-ci de leur attribuer.

Les substitutions sont permises en faveur de toutes personnes, sans limitation de degrés.

Toute donation doit être faite par un acte écrit, dûment signé du donateur, sous sceau, et remis par lui au donataire ; elle doit être accompagnée de la délivrance du bien donné, quand il s'agit d'immeuble; et s'il n'y a pas délivrance de l'immeuble, l'acte doit être fait sous forme de vente, avec fixation d'un prix quelconque si minime qu'il soit, et qui est censé payé.

En Prusse, les contrats de donation doivent être passés en justice, et la donation doit être acceptée par le donataire; l'héritier de ce dernier ne peut plus l'accepter si elle ne l'a pas été par lui de son vivant.

En Russie, toute donation n'est valable qu'autant qu'elle a été acceptée ; après acceptation, elle devient irrévocable.

On y peut disposer librement par donation des acquêts mobiliers et immobiliers, en faveur des parents éloignés, et au détriment des proches, mais non des biens patrimoniaux.

Nous avons vu qu'en général les donations sont irrévocables.

Suivant nous, il serait sage de permettre au donateur de déterminer lui-même à son gré les causes qui pourraient entraîner la révocation de la donation qu'il aurait faite. Il n'y aurait exception à cette règle que pour les donations faites en faveur des futurs époux dans l'intérêt du mariage.

DES TESTAMENTS.

Le testament est un acte que le testateur peut révoquer et par lequel il dispose, pour le temps où il ne sera plus, de tout ou partie de ses biens.

Le Code Napoléon indique dans son article 969 les différentes formes du testament. Il peut être ou olographe, ou fait par acte authentique, ou dans la forme mystique. Plusieurs codes étrangers ajoutent aux trois formes que nous venons d'indiquer le testament *nuncupatif*.

XVI

DES CONTRATS OU DES OBLIGATIONS CONVENTIONNELLES EN GÉNÉRAL

Le contrat est une convention par laquelle une ou plusieurs personnes s'obligent envers une ou plusieurs autres, à donner, à faire ou à ne pas faire quelque chose. L'obligation est le lien qui résulte du contrat et qui force à l'exécuter.

Le Code Napoléon divise les contrats en *synallagmatiques* ou *unilatéraux*, *commutatifs* ou *aléatoires*, et en contrats à *titre gratuit* ou à *titre onéreux*.

Quatre conditions sont essentielles pour la validité d'une convention : le consentement de la partie qui s'oblige, sa capacité de contracter, un objet certain qui forme la matière de l'engagement, une cause licite dans l'obligation.

Le consentement n'est pas valable s'il n'a été donné que par erreur, s'il a été extorqué par violence ou surpris par dol.

La capacité est la règle, et l'incapacité l'exception.

Les incapables de contracter sont : les mineurs, les interdits, les femmes mariées, et généralement tous ceux à qui la loi a interdit certains contrats.

Tout contrat doit avoir pour objet une chose que l'une des parties s'oblige à donner, ou un fait qu'elle s'oblige à accomplir ou dont elle doit s'abstenir. Il doit avoir une cause licite ; et tout contrat sans cause, sur une fausse cause, ou sur une cause illicite, ne peut avoir aucun effet.

Les conventions légalement formées tiennent lieu de loi à ceux qui les ont faites. Elles ne nuisent point aux tiers, et ne leur profitent que dans les cas prévus par l'article 1121, qui permet exceptionnellement de stipuler en faveur d'un tiers.

Les obligations de donner, de faire ou de ne pas faire, se résolvent en dommages-intérêts.

On distingue six espèces d'obligations différentes, savoir : les obligations conditionnelles, les obligations à terme, les obligations alternatives, les obligations solidaires, les obligations divisibles et indivisibles, et les obligations avec clause pénale.

Les modes d'extinction des obligations sont : le payement, la novation, la remise de la dette, la compensation, la confusion, la perte de la chose, la nullité ou la rescision, l'effet d'une condition résolutoire et la prescription.

Les différents modes de preuves des obligations admis par la loi sont : la preuve littérale, la preuve testimoniale, les présomptions, l'aveu de la partie et le serment.

Les principales règles posées par le Code Napoléon sur les contrats et les obligations conventionnelles se retrouvent dans presque tous les codes étrangers, sauf des modifications peu importantes.

Ainsi, d'après le droit commun allemand, la preuve littérale n'est pas exigée, sauf la distinction des actes publics et des actes sous seings privés ; et de plus dans toutes les matières on peut offrir la preuve testimoniale qui doit être reçue contre et outre le contenu aux actes.

En Autriche, la loi divise les contrats en contrats à titre gratuit et à titre onéreux. Il n'y a pas d'autre distinction dans le Code.

Enfin, si une personne incapable de contracter a caché à dessein son incapacité, elle peut être tenue à des dommages-intérêts.

La preuve testimoniale n'est pas admise en Autriche lorsque la valeur ou la somme excède 800 francs, même quand il s'agit de dépôt volontaire.

En Angleterre, la distinction la plus importante faite par la loi dans les contrats est celle qui existe entre les contrats qui sont sous sceau et ceux qui ne sont pas sous sceau. Les premiers sont les plus authentiques et les plus solennels qu'une personne puisse faire dans ses affaires privées.

D'après la loi anglaise, le payement offert et refusé vaut payement parfait, sans qu'il soit besoin du dépôt de la somme.

En Prusse, la loi divise les contrats en contrats à titre onéreux et contrats à titre gratuit. On peut contracter au profit d'un tiers, mais celui-ci n'acquiert de droits que lorsqu'il a accepté le contrat.

Tout contrat, dont l'objet est d'une valeur supérieure à *cinquante écus*, doit être rédigé par écrit.

En Russie, le contrat est parfait par le mutuel consentement des parties. Il est sans effet, et l'obligation qu'il crée est nulle, si elle a un objet illicite, comme : la dissolution d'un mariage légitime, l'aliénation frauduleuse des biens pour se soustraire au payement des dettes, les profits usuraires, la lésion du fisc. Toutes les conventions doivent être passées sur les registres fonciers, ou présentées au bureau des registres fonciers pour y être certifiées, ou pré sentées pour être certifiées aux courtiers et aux tribunaux, ou enfin doivent être faites sous seings privés.

QUASI-CONTRATS ET QUASI-DÉLITS.

Les différentes règles du Code Napoléon sur les quasi-contrats et les quasi-délits sont reproduites dans tous les Codes étrangers, sauf en ce qui touche la responsabilité du fait d'autrui.

XVII

DU CONTRAT DE MARIAGE.

En général, on donne le nom de contrat de mariage à l'écrit qui constate les conventions arrêtées, tandis que l'écrit qui constate le mariage ne reçoit jamais d'autre nom que celui d'acte de mariage.

Le Code Napoléon n'admet pour limites des conventions matrimoniales que l'ordre public et les bonnes mœurs. Une des premières règles qu'il pose est celle de l'article 1394, qui déclare que toutes les conventions matrimoniales doivent être rédigées *avant le mariage, par acte devant notaire.*

Le Code allemand, à la différence du Code Napoléon, permet de rédiger les conventions matrimoniales après le mariage, et par acte sous seing privé. On peut même modifier le contrat durant le mariage; mais la majorité des législations n'admet pas cette exception de notre droit, et reproduit les dispositions du Code Napoléon sur ce point.

La communauté d'acquêts, de même que la communauté universelle de tous biens, est généralement admise par tous les Codes d'Europe.

Le régime dotal est le régime légal dans plusieurs pays, entre autres dans le Hanovre, dans la Saxe, dans les Deux-Siciles, dans la Sardaigne, la Toscane, la Bavière, dans les îles Ioniennes, à Parme, à Modène, etc.

Lorsque les époux se marient *sans contrat*, les conséquences ne sont pas les mêmes dans tous les pays.

En France, par cela seul qu'il n'y a pas eu de contrat, les époux se trouvent mariés sous le régime de la communauté légale.

En Autriche, chaque époux, dans ce cas, reste propriétaire de ses propres biens et de ses acquêts, et le mari est présumé administrer les biens de sa femme.

En Russie, chacun des époux conserve aussi la propriété des biens qu'il possède au moment du mariage, et de ceux qu'il a acquis après, et, pour en disposer, il n'a pas besoin du consentement de son conjoint.

En Angleterre, lorsqu'il n'y a pas eu de contrat de mariage, le mari devient propriétaire des *Chattels* personnels de la femme qui est censée les lui avoir donnés. Il jouit aussi des biens réels de la femme, et il conserve cette jouissance pendant toute sa vie, même après le décès de sa femme; mais après sa mort ces biens-là passent aux héritiers de cette dernière.

Le mari est obligé de payer toutes les dettes de sa femme, celles contractées avant le mariage, comme celles faites après avec son consentement; celles pour lesquelles le mari n'a pas donné son consentement sont nulles.

A Malte, lorsqu'il n'y a pas eu de conventions matrimoniales, il se produit un système tout particulier. Les biens du mari et ceux de la femme sont mis en commun. Mais s'il survient des enfants, ces mêmes biens sont partagés en trois portions, l'une pour le mari, l'autre pour la femme, la troisième pour les enfants.

XVIII

DE LA VENTE. — DE L'ÉCHANGE. — DES PETITS CONTRATS.

La vente est un contrat par lequel le vendeur transfère la propriété d'une chose à l'acquéreur, moyennant un prix que celui-ci s'oblige à payer. Elle peut être faite par un acte authentique ou sous seings privés, et elle est parfaite lorsque les parties sont d'accord sur la chose et sur le prix.

La vente peut être faite purement ou simplement ou sous une condition, soit suspensive, soit résolutoire.

La capacité de vendre et d'acheter est la règle; l'incapacité est l'exception. Dans la classe des incapables se trouvent les mineurs, les femmes mariées, les interdits, ceux soumis à un conseil judiciaire, les faillis. Toutes choses ne peuvent être vendues : ainsi les immeubles dotaux, ceux grevés de substitution, les droits d'usage et d'habitation, les objets compris dans les dons et legs d'aliments ne sauraient constituer une vente valable. On ne peut vendre non plus la succession d'une personne vivante, même avec son consentement.

Le vendeur doit délivrer à l'acheteur la chose vendue et lui en garantir la possession contre toute éviction.

L'acquéreur doit en payer le prix conformément à la convention; toutefois, si dans le prix d'un immeuble il a été lésé de plus des sept douzièmes, il peut demander la rescision de la vente; mais cette demande ne serait plus recevable s'il s'était écoulé deux années à partir du jour du contrat.

Lorsqu'une chose commune à plusieurs ne peut pas être facilement partagée et sans perte, elle est vendue aux enchères et le prix en est partagé entre les divers propriétaires. Ce mode de vente s'appelle *licitation*.

L'échange est un contrat par lequel les parties se transfèrent réciproquement la propriété d'une chose autre que l'argent. C'est le plus ancien des contrats; il a une très-grande affinité avec la vente, aussi la loi déclare que toutes les règles de la vente lui sont applicables.

Les dispositions du Code Napoléon sur la vente, de même que sur l'*échange*, le *louage*, le *contrat de société*, le *prêt*, le *dépôt*, et le *sequestre*, les *contrats aléatoires*, le *mandat*, le *cautionnement* et les *transactions*, sont reproduites en grande partie dans les autres codes civils de l'Europe; il serait d'ailleurs facile d'établir entre elles une complète concordance.

XIX

DE LA CONTRAINTE PAR CORPS EN MATIÈRE CIVILE.

La contrainte par corps est une voie rigoureuse d'exécution qui consiste à faire emprisonner le débiteur pour le forcer à payer sa dette. Comme elle entraîne temporairement, pour le débiteur, la perte de sa liberté, on comprend qu'elle doive être un moyen d'exécution tout exceptionnel ; aussi, d'après le Code Napoléon, elle n'a lieu en matière civile que dans les cas suivants :

Pour stellionnat ;

Pour dépôt nécessaire ;

En cas de réintégrande pour le délaissement ordonné par justice d'un fonds dont le propriétaire a été dépossédé, pour la restitution des fruits, et pour les dommages-intérêts ;

Pour la répétition des deniers consignés entre les mains des personnes publiques préposées à cet effet ;

Pour la représentation des choses déposées aux sequestres, commissaires et autres gardiens ;

Contre les cautions judiciaires, et contre les cautions des contraignables par corps, lorsqu'elles s'y sont soumises ;

Contre tous officiers publics pour la représentation de leurs minutes lorsqu'elle a été ordonnée ;

Enfin, contre les notaires, les avoués et les huissiers pour la restitution des titres à eux confiés, et des sommes par eux perçues pour leurs clients.

La contrainte par corps ne peut être prononcée contre les septuagénaires, les femmes et les filles que dans le cas de stellionat.

En Autriche, la contrainte par corps ne peut être

exercée provisoirement que lorsqu'il y a présomption que le débiteur veut prendre la fuite; et sous la condition que la dette soit établie par titre et que le demandeur donne caution. La prise de corps provisoire ne peut durer que quinze jours, pendant ce délai le créancier doit se pourvoir afin d'obtenir une condamnation.

En Angleterre, le demandeur peut, avant le jugement du procès, faire arrêter le défendeur, en justifiant que ce dernier lui doit plus de vingt livres, et qu'il est prêt à quitter l'Angleterre. Le débiteur ne peut se soustraire à l'incarcération qu'en donnant caution.

En Prusse, le créancier peut faire condamner le débiteur insolvable à lui consacrer ses services et ses travaux jusqu'à parfait payement; et, si ce dernier refuse d'exécuter le jugement, le créancier a le droit de le faire incarcérer.

Le débiteur incarcéré depuis un an a le droit de demander sa mise en liberté, et cette mise en liberté doit être ordonnée à moins que le créancier ne prouve que le débiteur peut payer ou que son inconduite est seule la cause de son insolvabilité.

En Sardaigne, la contrainte par corps ne peut être exercée en matière civile que dans les cas où la loi l'ordonne, ou le permet. Le débiteur incacéré peut obtenir son élargissement en payant le tiers de la dette, et en donnant pour le surplus une caution, qui doit dans ce cas s'obliger solidairement avec le débiteur principal.

XX

DU NANTISSEMENT.

Le nantissement est un contrat réel et accessoire par lequel le débiteur ou un tiers remet au créancier un meuble ou un immeuble destiné à lui garantir le payement de sa créance.

Le nantissement d'une chose mobilière s'appelle *gage;* celui d'une chose immobilière s'appelle *antichrèse.*

Le gage doit être constaté par écrit; il confère au créancier le droit de se faire payer par privilége sur la chose qui en est l'objet. Le créancier ne peut s'attribuer le gage; à défaut de payement, il doit faire ordonner par justice que l'objet engagé lui sera dévolu à titre de payement, et jusqu'à due concurrence d'après une estimation faite par experts; ou qu'il sera vendu aux enchères.

L'antichrèse doit aussi être constatée par écrit.

Les principes du Code Napoléon sur le nantissement se trouvent reproduits presqu'en entier dans les autres législations de l'Europe.

XXI

DES PRIVILÉGES ET DES HYPOTHÈQUES.

Le Code Napoléon établit en principe : 1° que celui qui s'est obligé est tenu de remplir son obligation sur tous ses biens mobiliers et immobiliers, présents et à venir; 2° que tous les biens du débiteur sont le gage commun de ses créanciers, à moins qu'il n'y ait entre ces derniers des causes légitimes de préférence.

Les causes de préférence admises par la loi sont les priviléges et les hypothèques.

DES PRIVILÉGES.

Le privilége est un droit que la qualité de la créance donne au créancier d'être préféré aux autres créanciers, même hypothécaires.

Le Code Napoléon divise les priviléges en trois classes :

1° Priviléges généraux sur les meubles, et à défaut de meubles sur les immeubles ;

2° Priviléges particuliers sur certains meubles;

3° Priviléges particuliers sur certains immeubles.

Les priviléges sur les immeubles se conservent par une mention sommaire, qu'on appelle *inscription*, sur un registre tenu à cet effet dans les bureaux de conservation des hypothèques. Les priviléges sont en effet des droits réels, pouvant nuire aux tiers; il faut donc les faire connaître en les rendant publics.

DES HYPOTHÈQUES.

L'hypothèque est un droit réel sur les immeubles affectés à l'acquittement d'une obligation; elle est indivisible et subsiste en entier sur tous les immeubles affectés; elle les suit de plus dans quelques mains qu'ils passent.

La loi distingue trois espèces d'hypothèques : légales, judiciaires et conventionnelles.

L'hypothèque légale, c'est-à-dire celle qui est attachée directement par la loi à certaines créances, est établie en faveur des droits des femmes mariées, sur les biens de leur mari;

En faveur des droits des mineurs et des interdits sur les biens de leur tuteur;

Et, enfin, en faveur des droits de l'État, des communes et des établissements publics, sur les biens des receveurs et administrateurs comptables.

L'hypothèque judiciaire, c'est-à-dire celle qui résulte d'un jugement contradictoire ou par défaut, peut s'exercer sur les immeubles actuels du débiteur, et sur ceux qui lui adviendront par la suite.

L'hypothèque conventionnelle, c'est-à-dire celle qui est établie en vertu d'un contrat authentique, ne peut être consentie que par celui qui a la capacité d'aliéner. Donc, la femme séparée de biens et le mineur émancipé ne peuvent hypothéquer leurs immeubles, même pour un acte d'administration.

L'hypothèque, soit légale, soit judiciaire, soit conventionnelle, n'a de rang que du jour de l'inscription requise par le créancier sur les registres du conservateur, dans la forme prescrite par la loi. L'inscription ne fait pas l'hypothèque, mais elle lui donne le rang et le droit de suite; elle est prise dans le bureau de conservation de l'arrondissement dans lequel sont situés les immeubles hypothéqués, et conserve le privilége et l'hypothèque pendant dix années.

Les inscriptions sont radiées du consentement des parties intéressées, et ayant capacité à cet effet, ou en vertu d'un jugement en dernier ressort ou passé en force de chose jugée. Ainsi, la radiation est *volontaire* ou *forcée:* volontaire, quand elle est consentie librement par le créancier, et forcée, quand elle est ordonnée par justice.

La radiation volontaire doit toujours être consentie par un acte authentique.

L'hypothèque, comme droit réel, produit deux effets : un droit de préférence sur le prix de l'immeuble hypothéqué, et un *droit de suite.* Ce dernier consiste dans la faculté pour le créancier hypothécaire de considérer comme son gage l'immeuble sorti des mains de son débiteur, et d'en poursuivre la vente contre le tiers détenteur.

Le créancier ne peut exercer ce droit que s'il a requis inscription avant l'aliénation.

Les priviléges et hypothèques s'éteignent :

1° Par l'extinction de l'obligation principale;

2° Par la renonciation du créancier à l'hypothèque;

3° Par l'accomplissement des formalités prescrites aux tiers détenteurs pour purger les biens par eux acquis;

4° Par la prescription.

La publicité est un des éléments essentiels du régime hypothécaire; aussi la loi a donné à toute personne le droit de consulter les registres sur lesquels sont transcrits les actes translatifs de propriété, et inscrits les priviléges et hypothèques, afin qu'elle puisse s'assurer de la solvabilité des tiers. La responsabilité des conservateurs est la garantie de cette publicité. Ce dernier est responsable des omissions, des radiations faites contrairement aux prescriptions de la loi, et des inexactitudes qui se seraient glissées, soit dans la transcription des actes, soit dans la reproduction des bordereaux d'inscription.

On pourrait facilement établir un régime hypothécaire uniforme dans toute l'Europe, car en matière de privilége et d'hypothèque il y a dans ses diverses législations une concordance à peu près complète sur les points les plus importants, ainsi que nous allons le démontrer par quelques citations.

En Autriche, tout acte translatif de propriété doit être, comme en France, inscrit sur des registres publics; cette inscription se nomme *intabulation*. Lorsque le titre, quoique digne de foi, n'est pas revêtu des conditions prescrites pour l'intabulation, il peut néanmoins être inscrit afin de conserver au créancier un droit de préférence : l'inscription prend alors le nom de *prénotation*. Elle doit être notifiée dans la quinzaine à celui qui l'a requise, et à celui contre laquelle elle a été requise.

Les registres publics consistent en cinq livres : A, le livre principal ; B, le livre des documents; C, le livre des dettes; D, le livre des acquittements; E, le livre des services fonciers.

La loi anglaise admet à peu près aussi tous les principes du Code Napoléon sur les priviléges et sur les hypothèques, qu'on appelle *mort-gages*.

Autrefois, pour les inscriptions il y avait des registres dans chaque Cour; mais aujourd'hui il n'existe qu'un registre général tenu à la Cour des plaids communs, à Westminster.

Suivant la loi commune, le créancier *mort-gagiste* devient propriétaire de l'immeuble à défaut de payement au terme fixé, mais, en général, les Cours d'équité relèvent le débiteur de cette rigueur; et l'admettent à racheter l'immeuble en remboursant le créancier.

En Belgique, il a été promulgué, le 16 décembre 1851, une loi nouvelle sur le régime hypothécaire dans laquelle on a adopté la plupart des modifications introduites dans notre législation.

En Danemark, l'hypothèque existe sur les immeubles qui sont affectés, en vertu d'un titre lu en justice. C'est par cette lecture que l'hypothèque est connue des intéressés. Les principes du Code Napoléon sur l'inscription et sa radiation sont reproduits par le Code danois.

En Prusse, il y a sept classes différentes de créanciers; il existe, toutefois, des créanciers qui sont payés par privilége et par préférence.

Les créanciers hypothécaires sont payés suivant la date de leur inscription sur les immeubles affectés.

Le Code Sarde admet presque en entier les dispositions du Code Napoléon sur les priviléges et hypothèques.

XXII

DE LA PRESCRIPTION.

La prescription est admise par toutes les législations modernes. Le délai pour prescrire n'est pas, il est vrai, le même dans tous les pays; mais sur tous les autres points les diverses législations présentent de très-grandes ressemblances.

XXIII

CONCLUSION.

Cette rapide analyse démontre combien il serait facile de donner aux différents peuples de l'Europe cette unité de législation civile, qui, en abaissant la principale barrière qui sépare les peuples, amènerait l'unité des monnaies, des poids et mesures, et bien d'autres aussi utiles et aussi désirables dans l'intérêt des peuples, entre lesquels elles établiraient autant de liens nouveaux.

Hâtons-nous d'ajouter qu'il serait plus facile encore d'établir l'unité de législation en matière commerciale; que cette unité est aussi désirable que la première, et que jamais aussi le moment ne fut plus opportun pour la proposer.

En effet, les arrangements commerciaux que la France a déja conclus avec la Belgique, l'Italie, le Zollverein, la Suède, la Norwége, la Hollande et la Turquie, qui aboutiront à des traités avec ces différentes puissances, ont eu pour résultat d'amener la France à s'occuper d'une question très-importante, celle relative à une modification considérable de son code de navigation, et elles l'amèneront inévitablement, elle et les autres puissances, à modifier leur législation commerciale tout entière.

Tous les gouvernements s'occupent plus ou moins en ce moment de modifier leur législation; ainsi, en Russie, l'organisation judiciaire vient d'être réformée. Un ukase de l'empereur Alexandre, outre des dispositions générales, a promulgué un code pénal, un code de procédure civile, un code de procédure criminelle pour les justices de paix.

A propos de législation pénale, disons qu'il serait à souhaiter que toutes les législations pénales de l'Europe admissent l'*asseurement* ou la caution *bene vivendi*.

Dans nos anciens usages, l'asseurement était une simple mesure de sûreté réclamée par tout citoyen qui redoutait une attaque ou un dommage. L'asseurement n'était ordonné que dans des circonstances très-sérieuses; mais celui à qui il était demandé devait comparaître en justice, et il devait l'accorder et promettre qu'il ne ferait aucun mal à celui qui avait *doutance de lui*. En cas de refus de comparaître et de donner l'asseurement ordonné, le cité était condamné à un certain temps de bannissement et à une amende, et s'il arrivait au plaignant un mal quelconque, il était présumé l'avoir commis.

Le nouveau Code pénal portugais, soumis en ce moment à la sanction royale, a introduit dans ses dispositions l'asseurement, *Caução de bem viver*. L'esprit le plus libéral a présidé à la rédaction de cette œuvre législative; il est juste d'en faire remonter le mérite à qui de droit. M. Maria Levy Jordaô, député, membre du Conseil privé du roi, a eu la pensée de faire coopérer à la rédaction du projet de Code pénal des jurisconsultes dont la science pouvait y apporter un utile concours. Nous voyons figurer parmi les membres de cette commission le nom de jurisconsultes français que nous aimons à citer : M. de Bonneville de Marsangy, conseiller à la Cour impériale de Paris; Me Calmels, docteur en droit, avocat à la même Cour, notre excellent confrère; et M. Ortolan, professeur à la faculté de droit de Paris. De tels jurisconsultes devaient admettre l'asseurement, qui est une heureuse innovation et une mesure salutaire que nous voudrions voir introduire dans toutes les législations modernes.

Voici les deux articles qui concernent cette mesure :

« Art. 81. Ne sont pas considérées comme peine. . . . . .

« ..... 4° La promesse de bien vivre (*termo de bem viver*) que, sur la réquisition du ministère public, ou sur celle des particuliers, et sur préalable justification de cause, le juge correctionnel fait souscrire, à titre de moyen préventif et sous menace des peines de la désobéissance, au prévenu justement soupçonné d'avoir l'intention de commettre une infraction.

« Art. 118. Les juges pourront, dans leur prudente appréciation, et, eu égard aux circonstances spéciales du procès, substituer à la réclusion de première et de deuxième classe ou à celle de police les amendes qui leur seront corrélatives.

« Ou même, au lieu d'appliquer la peine édictée, faire souscrire au coupable, pour un temps déterminé, une promesse de se bien conduire, sous la clause expresse qu'il encourra, comme récidiviste, en cas d'infraction à cette promesse, la peine réservée à son infraction. »

La loi anglaise admet aussi l'asseurement, et le juge peut, à la promesse de *bem viver*, ajouter la garantie complémentaire d'un cautionnement pécuniaire.

Le nouveau code pénal espagnol de 1850, après avoir édicté dans les articles 417 et suivants une pénalité à l'égard des menaces verbales ou écrites, ajoute dans son article 419 : « Dans tous les cas des articles précédents, le juge pourra, en outre, condamner l'auteur de la menace (*amenazador*) à donner caution de ne pas nuire à l'offensé (*de no ofender al amenazado*), et, à son défaut, le soumettre à la peine de la surveillance de l'autorité. »

Disons-le en finissant, l'unité de législation conduirait les nations à une étude perpétuelle des intérêts généraux de l'Europe, et cette étude finirait par créer un corps de doctrines qui se transmettrait de générations en générations en s'enrichissant des lumières de chaque génération et de chaque peuple. On obtiendrait ainsi un vaste système d'améliorations intérieures et extérieures, fondé sur des bases solides, qui défierait toutes les éventualités. La loi deviendrait alors une souveraine immuable devant laquelle s'uniraient et se courberaient tous les peuples qui, éclairés par son flambeau divin, marcheraient vers la réalisation du grand principe de l'unité humaine, dans la paix et dans la liberté.

FIN.

TABLE DES MATIÈRES

PARIS. — IMP. SIMON RAÇON ET COMP., RUE D'ERFURTH, 1.

DU MÊME AUTEUR

Interprétation de l'art. 475, § 12 du code pénal à l'égard des médecins. — Le médecin peut-il être requis pour l'exercice de sa profession, soit dans l'intérêt général, et par l'autorité judiciaire ou administrative, soit dans un intérêt purement privé? En cas de refus de sa part, le § 12 de l'art. 475 du Code pén. lui est-il applicable?

(*Moniteur des Hôpitaux*, 1re série, t. VI, n° 26, 6e année, 2 mars 1858.)

(*Moniteur des Tribunaux*, année 1861, p. 151 et suiv.)

Incapacité de recevoir. — Médecins, chirurgiens et pharmaciens. — Examen critique de l'art 908 du Code civil relatif à l'incapacité des médecins, chirurgiens et pharmaciens de recevoir les libéralités à eux faites par leurs malades.

(*Moniteur des Hôpitaux*, 6e année, 2e série, nos 117 et 120, 16 et 26 mars 1861.)

(*Moniteur des Tribunaux*, année 1861, p. 305 et 329, 330 et 337.)

Intérêts professionnels. — Honoraires des médecins. — 1° L'engagement pris par un médecin de donner ses soins pendant toute sa vie à une personne et aux gens de sa maison est-il valable? — 2° Le médecin peut-il, dès le début de la maladie ou pendant son cours, valablement stipuler que le malade lui payera une somme fixe après sa guérison?

(*Moniteur des Sciences médicales*, 1re année, 1re série, t. I, n° 13, 20 septembre 1859, p. 97.)

Médecin. — Soins donnés à un membre de la famille dont le chef est décédé. — Privilége. — Les médecins ne sont-ils privilégiés que pour les soins par eux donnés exclusivement au défunt durant sa dernière maladie? Le médecin qui reçoit à forfait un traitement pour l'année entière, à raison des soins qui doivent être par lui donnés à tous les membres de la famille, est-il privilégié pour son traitement annuel sur la succession du chef de famille, conformément aux dispositions du § 3 de l'art. 2101 du Code N.?

(*Moniteur des Tribunaux*, 8e année, t. IV, année 1865, p. 717 et suiv.)

Quotité revenant à l'enfant naturel. — I. La quotité attribuée par la loi à l'enfant naturel dans les successions de ses père et mère peut-elle être réduite par les dispositions entre vifs ou testamentaires faites par ces derniers. — II. Quelle est la limite que cette réduction ne peut dépasser, soit lorsque l'enfant est légalement reconnu par son auteur, soit lorsque cette reconnaissance résulte d'un jugement rendu sur demande en recherche de maternité introduite par l'enfant après le décès de sa mère?

(*Moniteur des Tribunaux*, 1865, t. IV, p. 709 et suiv.)

Question sur l'interdiction des aliénés. — En matière d'interdiction, à quel point de la procédure le défenseur peut-il combattre la demande introduite contre lui?

(*Moniteur des Sciences*, 3e année, 2e série, t. III, n° 46, p. 333 et suiv.).

(*Moniteur des Tribunaux*, novembre 1861, p. 655 et suiv.)

De la puissance paternelle sous l'ancien Droit, et sous le Code Napoléon.

(*Moniteur des Tribunaux* des 27 et 30 avril 1865, p. 265 274.)

PARIS. — IMP. SIMON RAÇON ET COMP., RUE D'ERFURTH, 1.

www.ingramcontent.com/pod-product-compliance
Ingram Content Group UK Ltd.
Pitfield, Milton Keynes, MK11 3LW, UK
UKHW020121200726
13856UKWH00002B/655